Kerstin Joost-Schäfer

Lieblingstouren in und um SAAR | LOR | LUX

GOLLENSTEIN

Inhaltsverzeichnis

VORWORT

Liebe Leserinnen und Leser,

Eines meiner Lieblingsgedichte ist „Stufen" von Hermann Hesse. Wenn ich zurückblicke, sehe ich einige Stufen, die ich gehen musste, damit der hier vorliegende Reiseführer mit meinen Lieblingstouren entstehen konnte. Viele liebe Menschen haben mich dabei begleitet und unterstützt.

Angefangen hat alles 1995, als ich mit meiner Familie ins Saarland kam. Gleich nach dem Umzug begann ich, mich intensiv mit meiner neuen Heimat und ihrer Geschichte zu befassen. Dabei geschah etwas Unerwartetes: Ich hatte das Gefühl, als ob sich für mich das Tor zu einer neuen Welt öffnen würde. Auf einmal war es ein Katzensprung nach Luxemburg und Metz, nach Nancy und Straßburg. Meine geliebten Vogesen konnte ich in einer guten Stunde erreichen – wie auch die Burgen an Mosel und Rhein. Die herrliche Eifellandschaft mit ihren Maaren und Vulkanen lag vor der Haustür.

Schritt für Schritt eroberte ich die Region und verfasste in der Folge Ausflugstipps, die die Saarbrücker Zeitung 1997/98 in einer Sommerserie veröffentlichte. Die Resonanz seitens der Leser war so positiv, dass 2001 mein erster (inzwischen vergriffener) Reiseführer über die Region erschien: „Affären, Amouren, teuflische Begegnungen" versammelt Geschichten aus der Geschichte, erzählt (meist in fiktiven Begegnungen) von historischen Persönlichkeiten, gibt Tipps für Unternehmungen.

Das bei Gollenstein verlegte Buch war – eine neue Stufe! – Anstoß zur Gründung meines Unternehmens „SaarLor-Lux-Reisen", das im Frühjahr 2002 an den Start ging. In

Kooperation mit der Saarbrücker Zeitung gibt es seitdem ein abwechslungsreiches, ständig wachsendes Programm von Busfahrten und viele Saarländer lernen dabei ihre Heimat und die angrenzenden Regionen neu kennen. Dachte ich anfangs, dass mir die Ziele bald ausgehen würden, hat sich das Gegenteil erwiesen. Unsere Region ist eine unerschöpfliche Quelle und durch das immer wieder Neu-Eintauchen in Landschaften und Geschichte erschließt sich mir bis heute Unbekanntes, Übersehenes, oft auch Originelles.

Aus dem Programm der letzten 12 Jahre „SaarLorLux-Reisen" habe ich 24 Lieblingstouren ausgewählt. Wie bei meinen Gruppenfahrten haben sie eine klare Tagesstruktur, sind aber auf individuell Reisende und Familien zugeschnitten. Darum können Sie, meist ohne Vorbereitung, einfach losfahren und einen schönen Tag in SaarLorLux und Umgebung genießen. Ich lade auch Sie dazu ein, unsere herrliche Region mit ihren Sehenswürdigkeiten und Naturwundern zu entdecken, sich die regionale Küche auf der Zunge zergehen zu lassen, Land und Leute bei Festen und Feiern aus neuen Perspektiven kennenzulernen.

Die vorgestellten Touren wurden von mir sowohl was den zeitlichen Ablauf als auch die inhaltlichen Angaben betrifft, mit größtmöglicher Sorgfalt konzipiert. Die Angaben zu Öffnungszeiten, Telefonnummern und Webseiten beziehen sich auf den Zeitpunkt des Redaktionsschlusses und können Veränderungen unterliegen. Darum empfehle ich Ihnen vor Fahrtantritt, insbesondere die Öffnungszeiten von Museen und Schlössern sowie die Abfahrtszeiten der erwähnten Schiffe und Dampfbahnen zu prüfen. Aus dem großen kulinarischen Angebot der Region habe ich Ihnen eine persönliche Auswahl ohne Anspruch auf Vollständigkeit zusammengestellt.

Icons helfen Ihnen, sich bei der Auswahl schnell hinsichtlich Jahreszeit, Wetterlage und Familientauglichkeit zu orientieren.

bedeutet, dass Sie diesen Ausflug auch in der kalten Jahreszeit zwischen Ende Oktober und Anfang April unternehmen können, natürlich funktionieren diese Touren auch im Sommer!

meint, dass Sie möglichst nur bei gutem Wetter aufbrechen sollten – um zum Beispiel fantastische Ausblicke genießen zu können,

, dass Sie diese Tagesfahrt auch bei schlechtem Wetter wählen können und

, dass sich diese Tour aus meiner Sicht gut für Familien mit Kindern (ab etwa 4 Jahren) eignet.

weist Touren aus, die besonders interessante Vorschläge für Wanderer beinhalten.

Ich wünsche ich Ihnen viel Vergnügen!
Ihre Kerstin Joost-Schäfer

Saarbrücken: Reiche Kultur und französisches Flair

Versteckte Erinnerungen, viel Kultur und französisches Flair

Schon bei meinem ersten Besuch in Saarbrücken war ich von der Stadt und ihrem Charme fasziniert. Der zeigt sich nicht nur in den anmutigen Barockensembles rund um das Schloss, dem Ludwigsplatz und dem St. Johanner Markt, sondern vor allem in der Art, wie die Menschen hier leben. Ein bisschen lässiger vielleicht als anderswo, mit einem Hauch französischem Flair, wie ich finde... Auch heute noch, zwanzig Jahre später, liebe ich es, den Sommerabend bei einem Glas Wein am St. Johanner Markt zu verbringen, wenn die Laternen mit ihrem sanften Licht den Platz in eine milde Stimmung tauchen und das Gemurmel der Gespräche und das Gelächter der Menschen mich wie ein warmer Klangteppich umfangen. Ich möchte Sie nicht nur in die gute Stube Saarbrückens einladen, sondern auch dazu, verborgene Schätze, geheimnisvolle Orte und weniger Bekanntes mit mir aufzuspüren: die Stiftskirche in St. Arnual beispielsweise mit ihren zahlreiche Grabstätten und der Tumba der Elisabeth von Lothringen. Verborgen und doch vorhanden: das Mahnmal gegen Rassismus auf dem Schlossplatz. Weithin sichtbar dagegen auf der anderen Saarseite „Der unterbrochene Wald" am Rabbiner-Rülf-Platz, Gedenkstätte für die in der NS-Zeit ermordeten Juden. Ein Abstecher zum Alten Friedhof auf dem Rotenbühl führt Sie zum Grab von Willi Graf, der sich 1942 der Widerstandsgruppe „Die weiße Rose" anschloss. Herrliche Ausblicke und faszinierende Natur erwarten Sie, wenn Sie meinen Spazier- und Wandertipps folgen.

Anfahrt mit dem Auto

Aus Richtung Mannheim über die A6/A620 bzw. über die A1 aus Richtung Trier

Anreise mit öffentlichen Verkehrsmitteln

Mit der Bahn aus Frankfurt/Mannheim bzw. Koblenz/Trier

Mein Vorschlag

1 Stunde: Besuch der **Stiftskirche St. Arnual** mit ihren Grabmälern

1 Stunde: Ludwigskirche und **Barockensembles** von Friedrich Joachim Stengel rund um den Ludwigsplatz

1 Stunde: Saarbrücker Schloss, die unterirdische **Burg** und die **Schlosskirche** (heute Museum)

Über die „Alte Brücke" erreichen Sie den St. Johanner Markt.

2–3 Stunden: Besuch der Sehenswürdigkeiten im Herzen der Stadt, u.a. St. Johanner Markt mit Marktbrunnen und Stadtgalerie, die Fröschengasse, die Basilika St. Johann, der Rabbiner-Rülf-Platz, die Johanneskirche, das Rathaus

Durch das Nauwieser Viertel spazieren Sie zum Alten Friedhof

1 Stunde: Besuch des Alten **Friedhofs St. Johann**

Tipps zu Spazier- und Wanderwegen in und um Saarbrücken, sowie eine Auswahl der Museen finden Sie auf Seite 25 ff.

Die Stiftskirche St. Arnual

Es gibt nicht viele Kirchen, die auf mich eine derartige Anziehungskraft ausüben. Ehrfurcht erfasst mich angesichts der vielen Grabmäler – sie finden sich in der Kirche als Tumben, Wandgrabmale und Epitaphe. Da ruht liegend zwischen seinen beiden Frauen Graf Johann III., von der Wand blickt Johann Ludwig hinunter. Gräfin Anna Maria von Hessen, ihre Töchter und ihr Sohn schauen mich an und scheinen nur einer Aufforderung zum Gespräch zu harren. Erwartungsvoll haben sie die Hände vor dem Bauch gefaltet, gekleidet sind sie in prächtige Gewänder. Die zahlreichen Grabmäler (37 in der Kirche, dazu etwa ein Dutzend im Kreuzgang) erklären sich dadurch, dass die Stiftskirche vom 15. bis in die erste Hälfte des 17. Jahrhunderts die Grablege des Hauses Nassau-Saarbrücken war.

Die berühmteste Person, die in der Stiftskirche ihre letzte Ruhe gefunden hat, ist **Elisabeth von Lothringen**. Sie liegt, die Hände zum Gebet gefaltet, auf einer Tumba im Chor. Wie gerne würde ich mich mit ihr unterhalten und sie fragen, was sie über die modernen Frauen von heute denkt. Schließlich hat sie das, was wir heute mit dem Begriff der Emanzipation verbinden, ganz selbstverständlich gelebt und zudem als erste weltliche Schriftstellerin Geschichte geschrieben: Sie übertrug die vier Heldenepen um Karl den Großen („chansons de geste") in eine lockere Prosaform und begründete damit das Genre des Unterhaltungsromans auf deutschem Boden.

Die Ursprünge der Stiftskirche liegen weit zurück: Um das Jahr 600 schenkte der Merowingerkönig Theudebert II. das Dorf Merkingen dem Metzer Bischof Arnual. Dieser ließ hier eine Kirche bauen und siedelte eine Gemeinschaft von Geistlichen an. In der Kirche soll Arnual auch begraben worden sein, leider fand man das Grab bei der aufwendigen Sanierung 1983–1994 nicht. Am Grab wuchs damals bald der Heiligenkult – aus Merkingen wurde darum (Sankt) Arnual, 1046 erstmals urkundlich erwähnt. Ab Ende des 13. Jahrhunderts wurde die Kirche im neuen Stil der Gotik umgebaut und erweitert. Der barocke Turm kam erst 1746 durch den Baumeister Stengel hinzu. Die gotische Stiftskirche zählt zu den bedeutendsten Baudenkmälern im südwestdeutschen Raum.

Zu Fuß erreichen Sie Ihr nächstes Ziel, die Ludwigskirche, über die Saargemünder und die Talstraße in etwa 20 Minuten – vorbei an beachtlichen Jugendstilvillen und dem Regierungsviertel.

Ludwigskirche, Ludwigsplatz und die Stengel-Bauten

Die Ludwigskirche ist Stengels Meisterstück. Fürst Wilhelm Heinrich (1718–1768) wünschte sich eine Art „Place Royale" wie im französischen Nancy, jedoch mit einer Kirche in der Mitte des Platzes statt eines Denkmals für den Souverän. Der Grundstein wurde 1762 gelegt, ein Jahr später begann man mit dem Bau der Gebäude rund um den Platz. 1775 endlich, nun schon unter der Regierung von Wilhelm Heinrichs Sohn, Fürst Ludwig (1745–1794), wurde das Ensemble vollendet. Die Ludwigskirche gilt als eine der stilreinsten und schönsten

evangelischen Barockkirchen in Deutschland – vergleichbar mit dem Michel in Hamburg oder der Frauenkirche in Dresden. Nach der völligen Zerstörung im 2. Weltkrieg wurden Kirche und Palais originalgetreu wieder aufgebaut. Durch die ebenfalls von Stengel angelegte Wilhelm-Heinrich-Straße hat man einen Blick auf das andere Saarufer mit dem Turm der evangelischen Kirche St. Johann.

Im Juni 1770 besuchte Johann Wolfgang von Goethe die barocke Residenzstadt Saarbrücken. Seine Erinnerungen hielt er im 10. Buch „Dichtung und Wahrheit" fest: *„Diese kleine Residenz war ein lichter Punkt in einem so felsig waldigen Lande. Die Stadt klein und hüglig, aber durch den letzten Fürsten wohl ausgeziert, macht sogleich einen angenehmen Eindruck, weil die Häuser alle grauweiss angestrichen sind und die verschiedene Höhe derselben einen mannigfaltigen Anblick gewährt. Mitten auf einem schönen, mit ansehnlichen Gebäuden umgebenen Platze steht die lutherische Kirche in einem kleinen, dem ganzen angemessenem Maßstabe."*

Sie finden das Zitat auf einer Tafel, die in die oberste Stufe der Freitreppe zum Ludwigsplatz eingelassen ist. Auf der anderen Straßenseite sehen Sie die **Friedenskirche**, die Stengel 1743–1751 für die kleine reformierte Gemeinde baute. In der Französischen Revolution war sie „Tempel der Tugend",

von 1820 – 1892 diente sie als Schulhaus für das alte evangelische Ludwigsgymnasium. 1892 richtete sich die altkatholische Gemeinde darin ein; nach dem 2. Weltkrieg wurde sie Heimat der russisch-orthodoxen Gemeinde.

Sie gehen nun oberhalb der Friedenskirche über den Nanteser Platz zum Schloss.

Schloss und Schlossplatz

Wenn Sie über den Schlossplatz gehen, berühren Sie mit Ihren Füssen ein verborgenes Kunstwerk – ein unsichtbares Denkmal. Als Zeichen gegen Rassismus schufen Kunststudenten unter der Leitung von Jochen Gerz 1993 den „**Platz des Unsichtbaren Mahnmals**": Auf der Unterseite von 2.146 Pflastersteinen sind Namen jüdischer Friedhöfe eingemeißelt.

Saarbrücken wurde erstmals im Jahr 999 als „Castellum Sarrabrucca" urkundlich erwähnt. Auf dem Felsen über der Saar stand also einst eine Burg, die später zu einem befestigten Renaissanceschloss umgebaut wurde. Auf diesem Areal errichtete Baumeister Stengel einen Neubau: Dieser sollte sich als eine die Bürgerhäuser überragende Residenz in das gewachsene Stadtbild einfügen. Dazu wurden Burggräben (im heutigen Bereich der Talstraße) verfüllt, die Mauern geschleift, der Lauf der Saar umgelegt und eine neue Schlossmauer entlang des Flusses errichtet. Ein großzügiger Barockgarten mit gestaffelten Terrassen führte über einen Abhang zur Saaraue. Das Schloss wurde 1748 fertiggestellt: Statt der befestigten Anlage aus der Renaissancezeit präsentierte sich die Fürstenresidenz nun als eine zur Stadt hin geöffnete Dreiflügelanlage – und repräsentierte damit die weltoffenere Haltung der Fürsten inklusive die Hinwendung zu einer prachtvollen Hofhaltung. Mit seiner Gartenanlage zählte das Saarbrücker Schloss damals zu den schönsten Residenzen in Deutschland. Im Mai 1793, als die Revolutionstruppen in die Stadt einfielen, flüchtete Fürst Ludwig ins kurmainzische Aschaffenburg. Im Oktober desselben Jahres ging der Nordflügel in Flammen auf. Um 1810 erfolgte der Wiederaufbau der Ruine als Wohnhaus für

Saarbrücker Familien. Der Nordflügel wurde wiedererrichtet, der Mittelpavillon abgebrochen. Anfang des 20. Jahrhunderts erwarb der Landkreis Saarbrücken nach und nach die Wohnhäuser und nutzte sie als Sitz der Kreisverwaltung. Wohl aus diesem Grund ist das Schloss heute auch Verwaltungssitz des Regionalverbandes.

Da sich der bauliche Zustand in den 1960er Jahren immer weiter verschlechterte, wurde eine Sanierung des Schlosses unumgänglich. Diese beschloss der Stadtverband 1981 – und zudem den Bau eines neuen, modern gestalteten Mittelpavillons. Die Arbeiten dauerten bis 1989 – und seitdem erstrahlt das Saarbrücker Schloss in neuem Glanz. Der Stahlskelettbau in den Maßen des ehemaligen barocken Mittelpavillons stammt von dem renommierten Architekten Gottfried Böhm. Rund um das Schloss finden sich weitere Bauten, die die Handschrift des Barockbaumeisters Stengel tragen; unter anderem das **Kreisständehaus**, in dem sich die Alte Sammlung und das Museum für Vor- und Frühgeschichte befinden. Der Clou: Ein gläserner Anbau schafft eine Verbindung mit dem Museum in der Schlosskirche. An der Westseite des Schlossplatzes sehen Sie das 1750 erbaute **Alte Rathaus**; den schönen Uhrenturm krönt eine barocke Zwiebelhaube.

Unterirdische Burganlage und Kasematten

Gänsehaut bekommen Sie, wenn Sie sich in die Welt unter dem Schloss begeben. Im **Historischen Museum** (der moderne

Bau steht direkt neben dem Schloss) führt eine Treppe hinab in die Vergangenheit – 500 Jahre Geschichte werden hautnah erlebbar! 14 Meter unter der Erde sehen Sie unter anderem Teile der mittelalterlichen Burganlage und Kasematten aus der Zeit der Renaissance, sogar ein im Burggraben errichtetes Ballhaus aus dem 17. Jahrhundert. Gruseln dürfte es alle, die sich dem Verlies nähern – wie viele Unglückliche mögen hier ihr Dasein bis zum bitteren Ende gefristet haben?

Wieder oben angekommen, genießen Sie von der **Schlossmauer** und den im Osten angrenzenden, terrassenförmig angelegten **Schlossgärten** den schönen Ausblick auf die Saar, das Staatstheater und die Altstadt von St. Johann.

Bevor Sie die Schlossanlagen verlassen, können Sie der spätgotischen **Schlosskirche** noch einen Besuch abstatten. Nach der starken Beschädigung im 2. Weltkrieg wurde sie in den 1950er Jahren wieder aufgebaut und mit kunstvollen Glasfenstern von Georg Meistermann ausgeschmückt. Im Chorraum befinden sich die Grabmäler der letzten Saarbrücker Fürsten. Seit 2004 ist die Schlosskirche Museum und bietet einen eindrucksvollen Rahmen für die Präsentation sakraler Kunst- und Kulturdenkmäler.

Nahezu verdeckt durch Efeuranken ist der „**Geizige Bäcker**" an der Schlossmauer. Die steinerne Fratze mit weit geöffnetem Mund war ursprünglich an einem Brückenpfeiler der Alten Brücke angebracht. Den Geizhals hat es tatsächlich gegeben, und die Steinskulptur sollte ihm einen Denkzettel verpassen und ihn der Lächerlichkeit preisgeben. Der Wasserspeier erinnert bis zum heutigen Tag daran, dass Geiz und Habgier in Saarbrücken verpönt sind. Über die **Alte Brücke** (sie ist tatsäch-

lich die älteste Brücke Saarbrückens) erreichen Sie den Stadtteil St. Johann.

Mein Tipp: Wenden Sie sich nach dem Überqueren der Saar zuerst nach links und besuchen Sie den **Rabbiner-Rülf-Platz**. Hier wurde im November 2013 eine Gedenkstätte zur Erinnerung an die während der NS-Zeit ermordeten saarländischen Juden errichtet. Das von dem Darmstädter Bildhauer Prof. Ariel Auslender zusammen mit Fabian Luttropp geschaffene Mahnmal trägt den Titel „Der unterbrochene Wald" und besteht aus 40 bronzenen Baumstämmen. Der neue Platz entstand als Teil des Projektes „Stadtmitte am Fluss", das das Gesicht der Saarbrücker Innenstadt erkennbar verändert hat. Zu diesem Projekt gehört auch die neu gestaltete Berliner Promenade mit einer großen Freitreppe zur Saar, die sich direkt an den Rabbiner-Rülf-Platz anschließt. Treppe und Flaniermeile sind bereits zu einem beliebten Treffpunkt in der Stadt geworden.

Rathaus und Johanneskirche

Vom Rabbiner-Rülf-Platz gehen Sie in wenigen Minuten durch die Dudweiler Straße zur **Johanneskirche**. Sie gehört seit 2004 zu den Gotteshäusern, die offen sind für Reisende und für Menschen, die Ruhe suchen oder einen Gesprächspartner – mitten im Trubel der Stadt an der stets belebten Saarbahnhaltestelle. Während der Öffnungszeiten (täglich außer Montag von 15–18 Uhr) ist immer eine Ansprechpartnerin oder ein Ansprechpartner in der Kirche. Schräg gegenüber steht das **Rathaus**

der Stadt (gebaut 1897–1900) – Architekt war Georg Hauberrisser; auch die Rathäuser von Wiesbaden und München stammen von ihm. Er baute „gotisch" und in den Formen der deutschen Renaissance. Das Zentrum bildet der 54 Meter hohe Turm, von dem aus täglich um 15.15 Uhr und um 19.19 Uhr (jahreszeitlich wechselnde) Glockenspiele erklingen.

Die Frontseite ist original erhalten und ausgestaltet mit Sandsteinfiguren, die alte Handwerksstände repräsentieren: Bergmann, Hüttenarbeiter, Bauer, Kaufmann, Gerber und auch ein Bierbrauer ist dabei. St. Georg mit dem Drachen könnte Sinnbild für den Kampf gegen das Böse sein – oder hat sich der Architekt hier ein Denkmal gesetzt? Prächtig ist der Festsaal, in dem neben Veranstaltungen jährlich auch etwa 1.000 Trauungen stattfinden – es lohnt sich, ihn zu besichtigen. Im Rathaus befindet sich auch die **Touristinformation** der Stadt.

Gleich hinter dem Rathaus beginnt der **St. Johanner Markt** mit dem **Marktbrunnen**, einem Wahrzeichen der Stadt. Der Brunnen ist ein Entwurf von Ignatius Bischof in Zusammenarbeit mit Friedrich Joachim Stengel und entstand 1759/60. Kaum mehr zu glauben, aber wahr: Bis zum 1. Mai 1979 rollte hier der Verkehr. Heute ist der Markt mit seinen historischen Bauten, den Straßencafés und Restaurants die gute Stube der Stadt und ein beliebter Treffpunkt für Einheimische und Touristen.

Sehenswert rund um den **St. Johanner Markt** sind unter anderem die idyllische Fröschengasse, der etwas versteckt liegende Katholisch-Kirch-Platz und die Basilika St. Johann (Richtung Nauwieser Viertel). **Die Basilika**, von Stengel 1754 bis 1758 errichtet, erstrahlt nach ihrer umfassenden Restaurierung in barocker Schönheit. Eine Besonderheit ist ihre Orgel, denn sie besteht aus drei selbstständigen Werken: der Hauptorgel und den beiden Chororgeln, die einzeln oder zusammen gespielt werden können. Damit umfasst die Orgel der Basilika 60 klingende Register mit insgesamt 4.312 Pfeifen. Die orgelbauliche Konzeption und die Vielfalt ihrer Klangfarben machen sie zu einem herausragenden Instrument – und damit weit über die Grenzen des Saarlandes hinaus bekannt.

Durch das **Nauwieser Viertel** mit alternativen Läden und Szene-Kneipen erreichen Sie in etwa 20 Minuten den Alten Friedhof (Buslinie 107 ab Rathaus bis Haltestelle „Heimeck").

Der **Alte Friedhof** ist zwar noch nicht entwidmet, aber schon Park und historische Stätte zugleich. Hier ruhen die Gefallenen des deutsch-französischen Krieges von 1870/71 und 42 ausländische Zwangsarbeiter aus den letzten Jahren des 2. Weltkrieges. An den Hauptwegen stehen neogotische und neobarocke Grabarchitekturen des ausgehenden 19. Jahrhunderts und Grabmale im Jugendstil des frühen 20. Jahrhunderts. Sie zieren die Grabstätten der bedeutenden Saarbrücker Familien, wie beispielsweise der Brauerfamilie Bruch. Die Nachkommen brauen in der nahen Scheidter Straße „Zwickel", „Landbier" und Co. bis zum heutigen Tag. Auf dem Friedhof finden Sie auch das Grab von Willi Graf (geboren am 2.1.1918 in Euskirchen), der von 1922 bis 1937 im Haus Mainzer Straße 30 lebte, der Dienstwohnung des Vaters. Willi Graf schloss sich 1942 der Widerstandsbewegung „Weiße Rose" um die Geschwister Scholl an und sorgte in Saarbrücken für die Verbreitung von Flugblättern. Willi Graf wurde am 12. Oktober 1943 in München enthauptet und auf dem Friedhof Perlacher Forst bestattet. 1946 wurden seine sterblichen Überreste nach Saarbrücken überführt.

Spazier- und Wanderwege in und um Saarbrücken/Flussfahrten

Entlang der Saar ab Stadtmitte/Alte Brücke spazieren Sie gemütlich **zum Staden**, einer schönen Parkanlage an der Saar, wo Sie in den Sommermonaten in einem der Biergärten ein kühles Getränk genießen können. Hier befinden sich auch die beliebtesten Kinderspielplätze der Stadt (Dauer etwa eine Stunde).

Rundgang über die St. Arnualer Wiesen am Saarbrücker Osthafen. Hier war einst der Flughafen von Saarbrücken, später nutzte man das Gebiet, um Kriegsschutt abzulegen. Doch die Natur hat sich das Terrain zurückerobert. Einige seltene Orchideen-Arten und andere, unter Naturschutz stehende Pflanzen sind hier zu finden. Darum sollten Sie die Wege nicht verlassen. Die Arnualer Wiesen erreichen Sie vom Römerkastell aus (ab Saarbahn-Haltestelle Römerkastell Richtung Saar, Dauer etwa eine Stunde).

Über die Felsenwege. Die wild-romantischen Gesteinsformationen im Stiftswald über St. Arnual erzählen, wie vor 240 Millionen Jahre, als die ganze Gegend eine Wüste war, der Buntsandstein entstand. Start ab Haltestelle „Hartmannsau" (B406, Verlängerung der Saargemünder Straße, gegenüber Industriegebiet Schönbach). Festes Schuhwerk ist unerlässlich, die Wege sind vor allem nach Regenfällen nass und rutschig. Vom oberen der drei Felsenwege können Sie bis ins französische Spicheren wandern und sich im Traditionsgasthaus Woll für den Rückweg stärken (Dauer 2–3 Stunden).

Deutsch-Französischer Garten. Bis heute ist der 50 Hektar große Garten ein wichtiges Symbol der deutsch-französischen Freundschaft und Völkerverständigung, deren Wurzeln in den

1950er Jahren liegen. Unter der Schirmherrschaft des damaligen deutschen Bundeskanzlers Konrad Adenauer und des französischen Premierministers Michel Debré wurde der Garten 1960 eröffnet. Sie können zu Fuß durch den Park streifen, sich an den Wasserspielen und der Wasserorgel erfreuen, eine Fahrt mit der Seilbahn oder der kleinen Bahn unternehmen, Tretboot fahren und Minigolf spielen. Für das leibliche Wohl sorgen Cafés und Restaurants (Dauer etwa zwei Stunden).

Veranstaltungshinweise unter www.saarbruecken.de

Ausflugsfahrten auf der Oberen Saar, den angrenzenden französischen Kanälen bis zur Saarschleife bietet die Saarbrücker Personenschifffahrt. Stadt und Umgebung ziehen gemächlich an Ihnen vorüber, Sie können die Seele baumeln lassen und sich entspannen. Möglich ist das von April bis September ab Anlegestelle „Alte Brücke". (Dauer ab etwa einer Stunde bis ganzer Tag) www.saarbruecker-personenschiffahrt.de

Museen in Saarbrücken – eine Auswahl

Stadtgalerie am St. Johanner Markt (Wechselausstellungen aus Gegenwartskunst, Neuen Medien, Performance und Video-Kunst); www.stadtgalerie-saarbruecken.de

Historisches Museum Saar am Schlossplatz (spannende Zeitreise durch die Geschichte des Saarlandes vom Mittelalter bis ins 20. Jahrhundert; Zugang zu den Kasematten) www.saarbruecken.de

Museen der Stiftung Saarländischer Kunstbesitz (Auswahl):

Saarlandmuseum, Moderne Galerie, Bismarckstr. 11–15 Mit dem Erweiterungsbau, dessen Planung das renommierte Berliner Architekturbüro Kuehn Malvezzi übernommen hat, wird das Raumprogramm des Museums spannungsreich ergänzt und der Präsentation aktueller Kunst eine Vielzahl ungeahnter Möglichkeiten erschlossen (Kunst des 19. Jahrhunderts bis zur Gegenwart).

Saarlandmuseum, Alte Sammlung, Am Schlossplatz 16 (Gemäldegalerie von der Renaissance über die Zeit des Barock bis ins 19. Jahrhundert)

Saarlandmuseum, Museum für Vor- und Frühgeschichte, Am Schlossplatz 16 (Archäologische Funde von den Anfängen der Steinzeit bis ins frühe Mittelalter). Infos zu diesen und weiteren Museen der Stiftung unter www.kulturbesitz.de

Restaurants

In St. Arnual/Nähe Stiftskirche/am Schloss

Wirtshaus Unter der Linde
St. Arnualer Markt 8
66119 Saarbrücken
Telefon: (0681) 95906699
www.linde1933.de

Bistro-Restaurant Canapé
Bruchstraße 36
66119 Saarbrücken
Telefon: (0681) 851817

Am Schloss
Café am Schloss
Schlossplatz
66117 Saarbrücken
Telefon: (0681) 582621
www.cafe-am-schloss.com

Restaurant Tomate 2
Schlossstraße 2
66117 Saarbrücken
Telefon: (0681) 57846
www.tomate2.de

Am Alten Friedhof/Rotenbühl

Kunstwerk Saarbrücken/Bistro Malzeit
Scheidter Straße 1
66123 Saarbrücken
Telefon: (0681) 9380198
www.kwsb.de

Ilsetopf am Ilseplatz
Neffstraße 1
66123 Saarbrücken
Telefon (0681) 9593000
www.ilsetopf.com

Innenstadt

Am St. Johanner Markt, im angrenzenden Nauwieser Viertel und in der Mainzer Straße gibt es zahlreiche gute Restaurants und Cafés.

Stiftskirche St. Arnual
Geöffnet täglich von 8–18 Uhr bzw. Einbruch der Dunkelheit; geführte Besichtigungen auf Anfrage beim Ev. Gemeindeamt
Arnulfstr. 19
66119 Saarbrücken
Telefon: (0681) 9850505
Mein Tipp: Besuchen Sie die Stiftskirche vormittags, denn dann wird Orgelspiel in der Stiftskirche unterrichtet, für Sie ein kostenloses Musikerlebnis.
Konzerttermine unter www.musikstiftskirche.de

Ludwigskirche
Geöffnet täglich außer Montag von 10–18 Uhr
Evangelische Kirchengemeinde Alt Saarbrücken:
www.ludwigskirche.de
Konzerttermine unter www.musik-ludwigskirche.de

Basilika St. Johann
Geöffnet täglich ab 9.30 Uhr (Di, Mi, Do ab 8.30 Uhr) bis nach der Abendmesse ca. 19.15 Uhr (Mo und Mi bis 17 Uhr)
www.basilika-sb.de
Konzerttermine unter der Webseite des Kantors der Basilika, Bernhard Leonardy: www.leonardy.org

Johanneskirche, Cecilienstraße
Geöffnet täglich 15–18 Uhr
Infos und Veranstaltungen unter www.j-kirche.de
Konzerttermine unter www.canticus.de

Saarbrücker Personenschiffahrt
Günter Emmer GmbH
Berliner Promenade 21
66111 Saarbrücken
Telefon: (0681) 34 084 oder (0171) 3350377
www.saarbruecker-personenschiffahrt.de

Touristinformation der Stadt Saarbrücken
Rathaus St. Johann/Haupteingang
66111 Saarbrücken
Telefon: (0681) 95909200
Geöffnet Montag bis Freitag von 9 – 18 Uhr
Samstags von 10–16 Uhr; sonntags geschlossen
www.die-region-saarbruecken.de

Tourismuszentrale des Saarlandes
www.tourismus.saarland.de

Elisabeth von Lothringen

Zwischen 1394 und 1397 wurde Elisabeth auf Schloss Vézelise in der Grafschaft Vaudémont, rund 40 Kilometer südwestlich von Nancy, geboren. Sie war die Tochter Friedrichs von Lothringen (1368–1415) und von Margarete von Vaudémont und Joinville (etwa 1354–1418). Durch die Heirat mit dem damals mächtigsten Herrscher an der Saar, Graf Philipp I. von Nassau-Saarbrücken, wurde sie, gerade mal 15 Jahre alt, jäh aus der Idylle ihrer Kindheit gerissen. Philipp war in endlose Fehden verwickelt und selten zu Hause. Und so hatte Elisabeth vermutlich viel Zeit für ihre literarischen Neigungen.

Schon während ihrer Kindheit auf Schloss Vézelise hat die französische Mutter sie mit den damals im Volk lebendigen Verserzählungen, den sogenannten „chansons de geste" aus dem 9. Jahrhundert vertraut gemacht. Doch erst als erwachsene Frau (um 1437) begann Elisabeth, vier dieser Heldenepen um Karl den Großen in eine lockere Prosaform zu übersetzen: die höfischen Epen „Herpin", „Sibille", „Loher und Maller" sowie „Huge Scheppel". Es dauerte nicht lange, bis vor allem die Frauen an den deutschen Höfen von ihren Werken, die von Liebe und Abenteuern handelten, begeistert waren. Elisabeth, die Französin in Saarbrücken, war nicht nur Vorbild für viele kluge Frauen ihrer Zeit, sondern mit ihren Übertragungen auch Wegbereiterin des Prosaromans.

Schon als „chansons de geste" waren die Geschichten ein Publikumsrenner gewesen. Doch als Historienromane aus Elisabeths Feder wurden sie, so würde man es heute ausdrücken, zu Bestsellern. Vielleicht auch, weil Elisabeth den Menschen ihrer Zeit den literarischen Spiegel vorgehalten hat – in unterhaltsamen Geschichten, die sich wie Krimis lesen.

Ich vermute, dass sich vor allem die Frauen für den „Sibille"-Roman begeisterten. Elisabeth hat den Stoff wohl aus gutem Grund aufgegriffen, denn sicher musste auch sie sich (wie ihre Romanheldin) auf dem steinigen Weg der Selbstbestimmung mit männlichem Unrechtsverhalten auseinandersetzen.

Nach dem Tod ihres Mannes hatte Elisabeth die Regentschaft für ihre minderjährigen Söhne übernommen. Als nun alleinerziehende Mutter von drei Kindern meisterte sie nicht nur die Regierungsgeschäfte mit Bravour, sondern leistete auch bahnbrechende Kulturarbeit. Sie starb am 17. Januar 1456 auf ihrem Witwensitz, Burg Bucherbach im Köllertal. Entgegen den Gepflogenheiten der alten Grafen von Saarbrücken, die sich bis dato in der Wadgasser Abtei bestatten ließen, wählte Elisabeth St. Arnual als ihre letzte Ruhestätte. Die Stiftskirche wurde darauf rund 200 Jahre lang die Erbgrablege des Hauses Nassau-Saarbrücken.

Industriekultur: Unterwegs im Kohlebecken

Auf den Spuren des schwarzen Goldes und der Glaskunst hin zu einem der spannendsten Orte der Welt

Lassen Sie uns gut hundert Jahre in die Vergangenheit reisen. Um 1900 war die Herstellung von Glas neben der Förderung von Kohle und der Produktion von Eisen und Stahl der drittgrößte Industriezweig in unserer Region. Das Glasmuseum in Ludweiler zeigt höchst anschaulich, wie das industriell gefertigte Glas den Lebensalltag der Menschen eroberte.

Im Musée Les Mineurs Wendel im französischen Petite Rosselle erleben Sie hautnah, wie einst das sogenannte „schwarze Gold" aus der Tiefe gefördert wurde. Sie folgen dem Weg des Bergarbeiters zu seiner Arbeit und haben ständig das Gefühl, die Männer hätten erst vor wenigen Minuten ihre saubere gegen die Arbeitskleidung getauscht, und wenn Sie sich auch nur ein bisschen beeilten, könnten Sie sie noch einholen, bevor sie in die Grube einfahren…

Einer der spannendsten Orte der Welt ist die Völklinger Hütte – so deren Slogan. Seit 1994 gehört das weltweit einzige vollständig erhaltene Eisenwerk aus der Blütezeit der Industrialisierung zum Weltkulturerbe der UNESCO.

Alle drei Kulturinstitutionen sind nur wenige Kilometer voneinander entfernt. So können Sie an einem Tag eine Zeitreise durch die regionale Industriekultur unternehmen.

Anfahrt mit dem Auto

ab/bis Saarbrücken rund 50 km
Fahren Sie am besten über Saarbrücken/Goldene Bremm über die (französische) Autobahn A4 bis zur Ausfahrt Nr. 42 bei Forbach und folgen Sie den Hinweisschildern „Musée Les Mineurs Wendel" bis Petite-Rosselle (ca. 20 km ab Saarbrücken).

Mein Vorschlag

2 ½ Stunden: Besuch des Museums **Les Mineurs Wendel** in Petite-Rosselle; geführte Besichtigung des Schaubergwerkes **La Mine Wendel**

Weiterfahrt über Großrosseln auf der L164 nach Völklingen-Ludweiler; das Glasmuseum befindet sich im ehemaligen Rathaus der Stadt (ca. 8 km).

1 ½ Stunden: Besuch des **Glas- und Heimatmuseums Warndt** in Völklingen-Ludweiler

Auf der L165 fahren Sie zum Weltkulturerbe (ca. 5 km).

2 ½ Stunden: Rundgang durch das **Weltkulturerbe Völklinger Hütte**. Wenn Sie auch die aktuellen Ausstellungen besuchen möchten, sollten Sie mindestens 1 ½ Stunden mehr für Ihren Besuch einplanen.

Das Museum Les Mineurs und das Schaubergwerk La Mine

Die Alltagswelt der „Mineurs“ und ihrer Familien ist im Museum allgegenwärtig – das ist gewollt. Schon an der Eingangstür schauen uns die Männer mit ihren schwarzen Gesichtern an, und in der Cafeteria hängen Bilder, auf denen man Bergmannsfrauen sieht, die am Herd stehen und mit dem Holzlöffel im Kochtopf rühren. Das Museum zeigt eindrücklich, wie sehr die Arbeit in der Grube das Familienleben durchzog – bis hin zu Hauswirtschaftskursen für zukünftige Bergmannsfrauen und den Ferienkolonien an der Côte d'Azur – natürlich ausschließlich für Bergmannsfamilien.

Beim Besuch des Museums folgen Sie dem Weg des Bergmanns zu seiner Arbeitsstätte, der Grube: Die Empfangshalle (wo Sie Ihr Ticket kaufen) war viele Jahre der Eingang für die Bergleute: Hier standen die Steiger und konnten schauen, welcher Bergmann zur Arbeit kam und welcher fehlte, während die Ingenieure das Treiben von der Empore aus beobachteten. Auf dem Weg zur Umkleide erhalten Sie Informationen zur Geschichte der Kohle und ihres Abbaus in Lothringen – sogar das Modell eines Förderturms können Sie bestaunen. 2.500

Haken gab es, um die sauberen Kleider an der Decke sicher aufzuhängen – eine pfiffige Alternative zum ansonsten obligatorischen Spind. Nebenan läuft ein Audiogerät und Sie hören einem Bergarbeiter zu. Er erzählt, wie das Duschen vonstatten ging: nämlich am besten mit mehreren zusammen, damit man sich gegenseitig den Rücken schrubben konnte...

Durch ein ausgeklügeltes Plakettensystem, über das jeder Arbeiter seine Grubenlampe holte, konnte man kontrollieren, ob alle Bergmänner nach der Schicht wieder oben angekommen waren. In einem Parallelgang zeigen Fotos von anno dazumal, Audio-Installationen und Schautafeln, wie sich der Alltag einer Bergmannsfamilie gestaltete. Junge Frauen wurden in hauswirtschaftlichen Themen wie Nähen, Häkeln, Kochen und Backen in der sogenannten „Puddingschule" darauf vorbereitet, eine gute Bergmannsfrau zu werden. Sie sehen, dass dem Garten als Quelle der Selbstversorgung mit Nahrungsmitteln eine große Bedeutung zukam. Kleine Kinder wurden in der betriebseigenen Kinderkrippe betreut, auch die ärztliche Versorgung der Familien war organisiert. Die Freizeit verbrachte man in Sportgruppen, die Ferien in den „Colonies des Vacances" in den Vogesen oder am Meer in Südfrankreich – natürlich an eigens für die Familien reservierten Strandabschnitten.

Ein außergewöhnlicher Spaziergang – vorbei an alten Loren, Grubenzügen und Schrämm-Maschinen – führt Sie zum zweiten, nicht minder spannenden Teil des Museumsgeländes, zum **Schaubergwerk „La Mine"**. Nur in Begleitung eines ehemaligen Grubenarbeiters, der natürlich auch Ihre Fragen beantwortet, dürfen Sie in den Förderkorb steigen und (fiktiv) rüttelnd und ratternd 1.250 Meter einfahren. Was Sie dann „da unten" erwartet, wird Sie in Staunen versetzen. In verschiedenen Stollen sehen Sie, wie die mächtigen Schrämm-Maschinen den Vortrieb machten, um zum Kohleflöz zu kommen, wie die Stollen gesichert und wie schließlich die Kohle abgebaut wurde. Ein Gang durch eine faszinierende Untertagewelt – mit Überraschungen. Hat da nicht einer nach dem Schorsch gerufen? Und hallt aus der Ecke nicht die Stimme von Serge, der sich mit einem Kollegen unterhält? Wie das Museum vermittelt auch „La Mine" auf authentische Weise die Arbeits- und Lebenswelt des Bergmanns.

Das Glas- und Heimatmuseum Warndt

Dreizehn Kojen hinter Glasscheiben erlauben hier einen Blick auf verschiedene Situationen „bei Tisch". Sie können sich also die Nase platt drücken bei dieser Zeitreise, die beim Schreibtisch des Bürgermeisters beginnt, auf dem unter anderem ein seltener Glasstempel liegt. Gleich daneben schauen Sie ins Wirtshaus und bewundern Gläser aus der Zeit um 1910. Der „Weintisch" soll auch ins Bewusstsein rufen, dass in weiten Teilen des Saarlandes bis vor rund hundert Jahren Wein angebaut

wurde. Liebevoll und festlich mit erlesenen Gläsern dekoriert ist die Hochzeitstafel.

Auf den Fotos an der Wand tragen die Frauen schwarze Hochzeitskleider. Das war damals so üblich. Das feine dunkle Kleid wurde später bei anderen festlichen Gelegenheiten getragen; das weiße Hochzeitskleid, das nur einmal zum Einsatz kam, konnten sich nur reiche Leute leisten. Etwas weiter erinnert der Nähtisch an die Errichtung von Näh- und Kochschulen für die Töchter und Ehefrauen der Bergleute und der Hüttenarbeiter, die lernen sollten, einen Haushalt optimal zu führen. Eines der schönsten Stücke, das man hier bewundern kann, ist ein gläserner Fingerhut. Sie finden dazu eine Fülle von Gegenständen aus Glas, die man täglich nutzte. Wer denkt nicht beim Anblick des Waschtisches aus den 1930er Jahren, der Einmachgläser und der gläsernen Zitronenpresse an vergangene Zeiten? Und sicher geht Ihnen das eine oder andere Mal durch den Kopf: „Das haben wir zu Hause noch" oder „Das hat meine Oma im Schrank".

Neben dieser faszinierenden Zeitreise durch die Welt des Glases regt das Museum aber auch an, tiefer in die Thematik einzusteigen. Sie können sich also umfangreich über die Geschichte der Glasherstellung in unserer Region – insbesondere mit der Entstehung der Glashütten – befassen.

Weltkulturerbe Völklinger Hütte

Es gibt viele Gründen für einen Besuch der Völklinger Hütte: Nirgendwo auf der Welt ist eine derartige Anlage in ihrer Komplexität und auf so engem Raum erhalten. Einmalig ist auch die Silhouette mit ihren sechs Hochöfen und den 18 Winderhitzern: Mit einem Blick erfasst man auf einer Breite von 150 Metern 103 Jahre Industriegeschichte. Einzigartig ist auch der Erzschrägaufzug und die Konstruktion der Begichtungsanlage mit den Hängebahnwagen, die über ein Schienensystem mit allen sechs Hochöfen verbunden waren: In anderen Hüttenwerken steht jeder Hochofen einzeln für sich und jeder hat seine eigene Begichtungsanlage. Die Völklinger Hütte ist das einzige Industrie-Weltkulturerbe, bei dem man den gesamten Vorgang der Herstellung von Roheisen, aus dem Stahl geschmiedet wird, nachvollziehen kann. An markanten Punkten erklären Tafeln die wichtigsten Vorgänge – es ist also kein Problem, ohne Führung durch die Anlage zu streifen. In Begleitung eines ehemaligen Mitarbeiters aber wird der Besuch zu einem einzigartigen Erlebnis.

Ein Rundgang durch die Hütte ist eine unglaublich spannende Zeitreise durch über hundert Jahre Industriegeschichte und zugleich anschaulicher Chemieunterricht, wie ihn wohl kaum eine Schulstunde vermitteln könnte. Der Besuch beginnt mit einer multimedialen Einführungsshow, die den früheren Arbeitsalltag skizziert. Das ScienceCenter Ferrodrom® verbindet in spektakulärer Weise die Geschichte des Eisens mit der Geschichte der Völklinger Hütte. An über hundert Experimen-

tier- und Mitmachstationen können Sie den Prozess der Eisengewinnung spielerisch nachvollziehen – ein besonderes Vergnügen für Familien mit Kindern!

Ein unangenehmer Geruch steigt beim Betreten der Gebläsehalle, dem Herzstück der Anlage, in die Nase. 18 Liter Öl hat jede der neun Großgasmaschinen mit ihren riesigen Schwungrädern pro Tag verdampft und Fensterscheiben, Wände und den Boden mit einem Ölfilm überzogen. Ein unbeschreiblicher Lärm ging von den Maschinen aus, von denen jede bis zu 65.000 Kubikmeter Wind in einer Stunde erzeugen konnten, der über Leitungen zunächst in die 18 Winderhitzer und dann in die sechs Hochöfen geführt wurde, um den Reduktionsprozess zu ermöglichen. An den Wänden stehen die geöffneten Spinde der ehemaligen Arbeiter, in ihnen türmen sich Werkzeuge, Schuhe und Ölkannen. Die Arbeiter hier waren mit ihrer Tätigkeit so identifiziert, dass sie der Maschine, für die sie allein zuständig waren, Frauennamen gaben. Der Schichtdienst machte eine Teilnahme am kulturellen Leben unmöglich – aber niemand beschwerte sich: kaum eine Familie in Völklingen, in der der Vater oder der Sohn nicht sein Geld auf der Hütte verdiente.

Lärm, Krach, Gestank. Auch einst am Erzschrägaufzug. Bei bestimmten Wetterlagen quietschten die Hängebahnwagen derart, dass man Zahnschmerzen bekam. Die Bewohner Völklingens waren an den Lärmpegel so gewöhnt, dass viele von ihnen nach der Stilllegung 1986 wochenlang kaum schlafen konnten… Heute ist die Hütte ein Paradies –

zumindest heißt der Industrie-Landschaftsgarten so, der auf dem Gelände der ehemaligen Kokerei entstanden ist. Bäume und Büsche recken sich neben rostigem Eisen, zwischen den Gleisen sprießt das Gras. In den Nischen haben Vögel ihre Nester gebaut. Es scheint, als ob die Hütte zu einem neuem Leben erwacht sei.

Eine Gedenktafel nahe des ersten Hochofens erinnert an das schwerste Unglück der Hochofengeschichte, als am 16. Januar 1928 dreizehn Arbeiter bei der Explosion eines Hochofens gestorben sind und sich glühender Koks, flüssiges Eisen und heisse Schlacke in alle Richtungen ergoss. Die Hütte ernährte die Menschen nicht nur, sie forderte auch ihre Opfer. Die Hochöfen glühten Tag und Nacht und wurden nur alle 7 bis 10 Jahre stillgesetzt, um sie neu auszumauern. Von der Gichtbühne haben Sie einen einzigartigen Ausblick auf dieses Wunderwerk der Technik, das jedes Jahr Tausende von Besuchern anzieht und auch mit hochkarätigen Ausstellungen weit über die Grenzen des Landes von sich reden macht.

Restaurants

Café-Bistro im Musée Les Mineurs Wendel
ein Restaurant auf dem Gelände ist in Planung,
Eröffnung voraussichtlich 2015/2016

Pizzeria Da Mario
171, Rue du Général de Gaulle
F-57540 Petite-Rosselle
Telefon: (0033) 387887795

Bistro B 40 (mit Biergarten) und Café Umwalzer
im Weltkulturerbe
D-66333 Völklingen
Telefon: (06898) 914455

Musée Les Mineurs Wendel
F-57540 Petite-Rosselle
Telefon: (0033) 387870854
www.musee-les-mineurs.fr
ganzjährig täglich – außer Montag – von 9–18 Uhr geöffnet; behindertengerecht; deutschsprachige Führung im Schaubergwerk mittwochs und sonntags 15 Uhr

Glas- und Heimatmuseum Warndt
Am Bürgermeisteramt 5
66333 Völklingen-Ludweiler
Telefon: (06898) 4480060
ganzjährig geöffnet täglich – außer Montag – von 14–16 Uhr; sonntags 14.30 Uhr kostenlose Führung; behindertengerecht

Weltkulturerbe Völklinger Hütte
Europäisches Zentrum für Kunst und Industriekultur
66302 Völklingen
Telefon: (06898) 9100-100
www.voelklinger-huette.org
ganzjährig täglich geöffnet von 10–18 Uhr/19 Uhr im Sommer; geschlossen 24./25./31.12.; behindertengerecht

Tourist Information Völklingen
Poststraße 1
66333 Völklingen
Telefon: (06898) 21100
www.voelklingen.de

Tourismus-Zentrale Saarland
www.tourismus.saarland.de

Meine Tipps: Jedes Jahr Mitte/Ende August gibt es auf dem Gelände der Mine Wendel (Parc Explor) eine Freiluft-Theateraufführung des Vereins „Les Enfants du Charbon" (Die Kinder der Kohle) – das große Spektakel mit Sound- und Licht-Effekten zeigt in spannender Form die Sorgen und Freuden der Bergarbeiter und ihrer Familien.

Infos unter www.lesenfantsducharbon.com

In allen drei Museen/Kulturinstitutionen gibt es regelmäßig Ausstellungen, Konzerte und Veranstaltungen – informieren Sie sich vor Ihrem Besuch über die aktuellen Termine.

Die Geschichte der Grube Wendel (1865–1986)

Man schrieb das Jahr 1856, als der erste Kohleblock in Kleinrosseln im Schacht Saint-Charles zu Tage gefördert wurde – nur zwei Kilometer von dem Ort entfernt, der später zur „Grube Wendel" werden sollte. Zwischen 1862 und 1889 wurden (auf Vorschlag des beratenden Ingenieurs Emile Vuillemin) weitere Schächte gebohrt. Der Förderturm von Schacht Vuillemin 2 ist übrigens noch heute am Eingang des Geländes zu sehen. Im Jahr 1889 übernahmen die Enkel des Gründers François de Wendel das Bergbaugelände. Die abgebaute Kohle nutzte man vor allem für die Versorgung der Stahlunternehmen der Familie Wendel. 1946 wurde die Grube im Rahmen der Verstaatlichung aller französischen Kohlegruben den „Houillères du Bassin de Lorraine", einem staatlichen Unternehmen, unterstellt. Es folgten 1952 die Bohrung des Schachtes Wendel 3 und umfassende Modernisierungen. Nach 1960 wurde der Rückgang im Kohlesektor immer deutlicher. Dennoch modernisierte das Unternehmen die Anlage weiter. Noch bis 1986 wurde Kohle abgebaut, und es folgten weitere Investitionen. Im Jahr 1986 schließlich wurde die Grube stillgelegt, aber einen Teil der Infrastruktur des Geländes nutzte man bis 1989 für die noch in Betrieb befindlichen anderen Schächte unter der Konzession von Wendel.

Die Geschichte der Glashütten in der Saarregion

Die ersten schriftlich bezeugten Glashütten im heutigen Saarland entstanden vor und im Dreißigjährigen Krieg. Die geologischen Bedingungen waren günstig: Das Buntsandsteingebirge mit seinen weiten Wäldern lieferte die notwendigen Zutaten für die Glasherstellung – Sand, Kalk, Pottasche aus Farnkraut. Genügend Wasser gab es auch, und als Brennstoff diente die reichlich vorhandene Holzhohle. Bereits im 16. Jahrhundert war das östliche Lothringen eine Hochburg der Glasherstellung. Den Anfang in der Saarregion machte 1616 die Glashütte in Völklingen-Ludweiler, die von einem lothringischen

Glasedelmann aus dem nahen Creutzwald gegründet wurde. In der zweiten Hälfte des 17. Jahrhunderts kamen Glasbläser aus dem Bitscherland, um in der vom Saarbrücker Grafen gegründeten Clarenthaler Glashütte zu arbeiten. Auch zu den Hüttengründungen in Friedrichsthal und Merchweiler Anfang des 18. Jahrhunderts wurden Glasmacher aus den Nordvogesen und aus Böhmen angeworben. Von besonderer Bedeutung war die 1717 in Karlsbrunn gegründete Glashütte, die nach 1800 in den Ort Fenne verlegt wurde. Die Fenner Hütte produzierte vor allem Flaschen- und Tafelglas und entwickelte sich rasch zu einem Global Player. 1884 zählte die Hütte 450 Beschäftigte. Ein Teil der Produkte wurde damals schon nicht mehr geblasen, sondern im weitaus preiswerteren Pressglasverfahren hergestellt. Ab 1900 gestaltete sich das Glasgeschäft auch wegen der ökonomischen Umwälzungen im Saargebiet immer schwieriger. 1935 übernahm der Völklinger Großindustrielle Hermann Röchling die Firma; mit Kriegsbeginn wurde die Glasherstellung in Fenne eingestellt. Das Glashüttengelände ging zusammen mit den Röchling'schen Betrieben in den Besitz des ARBED-Konzerns über. Viele Glasschätze aus der Fenner Hütte sind – ebenso wie die Kostbarkeiten aus der Produktion von Villeroy & Boch – im Glas- und Heimatmuseum zu bewundern.

Die Geschichte der Völklinger Hütte: Vom Eisenwerk zum Europäischen Kulturzentrum

1881 kaufte Carl Röchling ein stillgelegtes Stahlwerk in Völklingen. Er setzte auf die Produktion von Roheisen, und so wurde 1883 der erste Hochofen angeblasen. Die Unternehmenspolitik war erfolgreich: Die Röchling'schen Eisen- und Stahlwerke entwickelten sich zum größten Eisenträgerhersteller Deutschlands. 1897 erstellte man die erste Koksbatterie in Völklingen direkt neben den Hochöfen. Die Röchlings hatten viel Erfahrung mit der Verkokung der Steinkohle. Im Sulzbachtal betrieben sie eine der größten Kokereien im saarländischen Industrierevier.

1898 ging die erste Gasgebläsemaschine in Betrieb, angetrieben mit dem Gas aus den Hochöfen. Die Gebrüder Röchling erkannten sofort die Bedeutung der Gasmaschine für die weitere Entwicklung der Eisenindustrie. Gegenüber der Hochofengruppe wurde also das Gebläsehaus errichtet. 1911 entstand die Hängebahnanlage zur Beschickung der Hochöfen. Die Völklinger Hütte produzierte nun auf Hochtouren. In den Hochöfen und im Thomas-Stahlwerk stellte man Eisen und Stahl für den Aufbau der Industriegesellschaft her. Die Sintertechnik bot zudem die Chance, Abfallprodukte des Verhüttungsprozesses – Feinerz, Gichtstaub – zu recyceln. Das feine Material wird in der Sinteranlage bei 1.300 °C zu stückigem Material zusammengebacken und dann in den Hochofen eingefüllt. In Völklingen entstand 1928 eine der modernsten Sinteranlagen in Europa – damals auch eine der größten.

Während des 2. Weltkriegs arbeiteten insgesamt etwa 70.000 Fremdarbeiter und Kriegsgefangene in den Bergwerken, Hütten und Fabriken des Saarreviers. In den Röchling'schen Eisen- und Stahlwerken waren es bis Kriegsende tausende Frauen und Männer, vorwiegend aus Russland, Polen und Jugoslawien. Aber auch Menschen aus Italien, Belgien, den Niederlanden und Luxemburg waren während dieser Zeit unter schwersten Bedingungen im Einsatz in der Eisen- und Stahlproduktion.

1965 arbeiteten mehr als 17.000 Menschen in der Völklinger Hütte – die höchste Zahl in ihrer Geschichte. Dann erfasste die weltweite Eisen- und Stahlkrise auch den Völklinger Standort. 1982 wurden die Eisen- und Stahlwerke in Völklingen und Burbach zu ARBED-Saarstahl zusammengelegt. Nahe des Völklinger Eisenwerkes entstand ein neues Stahlwerk. Im Blasstahlverfahren verarbeitete man hier das Roheisen aus den Hochöfen zu Stahl weiter.

Am 4. Juli 1986 schließlich wurde in der Völklinger Hütte das letzte Roheisen abgestochen, die Anlagen der Roheisenerzeugung unter Denkmalschutz gestellt. 1994 erklärte die UNESCO die Hochofenanlage der Völklinger Hütte zum Weltkulturerbe der Menschheit. 1999 wurde dann die Trägergesellschaft „Weltkulturerbe Völklinger Hütte – Europäisches Zentrum für

Kunst und Industriekultur" gegründet. Seit dem Jahr 2000 ist das Weltkulturerbe Völklinger Hütte für Besucher zugänglich.

Das Weltkulturerbe als Europäisches Kulturzentrum

Wo ab dem späten 19. Jahrhundert bis 1986 Schornsteine qualmten und ohrenbetäubender Lärm den Arbeitsalltag bestimmte, finden heute Konzerte und hochkarätige Ausstellungen statt. Industrie und Kultur verbinden sich auf einer Gesamtfläche von über 600.000 Quadratmetern zu einem einzigartigen Erlebnis. Die größten Ausstellungen haben ihren Platz in der Gebläsehalle. Themen wie die Kultur der Inkas, der französische Kult-Comic Asterix oder die Großausstellung „Generation Pop" wurden spektakulär inszeniert. Fast 200.000 Besucher zog die bisher erfolgreichste Ausstellung in der Geschichte des Saarlandes „Die Kelten – Druiden, Fürsten, Krieger" an.

Nach jahrelangen Sanierungsarbeiten wurde die Sinteranlage, ein einzigartiges Zeugnis der Technikgeschichte, vor dem Verfall gerettet. Heute ist sie der Einstieg in den Rundgang durch die Völklinger Hütte und Ort einer multimedialen Show, die den Arbeitsalltag früherer Generationen skizziert. Zudem beleuchtet das neue „UNESCO-Besucher-Zentrum" unter anderem Themen wie die Nachhaltigkeitsideale der UNESCO, die Europäische Route der Industriekultur (ERIH) und die Kulturposition der Völklinger Hütte. Das spektakulärste Exponat des Besucherzentrums ist ein großes interaktives Funktionsmodell, das die technische Anlage und die Produktionsabläufe in der Völklinger Hütte verdeutlicht. Durch das „UNESCO-Besucher-Zentrum" ist das Weltkulturerbe um eine neue Attraktion reicher; der Besucherweg hat sich damit auf 7 Kilometer erweitert.

Geschichte(n) aus dem Bliesgau

Kelten, Römer, höfisches Leben – und die Wunder von Gräfinthal

Eine schwere Tür aus Bronze öffnet sich. Das Licht dahinter ist gedämpft. Der Weg führt in einer sanften Spirale immer tiefer hinunter in die Erde. Ein Gang in die Unterwelt, in das Reich des Todes. Ein leiser Schauer läuft mir über den Rücken. Schließlich bin ich unten angekommen. Durch die Glasscheibe betrachte ich sie. Sie liegt auf dem Rücken in ihrem Grab, die Hände sind über dem Unterleib gefaltet. Es scheint, als ob sie schliefe: die keltische Fürstin.

Ich möchte Sie einladen zu einer Zeitreise durch den Bliesgau, seit 2009 von der UNESCO als Biosphärenreservat anerkannt. Starten Sie mit dem Besuch der keltisch-römischen Ausgrabungen im Europäischen Kulturpark Bliesbruck-Reinheim, einem Paradebeispiel für eine gelungene deutsch-französische Zusammenarbeit auf dem Gebiet der Kultur und der Archäologie. Dann machen Sie einen Sprung ins Mittelalter zu den Wundern und Mirakeln von Gräfinthal. Schließlich geht es nach Blieskastel, wo im 18. Jahrhundert die beliebte Gräfin Marianne von der Leyen lebte. Sie weckte Blieskastel aus seinem Dornröschenschlaf und baute es zu einer prächtigen barocken Residenz aus. Am nahen Würzbacher Weiher ließ Marianne ab 1781 die Englischen Gärten errichten – mit Gutshöfen, Lustschlösschen, Badehäusern und verwunschenen Plätzen.

IHR TAG IM ÜBERBLICK

Anreise mit dem Auto

ab/bis Saarbrücken etwa 60 km
Über Saarbrücken – Fechingen – Bliesransbach – Bliesmengen-Bolchen – Habkirchen fahren Sie bis Reinheim (ca. 30 km).

Anreise mit öffentlichen Verkehrsmitteln

Mit der Saarbahn bis Kleinblittersdorf, ab hier weiter mit der Kreis-Buslinie 501 (Homburg – Blieskastel – Reinheim – Kleinblittersdorf)

Mein Vorschlag

3 Stunden: Besuch des **Europäischen Kulturparks**

Weiter mit dem Auto über Habkirchen nach Bliesmengen-Bolchen (ca. 12 km) zum Kloster Gräfinthal (im Ort ausgeschildert)

1 Stunde: Rundgang durch das **Kloster Gräfinthal**

Fahren Sie danach Richtung Habkirchen, dann an der Kreuzung auf der Landstraße 423 bis nach Blieskastel (ca. 20 km).

2 Stunden: Entdecken Sie die **Barockstadt Blieskastel**

Über Lautzkirchen fahren Sie nach Niederwürzbach (ca. 7 km). Parkmöglichkeiten gibt es direkt am See und am Bahnhof.

1 Stunde: Aufenthalt und/oder Spaziergang am idyllischen **Würzbacher Weiher**

Europäischer Kulturpark

Wenn Sie von den Höhen hinter Habkirchen auf Reinheim zusteuern, haben Sie in einer Kurve, kurz bevor die Straße hinab ins Tal führt, einen grandiosen Blick auf den Europäischen Kulturpark und die Grabungsstätten. Er ist eingebettet in das idyllische Tal der Blies und liegt mitten im UNESCO Biosphärenreservat Bliesgau. Ein Highlight ist das begehbare **Grab der Keltenfürstin von Reinheim**. Der Grabkammer in der frühkeltischen Nekropole nähert man sich über einen ziemlich dunklen Zugang, der eine magische Spannung aufbaut. Auf dem Weg zum Grab erzählen Informationstafeln von Bestattungsriten und Jenseitsglauben.

In unmittelbarer Nähe liegen die steinernen Fundamente eines römischen Landgutes mit teilweise rekonstruierten Nebengebäuden und einem Torhaus.

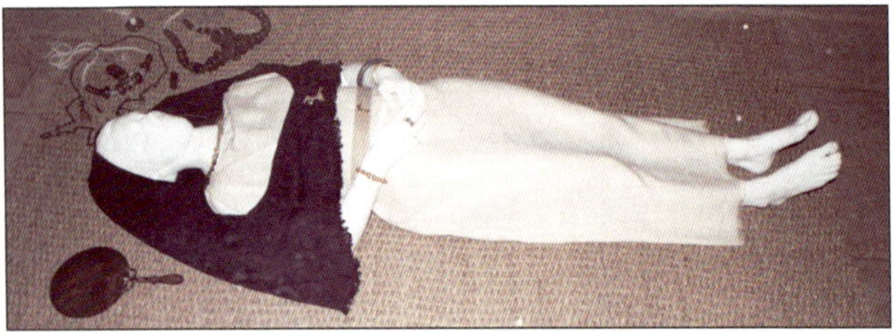

Ein Spaziergang über das Gelände, vorbei an Weihern und dem Restaurant „Relais du Parc", führt zum beeindruckenden **Ausstellungszentrum** auf französischer Seite. Gegenüber wurde eine römische Kleinstadt mit Handwerkervierteln und Thermenanlage freigelegt. Sie werden staunen, wie luxuriös unsere keltischen und römischen Vorfahren badeten! Warmes Wasser war ebenso selbstverständlich wie kulturelle und kulinarische Genüsse, während man sich im Bad entspannte.

Mein Tipp

Informieren Sie sich vor Ihrem Besuch über die Sonderausstellungen, die thematischen Führungen durch den Kulturpark und die zahlreichen Veranstaltungen. Sie können dort – nach Voranmeldung – auch Kindergeburtstag feiern, Firmen- und Familienfeste begehen und vieles andere mehr. Sie haben Gelegenheit zum Bogenschießen im Keltendorf, zur Teilnahme an (inszenierten) archäologischen Grabungen oder an einer Rallye durch den Park. Beliebt ist auch ein Ausflug in die römische Küche, bei dem Sie in der Taverne Ihren römischen Imbiss selbst zubereiten.

Gräfinthal – Ein Rundgang durch die Klosteranlagen

Wenn Sie vom Parkplatz hinter der Klosterschenke kommen, sehen Sie direkt an der Brücke über den Letschenbach das **Martersteck-Kreuz** (1759) mit der Inschrift „Jesus salvator mundi/Spes vera salutis/ Plagis quinque tuis/ Vitia nostra luis", zu deutsch: „Jesus, Heiland der Welt, wahre Hoffnung des Heils, durch deine fünf Wunden tilgst du unsere Sünden". Links befindet sich eine schöne Allee, die den Jakobsweg säumt, der durch das Klosterareal führt. Wenn Sie sich nach rechts wenden, sehen Sie neben dem 1732 erbauten Wohnhaus das Restaurant „Klosterschenke". Das Gebäude war früher Stall und Scheune. Auf der anderen Seite steht das Restaurant „Gräfinthaler Hof", dessen Giebelwand das Gräfinthaler Wappen ziert. Im Untergeschoss stand einst die Kelter, im Obergeschoss waren die Kammern für das Gesinde. Vor dem „Gräftinthaler Hof" steht ein alter Brunnen, überragt von einer mächtigen alten Kastanie. Mit dem sprudelnden

Wasser erfrischten sich einst Mensch und Vieh. Und wenn ein Fest gefeiert oder Markt abgehalten wurde, dann baute man in den starken Ästen eine Bühne auf. Dort oben saßen dann die Musiker und spielten denjenigen auf, die um den Brunnen tanzten. Wenn Sie nun in den Hinterhof gehen, sehen Sie etwas, das einzigartig ist im Saarland: das **Taubenhaus**, errichtet von wilhelmitischen Mönchen.

Vom **Kloster** erhalten sind das Torhaus, das Refektorium und die Ruinen des Kirchenschiffes mit den Gräbern von Stifterin Elisabeth von Blieskastel, Anna Leszczynska (der Tochter Stanislas') und Jean-Baptiste Mathieu. Welche bedeutende Rolle der Unternehmer für das Kloster spielte, erfahren Sie im abschließenden Text dieses Beitrags, in dem ich die Geschichte von Gräfinthal skizziere.

Blieskastel

1773 war Blieskastel noch ein provinzielles Bauerndorf, in dem 130 Familien lebten. Wie mag sich die 29 Jahre alte Marianne von der Leyen wohl gefühlt haben, als sie in jenem Jahr mit ihrem Mann, dem Grafen Franz Karl, von der Familienresidenz in Koblenz an die Blies zog? Franz Karl wollte das rückständige Gebiet durch Reformen in eine aufgeklärte Herrschaft führen. Seine Versuche, Veränderungen von Koblenz aus durchzuführen, hatten nicht gegriffen, so dass er schließlich seine Residenz nach Blieskastel verlegte. Kaum hier angekommen, stürzte sich Franz Karl in die Arbeit. Am Paradeplatz entstand ein Waisenhaus, das heutige Rathaus. Die Schlossbergstraße wurde mit

Hofratshäusern bebaut, denn durch die Verlegung der Residenz zogen viele Beamte mit ihren Familien nach Blieskastel.

Nur knapp zwei Jahre waren Franz Karl vergönnt, um seine Pläne zu realisieren. Erst 39 Jahre alt, starb er an einer Blutvergiftung. Marianne stand nun alleine mit drei kleinen Kindern da. Sie war eine gebildete, aufgeklärte Frau und hatte den festen Willen, die von ihrem Mann begonnenen Reformen fortzuführen. Aus Blieskastel machte sie so ein „zierliches" Barockstädtchen. Die zahlreichen Händel mit ihren Nachbarn legte sie größtenteils friedlich bei. Das Volk liebte „seine" Marianne, die Leibeigenschaft und Fron abschaffte, die die Frauen politisch beteiligte, die Hebammenkurse einrichtete, sich um die Witwen kümmerte. Marianne war eine Regentin zum Anfassen, die die Künste pflegte, mit der man Theatervorstellungen im Komödiensaal des Schlosses besuchte, die Mineralien, Muscheln und Münzen zusammentrug. Die eine Gemäldesammlung mit über 400 Objekten aufbaute, darunter Werke von Dürer, Cranach, Tintoretto, Caravaggio, van Dyck, Rubens und Tischbein. Da sie die schönen Künste liebte, war es nicht verwunderlich, dass das verfallene Kloster Gräfinthal – vor der Haustür ihrer tadellosen Residenz – für sie ein rechter Schandfleck war. Also überredete sie die Mönche, nach Blieskastel umzuziehen. Als sie sich 1786 auf dem Klosterberg niederließen, brachten sie auch das berühmte Gnadenbild „Unsere Liebe Frau mit den Pfeilen" mit, das sich heute in der Heilig-Kreuz-Kapelle befindet.

Rundgang durch Blieskastel

Ich empfehle Ihnen folgenden Spaziergang durch die historische Altstadt, die wie keine andere im Saarland auf engstem Raum so viele Einzeldenkmäler bereithält: Wir starten am **Paradeplatz**, der während der Regentschaft des Hauses von der Leyen Mittelpunkt der barocken Residenz war. Im Obergeschoss des **Rathauses** treffen Sie auf zwei lebensgroße Gemälde des Herrscherpaares, das aus Blieskastel ein Schmuckstück gemacht hat. Die Südseite des Rathauses, das einst ein Waisenhaus war, ziert im Giebelfeld das prächtig ausgestaltete von

der Leyen'sche Wappen. Darüber wacht Justitia. Gegenüber entstand 1784/86 das Haus an der heutigen Zweibrücker Straße 5, der **Blieskasteler Hof**, den Marianne „als gnädigste Schenkung" ihrem Verwalter Peter Schlemmer überließ – mit Abstand das wertvollste Haus eines Privatmannes am Ort.

Weiter geht es Richtung Festhalle, von wo aus die neubarocke evangelische **Kirche „Auf der Höhe"** zu sehen ist. Neben dem Gasthaus Schwalb führt der Rundgang an der Gerbergasse vorbei zur Kardinal-Wendel-Straße. Das Haus Nr. 1 ist das **Geburtshaus von Josef Kardinal Wendel**, einem großen Sohn der Stadt. Gegenüber stand eine alte Hufschmiede, heute eine Gaststätte. Am Haus Nr. 7 befand sich früher das südliche Stadttor. Auch das Haus Nr. 15 mit dem Türstein „Altes Lamm" aus dem Jahr 1756 ist ein schönes Beispiel für gute Baupflege. In der Fußgängerzone steht der **Herkulesbrunnen**, der älteste Laufbrunnen der Stadt. Den **Alten Markt** mit seinen gepflegten Häusern beherrscht der **Napoleonsbrunnen** (auch „Schlangenbrunnen" genannt). Von hier aus führt die Alte Pfarrgasse durch den ältesten Teil der Stadt mit dem alten Pfarrhaus (jetzt eine Bäckerei). Folgen Sie dem Wegweiser „Zum Kloster". Neben der **Klosterkirche** mit der **Heilig-Kreuz-Kapelle** (um 1682 erbaut), in der sich das Gnadenbild befindet, gibt es hier noch das Wohngebäude der Mönche vom Orden der Minoriten und eine Pilgerrast mit Übernachtungsmöglichkeiten: Blieskastel und das Kloster liegen direkt am Jakobsweg.

Gollenstein

Vom Kloster sind es etwa 15 Minuten Fußweg zum Gollenstein – 5.000 Jahre alt und laut Guinness-Buch der Rekorde der größte Menhir des mitteleuropäischen Raumes.

Zurück in der Stadt, ist das nächste Ziel die **Schlosskirche**. In der Krypta liegen die sterblichen Überreste der Reichsgräfin Marianne. Unterhalb des ehemaligen Konventgebäudes (heute Pfarrheim) gelangt man zu Resten der ehemaligen Schlossanlage (**Langer Bau**, die sogenannte **Orangerie**). Durch die Schlossbergstraße mit schönen Hofratshäusern spazieren Sie zurück ins Zentrum.

Würzbacher Weiher

Der Weiher war das Herzstück des Englischen Landschaftsgartens mit dem Mustergut „Annahof", dem Landhaus „Mon Plaisir" und dem Ökonomiehof „Bonvoisin", von denen nur noch der Rundbau des **Annahofes** und der **Rote Bau** auf der anderen Seeseite erhalten sind. Für mich zählen der Weiher und seine Umgebung zu den romantischsten und malerischsten Orte im Bliesgau. Spaziert man vom Bahnhof am Weiher entlang, spiegelt sich der Annahof auf der gegenüberliegenden Seite im Wasser. Eingerahmt von Bäumen, überspannt von einer Holzbrücke, belebt mit Enten und Fischen, ist der kleine See ein Ort der Ruhe und der Entspannung.

Meine Empfehlung: Lassen Sie bei schönem Wetter Ihren Tag auf der Terrasse des Annahofes oder im gemütlichen Ambiente des Gutshofs Junkerwald oberhalb des Sees ausklingen.

Restaurants

Gräfinthaler-Hof
Gräfinthal 6
66399 Mandelbachtal
Telefon: (06804) 91100
www.graefinthaler-hof.de

Restaurant Die Bären-Stub/Hotel Klosterschenke
Gräfinthal 3
66399 Mandelbachtal
Telefon: (06804) 9940144
www.die-baeren-stub.de

Annahof
Am See
66440 Blieskastel/Niederwürzbach
Telefon: (06842) 96020
www.annahof.de

Gutshof Junkerwald
Gut Junkerwald 1
66440 Blieskastel/Niederwürzbach
Telefon: (06842) 7060813
www.junkerwaldrestaurant.de

Europäischer Kulturpark Bliesbruck-Reinheim
Robert-Schumann-Straße 2
66453 Gersheim-Reinheim
Telefon: (06843) 900211
www.europaeischer-kulturpark.de
(geöffnet Mitte März bis Mitte November)

Kloster Gräfinthal
www.benediktiner-kloster-graefinthal.de

Biosphäre Bliesgau
www.biosphaere-bliesgau.eu

Saarpfalz-Touristik
www.saarpfalz-touristik.de

Blieskastel und Würzbacher Weiher
www.niederwuerzbach.de
www.blieskastel.de
(Liste der Veranstaltungen und Stadtführungen unter „Kultur und Tourismus")

Mein Wandertipps:

Von Gräfinthal zum Brudermannsfeld. Auf dem beschilderten Pilgerpfad geht es zum Hain auf dem Neuenberg, wo sich das erste Blutwunder (s. S. 60) ereignete (etwa 2 Stunden) – herrliche Ausblicke bis in die Vogesen!

Von Blieskastel zum Würzbacher Weiher wandern Sie auf einem Teilabschnitt des gut beschilderten Themenwanderweges „Mariannenweg" (etwa 1 Stunde).

Noch ein Wandertipp: Schöne Wege führen in die Umgebung, zum Sägeweiher und bis nach Kirkel (je nach Länge bis zu mehreren Stunden).

Veranstaltungstipps:

„Antikes Spektakel" am 2. August-Wochenende im Europäischen Kulturpark Bliesbruck-Reinheim
www.europaeischer-kulturpark.de

Theateraufführungen auf der **Naturbühne Gräfinthal** (hinter dem Kloster) in den Sommermonaten
www.naturbuehne-graefinthal.de

Die Wunder und Mirakel von Gräfinthal

Um 1240 lebten fromme Einsiedler in den Wäldern auf dem Neuenberg. In einem kleinen Hain hatten sie in einer hohlen Eiche eine hölzerne Marienstatue aufgestellt. Eines Tages zogen räuberische Soldaten durch diese stille Gegend. Die Statue war für sie eine willkommene Zielscheibe: Sie schossen mit Pfeilen auf die Figur – und erstarrten: Aus den Einschüssen floss menschliches Blut. Hals über Kopf floh die wilde Schar in die Wälder…

Nun müssen Sie nicht denken, dass die Menschen des Mittelalters blind an irgendwelche Wunder glaubten. Sie hatten durchaus einen Blick für die Realität, aber auch einen direkteren Zugang zu Naturereignissen. So stieß die Kunde von einem Blutwunder auf dem Brudermannsfeld zunächst auf Skepsis und die Leute strömten hinauf, um sich von ihrem Wahrheitsgehalt zu überzeugen. Da geschahen weitere Wunder: Kranke wurden geheilt, Blinde konnten wieder sehen. Auch die Landesherrin, Elisabeth von Blieskastel, die selbst an einer Augenkrankheit litt, wurde wie so viele andere geheilt. Zum Dank, und um die Marienstatue zu schützen, ließ Elisabeth eine Kirche auf dem Territorium ihrer Untertanen, der Edlen Herren von Mengen, bauen und stiftete 1243 ein Kloster für die Einsiedler: Gräfinthal, im „Tal der Gräfin" am Letschenbach, nur wenige Kilometer unterhalb des Heiligen Hains.

Das Kloster entwickelte sich zu einem bedeutenden Wallfahrtsort. Sogar aus der Schweiz, aus Süddeutschland, aus dem Elsass und Lothringen wallfahrteten die Gläubigen nach Gräfinthal zur „Lieben Frau mit den Pfeilen". Elisabeth warb Mönche des wilhelmitischen Ordens für ihr Kloster.

1293 beherbergte das Kloster 13 Mönche und hatte sich so gut entwickelt, dass die Wilhelmiten bereits um 1250 eine Einsiedelei bei Haguenau übernahmen und dort das Kloster Marienthal gründeten. Neunzig Jahre später legten umherziehende

Söldnertruppen das ganze Kloster in Schutt und Asche. Ein Schock für die Mönche. Aber die Pilger ermutigten sie zum Bleiben und halfen beim Wiederaufbau. Und die Wunder von Gräfinthal setzten sich fort.

Dann kam der Dreißigjährige Krieg, der auch das Kloster nicht verschonen sollte. Zwei Mal wurde die Anlage zerstört und notdürftig wieder aufgebaut, am Ende überlebte nur ein Mönch in den Ruinen. Die Lage war mehr als trostlos: die Dörfer des Bliesgaus entvölkert, Gräfinthal eine Ruine. Von Flandern aus wurde das Kloster mit wilhemitischen Mönchen neu besiedelt, die Bevölkerung mit Einwanderern aus dem Elsass, der Schweiz, aus Tirol und Schwaben aufgestockt.

Hatte das Marienbild bislang durch die Heilung Kranker von sich reden gemacht, häufen sich nach dem Dreißigjährigen Krieg Wunderberichte, die sich auf die Umstände einer Geburt oder die Wiedererweckung Neugeborener beziehen. Der Gräfinthalter Mönch Frater Friedrich Schaal hat diese Mirakel, wundersame Erhörungen von Gebeten, in seinem Buch „Die Wunder Gottes durch Maria in Gräfinthal" beschrieben. So legte man die toten Kinder vor den Altar zu Füssen der Muttergottes und wartete auf ein Lebenszeichen. Wenn sich die Hautfarbe des Leichnams verfärbte, segnete man das Kind und bestattete es. Manchmal aber schlug das vermeintlich tote Kind die Augen wieder auf... Allein 47 der insgesamt 85 überlieferten Mirakel berichten von der Erweckung toter Neugeborener oder gestorbener Kinder. Da hatte eine Frau unter „höchster Lebensgefahr" ein totes Kind geboren und brachte es nach Gräfinthal. Im Angesicht der „Lieben Frau mit den Pfeilen" bat sie weinend um sein Leben. Unversehens begann das Kind sich zu bewegen, die Frau nahm es mit großer Freude in den Arm, ließ es auf den Namen Petrus taufen und trug es „mit großer Verwunderung" nach Hause.

Der kulturelle Aufschwung im 18. Jahrhundert brachte auch für Gräfinthal eine Wende. Mit der ideellen und finanziellen Unterstützung des vertriebenen polnischen Königs Stanislas

Leszczynski, der damals im Exil in Zweibrücken lebte, wurden die Ruinen und die verbauten Gebäude abgerissen und neu aufgebaut. Seine Tochter Anna, die mit 18 Jahren starb, wurde in Gräfinthal begraben. Die Verhandlungen über die Heirat seiner zweiten Tochter Maria mit dem französischen König Ludwig XV., in deren Folge Stanislas das Herzogtum Lothringen übernahm, sollen übrigens auch hier stattgefunden haben.

Zu dem kulturellen gesellte sich ein spiritueller Aufschwung: Die barocke Volksfrömmigkeit machte aus Gräfinthal wieder einen beliebten Wallfahrtsort, der viele Menschen anzog. Mit der Französischen Revolution ging erneut alles in Flammen auf. Die Mönche flüchteten wie ihre Regentin auf die rechte Rheinseite. Das Klosterleben war – vorerst – zu Ende.

1809 ersteigerte der Unternehmer Jean-Baptiste Mathieu die Ruinen und wollte dort zunächst eine Fabrik einrichten. War es göttliche Erleuchtung, die ihn umdenken ließ? Jedenfalls verschwanden die Fabrikpläne in der Schublade und Mathieu ließ in die Ruinen eine Kapelle bauen. Aus aufgelösten Klosterkirchen, etwa aus Wadgassen, besorgte er Figuren und den Altar. Kaum war das Werk fertiggestellt, pilgerten die Menschen nach Gräfinthal, das wieder einmal durch wundersame Krankenheilungen in aller Munde war: Als 1866 eine Epidemie in Wittersheim und Bebelsheim 40 Frauen im Kindbett wegraffte, gelobten die beiden Pfarreien, jedes Jahr nach Gräfinthal zu wallfahren, wenn die Krankheiten ein Ende fänden. Die Gebete wurden wohl erhört, denn schlagartig endete das Sterben. Die Wittersheimer und Bebelsheimer halten sich bis zum heutigen Tag an ihr Versprechen und unternehmen an einem Sonntag im Sommer eine Wallfahrt nach Gräfinthal.

Seit 1989 ist der Benediktinerorden Eigentümer der Ruinen und des Pfortenhauses, seit 1993 ist das Kloster durch Benediktinermönche aus Vaals (Niederlande) neu belebt, die sich vorbildlich für den Erhalt, die Restaurierung und den Wiederaufbau der Klosteranlagen engagieren.

Von Raubrittern
im Dahner Felsenland

Wilde Ritter, Feen und Schlossgespenster

Die Gegend südlich von Dahn mit ihren bizarren Felsformationen, die man aus der Ferne immer wieder mit Burgruinen verwechseln könnte, mit den verträumten Seen und den vielen stolzen Burgen aus der Stauferzeit ist für mich ein Märchenland.

Lugt da nicht ein Gnom aus dem grünen Dickicht? Oder stammt der Nebelschleier im engen Flusstal nicht in Wahrheit von einem unerlösten Geist, der sich seufzend in die Lüfte erhebt? Und dieser süße Gesang – ist das nicht die glockenhelle Stimme einer Fee? Fantasie und Wirklichkeit verschwimmen – auch bei den Geschichten um den Raubritter Hans von Drodt, der ein Vierteljahrhundert auf der Burg Berwartstein hauste, Angst und Schrecken verbreitete, die Einwohner von Weißenburg (Wissembourg) quälte und mit seinen finanziellen Forderungen die einfachen Bauersleute ruinierte. Noch heute jagt man den Kindern mit ihm Angst ein. „Sei nur brav, sonst holt dich der Hans Trapp!", warnt man die Kleinen. Als Schlossgespenst muss er darum durch die Burg geistern – und wenn Sie an einer Burgführung teilnehmen, werden Sie ihm begegnen. Garantiert.

Mit dem Auto

ab/bis Saarbrücken etwa 200 km
Auf der A8 fahren Sie bis Zweibrücken/Pirmasens, dann weiter auf der B10 bis Hinterweidenthal. Hier biegen Sie rechts ab auf die B427 und erreichen nach etwa 14 km den Abzweig „Erlenbach". Zur Burg Berwartstein sind es dann nur noch ein paar Kilometer.

Mein Vorschlag

1½ Stunden: Burg Berwartstein: Burgführung durch die Stauferburg. In der Burgschänke kann man einen Imbiss einnehmen.

Weiterfahrt nach Niederschlettenbach, hier rechts abbiegen und dann gleich wieder links nach (ca. 10 km)

1 Stunde: Nothweiler: Führung durch das Besucherbergwerk St. Anna-Stollen

Über Niederschlettenbach und Bobenthal (ca. 20 km) erreichen Sie das französische Wissembourg.

2 Stunden: Wissembourg: Besichtigung der schönen Altstadt mit Kirche, Kreuzgang und „Klein-Venedig"

Mein Alternativvorschlag, wenn Sie mit Kindern unterwegs sind:
Anstelle von Wissembourg besuchen Sie das **Biosphärenhaus** in Fischbach bei Dahn oder die Burgruine **Château Fleckenstein**, wenige Kilometer südlich von Nothweiler.

Anfahrt zum Biosphärenhaus:
Ab Nothweiler fahren Sie nach Rumbach und biegen links nach Fischbach ab (etwa 12 km).

2–3 Stunden: Das **Biosphärenhaus** lockt mit einem spannenden interaktiven Ausstellungskonzept und dem Baumwipfelpfad.

Anfahrt zur Burg Fleckenstein:
Ab Nothweiler über Rumbach und Schönau, dann Richtung Lembach – die Auffahrt links zur Burg ist ausgeschildert (etwa 22 km).

1–3 Stunden: Château Fleckenstein, eine in den Sandsteinfelsen gebaute, mächtige 900 Jahre alte Burg, können Sie ganz „normal" besuchen (das dauert etwa 1 Stunde) oder aber als „Rätselburg" (dafür brauchen Sie 3 Stunden) erkunden. Dabei folgt man auf einer Zeitreise in die Vergangenheit den Spuren von Prinzessin Mathilde im feindseligen Wald, durchkreuzt die bösen Pläne der Hexe und besiegt die Feinde von Ritter Hugo von Fleckenstein. Es gilt, zwanzig Mutproben zu bestehen, um die Burg Fleckenstein zu retten.

Burg Berwartstein

„Seien Sie jetzt mucksmäuschenstill", bittet Burgführer Stefan die Gäste und kippt einen Eimer Wasser in den Brunnenschacht. Mit großen Augen starren die Kinder hinab in das schwarze tiefe Loch – ein Schauer rieselt mir über den Rücken. Lange hört man nichts, dann von fern ein leises „Platsch". Genau 104 Meter, und das bei konstantem Durchmesser, buddelten sich einst die Männer mit Hammer, Meißel und Spitzhacke durch den Fels, auf dem die Burg Berwartstein gebaut wurde. Die Burg gehört zu den interessantesten Wehrbauten des Mittelalters. Sie ist neben Drachenfels und Altdahn eine der so genannten „Felsenburgen", bei denen Treppen, Gänge und Zimmer aus dem Felsen gemeißelt wurden. In seiner geologischen Beschaffenheit einzigartig ist der Aufstiegskamin an der Südostseite, im Mittelalter der einzige Zugang zur Burg. Nur mit einem Korb (für die Damen), den man hochzog oder abließ, beziehungsweise mit einer Strickleiter (für die Herren) konnte man in die Burg gelangen. So war es möglich, den Berwartstein mit nur einem Mann zu verteidigen. Für ungebetene Besucher gab es wenig Leckeres von oben...

Natürlich kann man in der Burg auch die mittelalterlichen Rüstungen sehen. Fast 40 Kilogramm wog so ein Metallberg. Einmal oben auf seinem Pferd war der Ritter so gut wie unbeweglich und ein Sturz konnte für ihn den sicheren Tod bedeuten, weil er aus eigener Kraft nicht mehr auf die Füße kam. Auch sonst war das Ritterleben wenig romantisch: Sanitäre Anlagen fehlten auf der Burg, der höchste Luxus war ein Donnerbalken. Berwartstein war eine ewig feuchte Behausung, an den Wänden wucherte das Moos. Nachts schliefen die Bewohner, um sich gegen die grimmige Kälte zu schützen, an Schweine und Schafe gekuschelt. Der Gestank muss unbeschreiblich gewesen sein. Von der „Sonnenterrasse" des Felsennestes, dem einst wichtigsten Verteidigungsplatz der Burg, haben Sie einen herrlichen Ausblick auf die Landschaft des Wasgau. Hier werden heute keine Kanonen mehr abgefeuert, stattdessen können Sie bei schönem Wetter die urwüchsige Pfälzer Gastlichkeit genießen.

Nothweiler

Die **Erzgrube St. Anna-Stollen** ist etwa 400 Meter lang; während des Rundgangs unter Tage erfahren Sie viel über die Arbeit der Bergleute, über die Abbauorte und die Lebensbedingungen der damaligen Zeit.

Bereits zur Zeit der Kelten hat man im Übertagebau Eisenerz gewonnen. Gewaltige Urkräfte katapultierten vor ca. 45 Millionen Jahren die ehemals heißen Eisenerze aus unergründlichen Tiefen empor, die zu bizarren und farbenprächtigen Formen im 400 Millionen Jahre alten Buntsandstein erstarrten.

Eine von vielen Legenden erzählt, dass zahlreiche Kranke in Nothweiler Heilung fanden, wenn sie aus dem Lochbrunnen, einer Quelle unterhalb des Kolbenbergs, das stark erzhaltige Quellwasser tranken. Eine andere, dass Familien aus der Schweiz, die sich hier ansiedelten, armen Menschen aus der Not halfen. Überall hießen die Familien bald: die sieben Nothelfer. Und da nur wenige Häuser hier standen, hieß das Dörflein alsbald Nothelfersweiler und dann „Nothweiler".

Wissembourg

Wenn Sie heutzutage durch das hübsche Städtchen bummeln, bemerken Sie nichts mehr von den Quälereien, die Hans von Drodt den Bewohnern einst zufügte. Trotz mehrfacher Zerstörungen, nicht nur durch den Raubritter, ist das mittelalterliche Stadtbild weitgehend erhalten. Wissembourg entstand im 7. Jahrhundert um eine Benediktinerabtei, war ein bedeutendes geistiges Zentrum und zählte zu den zehn elsässischen Reichsstädten. Die Lauter prägt das Ortsbild, das an manchen Stellen an „La Petite Venise" („Klein-Vendig") in Colmar erinnert.

Rundgang durch Wissembourg

Vom Parkplatz „La Foire" gehen Sie durch die Hauptstraße (Rue Nationale) und sehen gleich linker Hand in einer Seitenstraße die gotische **Dominikanerkirche**, heute wird das Gotteshaus als Kulturzentrum genutzt.

Die Rue Nationale führt Sie direkt ins Zentrum der Stadt (Place de la République), rechts vor dem Platz sehen Sie das stattliche **Rathaus** (Hôtel de Ville), errichtet aus dem roten Buntsandstein der Vogesen, mit Uhrturm und Dreiecksgiebel, links Richtung Lauter das **Salzhaus** (Maison du Sel). Mit seinen spitzen Giebeln und den in mehreren Reihen übereinander liegenden Dachgauben ist es ein faszinierendes Gebäude. Das Salzhaus wurde schon um 1450 errichtet, damals als Hospital, diente später als Salzspeicher, als Schlachthaus und in den Kriegen als Lazarett.

Sie überqueren jetzt die Lauter und sehen linker Hand die **Zehntscheuer** der ehemaligen Abtei (Grange Dimière) und den einstigen Deutschordenshof. Rechts davon steht die **Stiftskirche St. Pierre-et-St. Paul** (erbaut 1262–1293 als Klosterkirche unter Abt Edelin), neben dem Straßburger Müns-

ter die größte gotische Kirche des Elsass. Sehenswert sind der unvollendete Kreuzgang (frühes 14. Jahrhundert) mit schönen Wandmalereien, das über zehn Meter hohe Fresko des Hl. Christopherus (um 1280) und die prächtigen Glasmalereien im Chor und im Querhaus (13. bis 15. Jahrhundert). Zurück an der Lauterbrücke folgen Sie dem Fluss Richtung Norden. Schöne alte Bürgerhäuser säumen den Kanal, sehenswert sind vor allem das **Haus Vogelsberger**, ein Renaissancebau aus dem Jahr 1540, und das **Haus zur Krone** (Maison à la Couronne), das ehemalige Gilde- und Gästehaus der Weißenburger Kaufleute. Folgen Sie der Lauter Richtung Westen ins malerische Bruch-Viertel. Gleich am Anfang steht das **Maison de l'Ami Fritz**. Es diente 1932 als Kulisse für die Verfilmung des Romans „L'Ami Fritz" von Emile Erckmann und Alexandre Chatrian, der zur Zeit des Biedermeiers spielt (s. dazu auch S. 208).

Restaurants

Rittersaal auf der Burg Berwartstein
D-76891 Erlenbach
Telefon: (06398)210
Zu ausgewählten Terminen gibt es Rittermahle, Fackelführungen mit Ritterimbiss oder Essen bei Kerzenschein auf der romantischen Felsterrasse. Übernachtungsmöglichkeiten bieten „Kurfürstensuite" und „Barbarossa-Turm".
www.burgberwartstein.de

Hotel Restaurant Landgasthaus Zur Wegelnburg
Hauptstraße 15
D-76891 Nothweiler / Pfalz
Telefon: (06394) 9209190
www.hotel-zur-wegelnburg.de

Hostellerie au Cygne
3, rue du Sel
F-67160 Wissembourg
Telefon: (0033) 388940016
www.hostellerie-cygne.com

Brasserie La Vignette
17, rue du Marché aux Poissons
F-67160 Wissembourg
Telefon: (0033) 388941764

Café Rebert
7, Place du Marché aux Choux
F-67160 Wissembourg
Telefon (0033) 388940166
www.rebert.fr

Burg Berwartstein
D-76891 Erlenbach
Ganzjährig geöffnet; von März bis Oktober täglich; in den Wintermonaten nur samstags und sonntags
www.burgberwartstein.de

Erzgrube St. Anna-Stollen in Nothweiler
Geöffnet von Ende März bis Ende Oktober von 11–17 Uhr
www.nothweiler.de

Biosphärenhaus Fischbach
Am Königsbruch 1
D-66996 Fischbach
www.biosphaerenhaus.de

Château fort de Fleckenstein
F-67510 Lembach
Telefon: (0033) 388942852
www.fleckenstein.fr

Office de Tourisme de Wissembourg
11, place de la République
F-67160 Wissembourg
Telefon: (0033) 388941011
www.ot-wissembourg.fr

Der Raubritter Hans von Drodt

Zahlreich waren die Herren von Burg Berwartstein. Auch Kaiser Friedrich Barbarossa (etwa 1152–1190) gehörte zu ihnen; er schenkte die Burg dem Hochstift Speyer, um sich so sein Seelenheil zu erkaufen. Der bedeutendste Besitzer aber war der gefürchtete Hans von Drodt.

Um das Jahr 1200 gab der Bischof von Speyer die Burg an ein Rittergeschlecht, das sich „von Berwartstein" nannte. Es waren echte Raubritter. Sie trieben es so schlimm, dass die Reichsstädte Haguenau und Straßburg gemeinsam gegen sie zu Felde zogen. Seit 1347 war die Burg im Besitz der Abtei Weißenburg. Die Abtei führte bei ihren Burgvögten das sogenannte Dienstlehen ein. Im Gegensatz zum üblichen Erblehen bot es die Möglichkeit, Lehnsmänner abzusetzen, wenn sie ihr Amt nicht rechtmäßig ausübten. Der letzte Burgvogt nutzte die lockere Hand der Abtei aus und erlaubte sich Übergriffe auf benachbarte Herrschaftsgebiete – die langersehnte Gelegenheit für den kurpfälzischen Fürsten Friedrich I. zum Eingreifen. Der hatte schon lange ein Auge auf den Berwartstein geworfen, marschierte los und brachte die Burg in seinen Besitz.

Hans von Drodt war zu diesem Zeitpunkt Marschall und Heerführer der gesamten kurpfälzischen Streitkräfte. 1480 setzte ihn der Kurfürst auf den Berwartstein, weil er genau wusste, dass von Drodt seinen Ambitionen nachkommen würde: Der Kurfürst wollte sich das gesamte weißenburgische Gebiet aneignen. So war es auch. Von Drodt eroberte nach und nach eine Reihe von Ortschaften. Die Klagen über den wilden Hans beschäftigten bald Kurfürst und Kaiser, Reich und Rom. Doch der Kurfürst hielt zu seinem Günstling: Hans von Drodt hatte Narrenfreiheit. Der Nachfolger des Kurfürsten verkaufte ihm sogar die Burg – nun hatte von Drodt freie Hand und konnte die Weißenburger endlich seine persönliche Rache spüren lassen: Denn der Abt hatte über von Drodts Bruder vor Jahren eine hohe Kirchenstrafe verhängt. Von Drodt überfiel Kaufleute, die durchs Lautertal nach Weißenburg zogen, hemmte so den Handel und die Versorgung der Stadt, die sich mit der Abtei solidarisiert hatte. Sein größter Streich aber war der Stau der Wieslauter. Der Ritter ließ einen gewaltigen Damm bauen und staute den Fluss. Die Flößerei musste eingestellt werden, die Mühlräder drehten sich nicht mehr. Die Weißenburger flehten und bettelten: „Gib uns das Wasser zurück!" Er gab es ihnen – mit geballter Ladung! Drodt ließ den Damm brechen, die gestauten Fluten ergossen sich über die Stadt und die Umgebung und richteten großes Unheil an. Dann sammelte er 2.000 Männer und zog mit ihnen gegen Weißenburg, verwüstete die umliegenden Dörfer und ließ die Einwohner hohe Summen zahlen. Tatsächlich konnte Hans so ungestraft wüten, weil ihn der Kurfürst wegen seiner militärischen, wirtschaftlichen und diplomatischen Tüchtigkeit schätzte. Hans von Drodt profitierte am Ende des 15. Jahrhunderts von dem labilen Gleichgewicht zwischen Frankreich und den deutschen Fürsten. Der deutsche Kaiser Maximilian, der von Drodt zwar einmal als „Friedensbrecher" bezeichnete, war auf den Kurfürsten der Pfalz angewiesen und hütete sich, etwas gegen dessen Günstling zu unternehmen: Der Kurfürst sprach in der Versammlung des Großen Reiches ein gewichtiges Wort mit und konnte zudem durch seine guten Kontakte mit Frankreich Unstimmigkeiten zwischen den Deutschen und dem französischen König ausgleichen. So starb der wilde Ritter Hans von Drodt unbesiegt im Jahr 1503 eines natürlichen Todes. Sein Grabstein befindet sich in der Kapelle Ste. Anne zwischen Dahn und Wissembourg.

Noch heute ist Hans von Drodt der Schrecken der Kinder im Elsass: „Wenn du nicht brav bist, holt dich der Hans Trapp!", droht man den Kleinen. In den malerischen Dörfern und Städten des Nordelsass begleitet Hans Trapp in der Adventszeit das Christkind, verteilt „Bredele" an die braven und stopft die unartigen Kinder in seinen Sack...

Idyllisch: Freinsheim und Neustadt a. d. Weinstraße

Unterwegs auf der deutschen Weinstraße mit Kunigunde Kirchner

Kunigunde steigt die Treppe des Michel'schen Hofes herab und geht dann durch das Tor in die „Hauptstraße" von Neustadt. Tatsächlich hieß diese Straße schon im 17. Jahrhundert so. Hier lebten Bauern, Winzer und Kaufleute, erklärt uns die Dame aus der Vergangenheit. Sie merken es schon: Ich erzähle von einer Stadtführung mit einer charmanten Dame im historischen Gewand, die Kunigunde Kirchner verkörpert. Kunigunde ist eine berühmte Persönlichkeit in Neustadt, schließlich hat sie während des Pfälzischen Erbfolgekrieges durch ihre Liebe zu einem französischen Offizier die Stadt vor der Zerstörung bewahrt.

Aber bevor Sie auf Entdeckungstour durch Neustadt gehen, sollten Sie das zauberhafte Freinsheim besuchen. Es ist vollständig von einer Stadtmauer umschlossen, an der entlang man durch Tore und vorbei an alten Türmen spazieren kann. Im Herzen der Stadt mit den verwinkelten Gassen, der mit Kopfstein gepflasterten Hauptstraße und den hübschen Winzerhäusern steht neben der Kirche eines der schönsten Rathäuser Deutschlands. Die Pfälzer Weinidylle punktet dazu mit dem kleinsten Theater der Welt im mittelalterlichen „Casinoturm" in der südlichen Stadtmauer. Außerdem empfehle ich Ihnen den Besuch des Hambacher Schlosses, der Wiege der deutschen Demokratie. Hier werden die Ereignisse vom 27. Mai 1832 hautnah erlebbar, als rund 30.000 Menschen hinauf zum Schloss strömten.

Anfahrt mit dem Auto

ab/bis Saarbrücken etwa 220 km
Über die A6 bis Grünstadt, weiter auf der B 271 Richtung Bad Dürkheim bis Dackenheim, hier links ab nach Freinsheim (bis Grünstadt ca. 100 km, Grünstadt bis Freinsheim ca. 8 km)

Mein Vorschlag

2 Stunden: Besichtigung von **Freinsheim** mit Rundgang entlang der Stadtmauer und durch die Altstadt

Weiterfahrt auf der B 271 nach Neustadt (schnelle Strecke) oder
parallel zur B 271 entlang der Weinstraße (L 516) durch die Weindörfer Wachenheim, Deidesheim, Gimmeldingen und Mußbach zum Hambacher Schloss; parken können Sie in der Freiheitsstraße unterhalb des Schlossberges (10 Min. Fußweg zum Schloss)

2 Stunden: Besuch des **Hambacher Schlosses** oberhalb von Neustadt und der Ausstellung „Hinauf, hinauf zum Schloss!". Sie dokumentiert die Ereignisse von 1832, ihre Voraussetzungen und Nachwirkungen.

2 Stunden: Besichtigung von **Neustadt an der Weinstraße**. Stadtrundgang auf den Spuren von Kunigunde Kirchner und Johann Peter de Werth
Parkmöglichkeiten finden Sie am Bahnhof oder im nahen Hetzel-Parkhaus und gleich daneben auch die Touristinformation.
Rückfahrt über Lambrecht – Frankenstein – Kaiserslautern (B 39)

Freinsheim

Wie fast alle Städte und Dörfer in der Pfalz verbrannte auch das mittelalterliche Freinsheim im Pfälzischen Erbfolgekrieg (1688–1697). Durch die Hochzeit von Lieselotte von der Pfalz mit Herzog Philipp I. von Orléans, dem Bruder des französischen Königs Ludwig XIV., hatte man versucht, die Hegemoniebestrebungen Frankreichs in Schach zu halten – vergeblich. Nachdem Kurfürst Karl II., Lieselottes Bruder, gestorben war, erhob Ludwig XIV. Ansprüche auf das Erbe seiner Schwägerin. Gegen Ludwig XIV. bildete sich die „Wiener Große Allianz", die unter anderem aus England, den Niederlanden, Spanien, Savoyen und dem Heiligen Römischen Reich bestand. Anfangs fand der Krieg vorwiegend in der Kurpfalz, in großen Teilen Südwestdeutschlands und am Niederrhein statt. Als Reaktion auf die vorrückenden Alliierten verwüsteten französische Truppen systematisch und mit großer Brutalität die Pfalz und die angrenzenden Gebiete. Dörfer, Burgen, Festungen, Kirchen und sogar ganze Städte wie Mannheim und Heidelberg wurden in Schutt und Asche gelegt. Freinsheim wurde zwischen dem 25. und 27. September 1689 zerstört; erst ab 1700 begann der Wiederaufbau.

Entlang der Freinsheimer Stadtmauer

Die Anlage der Freinsheimer Stadtmauer, vermutlich zwischen 1400 und 1514 entstanden, gilt heute als eine der am besten erhaltenen Befestigungen der Pfalz. Beginnen Sie Ihren Rundgang am **Haintor**, dem südwestlich gelegenen Stadttor. Noch vor rund 200 Jahren war dieser Durchgang einer von zwei möglichen, um in die Stadt hineinzukommen oder sie zu verlassen. Der trutzige, rechteckige Torturm ist 15 Meter hoch und mit einem hölzernen Fallgatter versehen. Wenden Sie sich nun nach rechts und gehen Sie an der südlichen Stadtmauer entlang. Wo einst der mit Wasser gefüllte Graben verlief, sehen Sie heute blühende Bauerngärten und fein säuberlich angelegte Gemüsebeete. Sie queren den Platz „An der Bach“ am **Vier-Röhren-Brunnen**, einem Brunnenhaus mit offener Vorhalle. Unter einem winzigen Fachwerkhaus hindurch führt Sie ein Durchgang zur „engsten Stelle“ von Freinsheim. Folgen Sie dem mittelalterlichen Mauerring bis zum **Herzogturm**, vermutlich erbaut von den Zweibrücker Herzögen. Er ist der mächtigste Turm der Befestigungsanlage und war immer rundum geschlossen, während die anderen Türme zur Stadtinnenseite hin offen waren. Vielleicht wurde der Herzogturm einst als Verlies genutzt?

Vorbei am **Diebsturm**, dem ehemaligen Gefängnis für Diebe, Wald- und Feldfrevler, kommt man zur nächsten Station, dem **Casinoturm**, in dem sich ein winziges Theater eingenistet hat. Das „Theader“ hat tatsächlich nur 18 Sitzplätze. Wenige Meter weiter sehen Sie den **Kanonen- oder Pulverturm**, zur Stadtseite hin offen, mit Bogenfries und Zinnenkranz. Er ist das deutlichste Beispiel für den ursprünglichen Aufbau der Freinsheimer Mauertürme. Weiter entlang der Stadtmauer gelangen Sie in den höher gelegenen Teil der Stadt. Nachdem Sie den **Hahnenturm** passiert haben, treffen Sie auf das **Gottfried-Weber-Haus**, heute eine Galerie. Der Freinsheimer Gottfried Weber gründete 1806 in Mannheim das „musikalische Conservatorium“ und prägte damit wesentlich das kulturelle Leben der Stadt. Lebenslang verband ihn eine Freundschaft mit Carl Maria von Weber.

Das mächtige **Eisentor** wird von zwei massiven Türmen flankiert. Gehen Sie durch das Eisentor hindurch und folgen Sie dem gebogenen Straßenverlauf. Sie treffen nun auf das **Innere**

Tor mit seinem riesigen Pecherker. Der Freinsheimer Gewerbeverein hat im Inneren Tor ein **Handwerker-Museum** eingerichtet, das an die traditionellen Handwerkskünste erinnert.

Durch die Altstadt von Freinsheim

Mindestens ebenso faszinierend wie die Stadtmauer ist die Altstadt. Biberschwanzziegel bedecken die Dächer und zaubern ein buntes Bild verschiedener Farbtöne von Gelb über Rot zu Braun. Schlusssteine an Torbögen erzählen von den Hausbesitzern und ihren Berufen. Kopfsteingepflasterte Straßen und Innenhöfe erinnern Schritt für Schritt an vergangene Zeiten. Der **Von-Busch-Hof** ist ein fast 300 Jahre altes Anwesen und heute das kulturelle Zentrum der Stadt. In der gewaltigen Zehntscheuer finden Konzerte, Theateraufführungen, Ausstellungen und Tagungen statt.

Am Marktplatz steht das barocke **Rathaus**, erbaut um 1750. Eine beeindruckende Freitreppe mit Balustrade führt hoch in den imposanten Rittersaal. Das historische Rathaus ist heute Sitz der Touristinformation der

Urlaubsregion Freinsheim. Die **Kirche am Markt** wurde 1470 als dreischiffige gewölbte Halle erbaut, im Pfälzischen Erbfolgekrieg zerstört und danach in Form eines Langhauses mit flachgedecktem Saal wieder aufgebaut. Noch aus der Renaissance stammen das Portal und der Treppenturm. Zu den schönsten Bürgerhäusern der Pfalz gehört der **Nagel'sche Hof**.

Beenden Sie Ihren Stadtspaziergang im Park des **Retzerhauses**, einem Herrensitz aus dem 18. Jahrhundert. Unter uralten Kastanienbäumen, die ihre weit ausladenden Äste ausspannen, genießen Sie, wenn Sie mögen, einen erfrischenden Riesling.

Der Weinanbau in Freinsheim ist erstmals im Jahr 774 urkundlich belegt. Acht Weingüter hatten dem Weißenburger Kloster, rund 70 Kilometer südlich von Freinsheim, 17 Fuder Wein im Jahr zu liefern. Vier bekannte Lagennamen kennzeichnen die Freinsheimer Weine: Goldberg, Musikantenbuckel, Oschelskopf und Schwarzes Kreuz – und alle schmecken köstlich.

Hambacher Schloss

Im Mai 1832 wehte zum ersten Mal die schwarz-rot-goldene Fahne auf dem Kastanienberg bei Neustadt. Seitdem gilt das Hambacher Schloss als Wiege der deutschen Demokratie. Die Dauerausstellung „Hinauf, hinauf zum Schloss" beleuch-

tet anschaulich die politischen Hintergründe der bürgerlichen Oppositionsbewegung, die zum Hambacher Fest und seinen Folgen führten.

Neustadt an der Weinstraße

Wie verheerend der Pfälzische Erbfolgekrieg für das Land war, haben Sie ja bereits erfahren. „Brûlez le Palatinat!“, schrien die Soldaten und verwüsteten nahezu alle Dörfer und Städte – Neustadt a. d. Weinstraße aber verschonten sie. Darum findet sich dort heute der größte Bestand an Fachwerkhäusern der Pfalz. Warum Neustadt nicht brannte, das erfahren Sie, wenn Sie mit „Kunigunde“ unterwegs sind. Da Kunigunde aber nicht immer zugegen ist, erlauben Sie mir, dass ich Sie an ihrer statt durch Neustadt führe – und Ihnen nebenbei erzähle, was sie mir ins Ohr geflüstert hat…

Am besten parken Sie am Bahnhof oder im nahen Parkhaus der Hetzel-Galerie. Hier ist auch eine **Touristinformation**, wo Sie sich einen Stadtplan besorgen können. Zu Fuß geht es dann durch die Fußgängerzone Friedrichstraße und in die erste Straße links namens „Schütt“ (denn dort war einst der Stadtgraben, der zugeschüttet wurde!) bis zur Sparkasse und hier rechts zum **Elwedritsche-Brunnen**.

Unser Rundgang mit Kundigunde beginnt im Michel'schen Hof am Marktplatz. Von dort gehen Sie über die Hauptstraße zur Kunigundenstraße, wo Sie unserer Heldin und ihrer großen Liebe begegnen: Als Skulpturen schauen sich Kunigunde Kirchner und Johann Peter de Werth, wenn auch über mehrere Meter Distanz, tief in die Augen. „Alle hatten Angst“, verrät Kunigunde, „als 1688 französische Truppen vor den Toren der Stadt standen.“ „Brulez le Palatinat!“ war der Schlachtruf – brennt die Pfalz nieder. Heidelberg, Mannheim, Speyer und fast alle Burgen waren bereits zerstört. Die französischen Truppen drangen auch in Neustadt ein, plünderten die Häuser, missbrauchten Frauen.

„Es war schrecklich", seufzt Kunigunde. Johann Peter de Werth ritt in die Stadt ein, der Oberamtmann sollte die besetzte Stadt verwalten. Als Quartier wurde ihm im Haus der Kirchners das Zimmer von Kunigundes verstorbener Mutter zugewiesen. „Er war groß, er hatte dunkle Haare und braune Augen. Sie werden es nicht glauben: Ich habe mich in den Feind verliebt!", gesteht Kunigunde.

Die Leidenschaft brannte auch in seinem Herzen, und de Werth hielt um Kunigundes Hand an. Aber eine Bürgerstochter aus der Kurpfalz vermählt sich nicht mit einem französischen Offizier – nein, das war unter den damaligen politischen Umständen völlig undenkbar. Die kriegerischen Auseinandersetzungen eskalierten. Der General der französischen Streitkräfte wollte den Befehl geben, nun auch Neustadt niederzubrennen. Da fasste sich de Werth ein Herz, nahm seine geliebte Kunigunde an die Hand und beide sprachen bei seinem Vorgesetzten vor. Sie trug ihr schönstes Gewand und verbeugte sich tief... Was genau den General veranlasste, Neustadt zu verschonen, das weiß auch Kunigunde nicht. Der Befehl wurde jedenfalls zurückgenommen, die beiden heirateten und ganz Neustadt feierte mit.

Durch die Kunigundenstraße erreichen Sie die Metzgergasse. Das Haus Nr. 3 ist eines der ältesten Fachwerkhäuser der Stadt, das Haupthaus stammt aus dem Jahr 1382, der vordere Teil aus dem Jahr 1604. Einst suhlten sich die Schweine auf der Straße, die Fäkalien liefen stinkend in den Rinnen, auf der Straße lagen Abfälle und man musste die Röcke heben, um einigermaßen unbeschadet durchzukommen. Heute sind Kunigundenstraße und Metzgergasse schmucke Beispiele für alte Bauweisen. Das Haus Metzgergasse 8 (erbaut 1781) zeigt die ungewöhnliche Hochbauweise, bei der die Tiere und die Vorräte im Erdgeschoss untergebracht waren und die Menschen im 1. Stock wohnten.

Nun kommen Sie am Marktplatz an, mit dem schönen **Königsbrunnen** und dem **Scheffelhaus**, einem Renaissancebau (um 1580 erbaut). Auf der gegenüberliegenden Seite ist im ehemaligen Jesuitenkolleg seit 1838 das **Rathaus** untergebracht. Besuchen Sie auch die **Stiftskirche** (15. Jahrhundert), das Wahrzeichen Neustadts, die unter einem Dach einen katholischen und einen protestantischen Teil beherbergt. Sie war als erste Kirche der Kurpfalz – also noch vor der Heidelberger Stiftskirche – die Grablege der Kurfürsten. Vom Südturm (57 Meter hoch) haben Sie eine atemberaubende Aussicht. Im Nordturm (64 Meter hoch) hängt die Kaiserglocke, die größte Gussstahlglocke der Welt.

Was wären Neustadt und die Pfalz ohne ihren Wein? Im **Haus des Weines** in der Rathausstraße präsentieren Neustadter und Pfälzer Weingüter unter gotischen Stufengiebeln (um 1276 entstanden) Wein und Sekt. Wäre eine kleine Weinprobe nicht ein schöner Abschluss für Ihren Rundgang mit Kunigunde?

Restaurants

Am Eisentor
Herrenstraße 12
67251 Freinsheim
Telefon: (06353) 8035
www.am-eisentor.de

Restaurant Von-Busch-Hof
Von-Busch-Hof 5
67251 Freinsheim
Telefon: (06353) 7705
www.von-busch-hof.de

Restaurant 1832 im Hambacher Schloss
Telefon: (06321) 9597880
www.hambacher-schloss.de

Scheffelhaus
Marktplatz 4
67433 Neustadt
Telefon: (06321) 390083
www.scheffelhaus.de

Das neue Fontana
Hintergasse 38
67433 Neustadt
Telefon: (06321) 354996
www.das-neue-fontana.de

Zur Herberge (älteste Weinstube Neustadts)
Mittelgasse 3
67433 Neustadt
Telefon: (06321) 7688
www.weinstube-herberge.de

Urlaubsregion Freinsheim
i-Punkt Freinsheim
Hauptstraße 2
67251 Freinsheim
Telefon: (06353) 989294
www.freinsheim.de

Hambacher Schloss
67434 Neustadt a.d. Weinstraße
Telefon: (06321) 926290
www.hambacher-schloss.de

Touristinformation Neustadt
Hetzelplatz 1
67433 Neustadt a. d. Weinstraße
Telefon: (06321) 92680
www.neustadt.eu
www.pfalztours.eu

Wer in die Pfalz fährt, kommt um das Phänomen der „Elwedritsche" („bestia palatinatae") nicht herum. Neustadt soll gar die Hauptstadt dieser Fabelwesen sein, und wer noch nie eines von ihnen gesehen hat, sollte unbedingt zu dem nach ihnen benannten Brunnen am Marstall (nahe der Touristinformation) eilen und sich dort die Entwicklungsstadien und die verschiedenen Varianten ansehen. Gestaltet hat den faszinierenden Elwedritsche-Brunnen der Künstler Gernot Rumpf.

Der Legende nach soll sich vor vielen hundert Jahren, als ein schwerer Sturm tobte, allerlei Federvieh im Pfälzerwald verlaufen haben. Den Hühnern, Gänsen und Enten schien es dort gut zu gefallen, denn sie kehrten nie zurück. Stattdessen nisteten sie sich bei Kobolden und Elfen ein und gründeten mit ihnen eine neue Familie: So entstanden die Elwedritsche. Sie gehören zur Gattung der Raufußhühner, sind lustige Gesellen und zu jedem Scherz aufgelegt, wenn man ihnen zufällig bei Wanderungen begegnet – besonders nach dem Genuss von einigen Gläsern Wein. Sie leben in unzugänglichen Wäldern und an steilen Felsen und ernähren sich von Beeren, Nüssen, Kräutern und Weintrauben. Elwedritsche dürfen nicht gejagt und getötet werden, allerdings sind Veranstaltungen nach dem Motto „Fangen und Freilassen" weiterhin erlaubt. Für die Jagd, die am besten in hellen Vollmondnächten stattfinden sollte, benötigt man eine Leiter mit mindestens 12 Sprossen, eine Laterne und einen großen alten Kartoffelsack. Eine möglichst große Zahl von Elwedritsche-Treibern versucht mit den Rufen „Ui-ju-jui" die Fabelwesen aus ihren Verstecken zu locken. Das gelingt besonders gut, wenn man dazu reichlich Wein genießt…

Mehr zu dem Phänomen der Elwedritschen unter
www.sinossevis.de (Herwig Brätz/Das Geheimnis
der Elwedritschen) oder www.friedhelmkreutzer.de

Genießen wie die Römer an Saar und Mosel

Römische Spuren in Nennig, Borg und Neumagen

Als ich kurz nach meinem Umzug ins Saarland im Sommer 1995 zum ersten Mal die römische Villa in Borg besuchte, steckte das Ausgrabungsprojekt noch in den Kinderschuhen. Damals war man gerade dabei, das Bad und die Taverne wieder aufzubauen. Welch ein Unterschied zu heute! Nun betreten Sie die prächtige Anlage durch das imposante Torhaus, dann schreiten Sie auf schnurgeradem Weg in das in Hufeisenform angelegte herrschaftliche Anwesen. In der großzügigen Empfangshalle im Herrenhaus sprudelt ein Brunnen, das römische Bad ist schöner als jede Wellness-Oase und die Ausstattung der römischen Küche, in der es herrlich nach frisch gebackenem Brot duftet, stellt so manchen modernen Kochtempel in den Schatten. Bis in die kleinsten Details können Sie nachvollziehen, wie sich römisches Leben – in den höheren Kreisen – um das Jahr 200 n. Chr. vermutlich abgespielt hat.

Auch in Nennig, wo die Überreste eines römischen Palastes das größte und schönste römische Mosaik nördlich der Alpen beherbergen, hat sich in den letzten Jahren viel getan. Ein ausgezeichnet animierter Film erklärt, wie diese Villa einst aussah, welche Gebäude sich um den Palast gruppierten und welche Funktion das Anwesen vermutlich hatte. Natürlich wird auch das Mosaik mit seinen Abbildungen erklärt. Angesichts von soviel Pracht und Luxus werden Sie sicher staunen. Ein weiterer Höhepunkt dieser Tour ist eine Fahrt mit dem Weinschiff von Neumagen. Der schwimmfähige Nachbau aus Holz entspricht recht genau dem historischen Vorbild, einem steinernen Relief, das man im Grabmal eines römischen Weinhändlers aus dem antiken Noviomagi fand.

IHR TAG IM ÜBERBLICK

Anreise mit dem Auto

ab/bis Saarbrücken rund 230 km
Hinfahrt über die A620/ A8 Ausfahrt 3 (Perl-Borg) bis nach Perl-Borg, die Zufahrt zum Archäologiepark Villa Borg ist ausgeschildert (etwa 62 km). Über die B406 erreichen Sie die etwa 10 km entfernte Villa Perl-Nennig mit dem römischen Mosaik, von hier geht es über die B419/B53 teilweise entlang der Mosel nach Neumagen-Dhron (etwa 75 km); Rückfahrt auf der L148/A1 (etwa 90 km).

Mein Vorschlag

2 Stunden: Besuch des **Archäologieparks Villa Borg** mit Museum, Badeanlage, römischer Küche, Garten; in der Taverne können Sie auch römische Speisen genießen.

1 Stunde: Besichtigung der römischen **Palastvilla Nennig** mit ihrem Mosaik

2–3 Stunden: Rundgang durch das historische **Neumagen-Dhron** und Fahrt mit dem **Römerweinschiff** auf der Mosel

Mein Tipp: Bevor es nach Hause geht, sollten Sie noch die Aussicht auf die Moselschleife zwischen Leiwen und Trittenheim, wenige Kilometer südlich von Neumagen-Dhron, genießen – von der Terrasse des Restaurants „Zummethof" (s. **Praktische Tipps**).

Archäologiepark Römische Villa Borg

Das Torhaus trennte einst den Wirtschafts- vom Herrschaftsbereich. Denn die Reste der römischen Villa, die man vor über 100 Jahren zwischen Borg und Oberleuken entdeckte, gehörten zu einem 7,5 Hektar großen Gutshof. Der lag direkt an der Römerstraße und war von Trier 40 Kilometer entfernt– also etwa eine Tagesreise. Der Hof produzierte sicherlich landwirtschaftliche Güter für die Menschen in Trier und Metz. Das Gut war aber auch Lieferant für die benachbarte antike Raststation. Welche Produkte genau verhandelt wurden, weiß man noch nicht so genau. Getreide sowie Rind- und Schweinefleisch dürften eine große Rolle gespielt haben, Handwerk wurde wohl nur für den Eigenbedarf betrieben. Erst kürzlich hat man den Nachbau eines Glasofens in Betrieb genommen; ein Schmiede- und ein Tonbrennofen sollen folgen, damit die Besucher hautnah erleben können, wie antikes Handwerk funktionierte. Wenn auch schon viel ans Tageslicht kam – die prächtigen Herrschaftshäuser, das Bad und die römische Küche –, so liegt doch noch vieles im Verborgenen.

Denn die Wirtschaftsgebäude, die den größten Teil der Villa ausmachen, liegen noch in der Waldfläche jenseits des Torhauses bis zu 400 Meter entfernt direkt unter der Erde. Die weiteren Ausgrabungen werden ergeben, was angebaut und was genau hergestellt wurde. Es bleibt also spannend im Wald zwischen Borg und Oberleuken.

Ihr Rundgang durch die Villa beginnt im **Torhaus** – hier befinden sich auch die Touristinformation und der Museumsshop. Wenn Sie mögen, können Sie sich (und Ihren Kindern) gegen Gebühr eine Tunika ausleihen und als „echte Römerin" oder „echter Römer" die Anlage durchstreifen. Oder Sie schließen sich dem Sklaven „Jatros" an. Der Haussklave war tatsächlich ein wichtiger Mann im römischen Haus – er war zuständig für Speisen und Getränke, das Aufheizen des Badewassers und die Fußbodenheizung.

Als Erstes gehen Sie in die ehemaligen **Wohn- und Wirtschaftsgebäude** auf der linken Seite. Eine Multimedia-Schau gibt einen umfassenden Überblick über die Ausgrabungen und die heutige Anlage. Im **Herrenhaus** in der Mitte, dem Herzstück des Anwesens, befinden sich der zentrale Empfangssaal und das Museum. Die hier ausgestellten Schränke und die Korbsessel sind Nachbildungen aus Pompeji und Herculaneum und würden auch heutzutage jedes Wohnzimmer veredeln. Wunderschöne Keramik aus roter Terra Sigillata ist zu bewundern, und einige Schmuckstücke aus keltisch-römischer Zeit waren sicherlich Vorbild für manchen Goldschmied unserer Tage. Das Hauptgebäude steht – was ungewöhnlich für eine römische Villa ist – am tiefsten Punkt des gesamten Geländes. Die Erklärung dafür überrascht: Am gleichen Ort war früher ein keltisches Fachwerkhaus. Die Kelten bauten, im Gegensatz zu den Römern, ihre Häuser in geschützter Lage, versorgt durch eine Quelle und einen Wasserablauf. Auf diese alten Fundamente setzten die Römer später ihre steinerne Villa, ausgestattet mit allem Luxus, den man sich damals vorstellen konnte und der gar nicht weit von dem entfernt ist, was wir unter einem „angenehmen Leben" verstehen. Am deutlichsten wird das in der rekonstruierten **Badeanlage**.

Große Wannen für Kalt- und Warmbad, Springbrunnen, Fußboden- und

Wandheizung, dazu herrliche Wandmalereien und Dekors sorgen für ein behagliches Ambiente.

Nach dem Bad ruhte man auf weichen Fellen und ließ sich die verspannten Muskeln massieren... Sogar die Latrine (in der nicht selten wichtige „Geschäfte" gemacht wurden) hatte einen hohen Standard mit einer ausgetüftelten Wasserspülung.

Eine **Taverne**, wie wir sie heute in der Villa Borg vorfinden, hat es in der Antike nicht gegeben. Durchreisende wurden außerhalb der Mauern verköstigt. Wo Sie heute ein Essen nach Rezepten des römischen Feinschmeckers Apicius genießen, hat vielleicht der Hausherr mit seiner Frau, seiner Familie und (hochgestellten) Gästen gespeist. Gleich neben der Taverne liegt die römische **Küche**, ein Schmuckstück des Anwesens, in der es fast immer nach frisch gebackenem Brot duftet. Hier wird auch heute noch gerne ein Spanferkel in den Ofen geschoben – zubereitet nach alten römischen Rezepten. Bei den Ausgrabungen hat man im Bereich der Küche nicht nur Knochenreste gefunden, sondern sogar Austernschalen. Ein Beleg dafür, dass es schon vor fast 2.000 Jahren möglich war, diese Spezialität vom Atlantik bis an die Mosel zu transportieren, ohne dass die köstliche Fracht verdarb.

Bevor Sie die Villa Borg verlassen, empfehle ich Ihnen den Besuch der **römischen Gärten**. Neben dem Garten im Innenhof mit dem Wasserbecken gibt es einen Kräutergarten, das Rosenzimmer, einen Blumengarten sowie ein Anbaugelände für Obst und Gemüse. Wenn Sie anschließend in der Taverne ein echt römisches Essen genießen, können Sie sich die in den Gärten angebauten Früchte und Kräuter auf der Zunge zergehen lassen. Die römischen Gärten der Villa Borg gehören zum EU-Projekt „Gärten ohne Grenzen".

Das römische Mosaik in Nennig

In seinem Gedicht „Mosella“ pries der römische Dichter Ausonius um das Jahr 370 n. Chr. die Gegend an Mosel und Saar: „…und prächtig schmücken Paläste bald hüben, bald drüben den Uferrand…“ (s. auch S. 101). Eine dieser hoch gepriesenen Villen stand in Nennig.

Dort hub im Herbst 1852 der Bauer Peter Reuter im „Langgarten“ unmittelbar bei der Kirche eine Rübengrube aus und stieß dabei auf farbige Steine. Die darauffolgenden systematischen Grabungen brachten ein Fußbodenmosaik zu Tage, das als das schönste nördlich der Alpen gilt. Es wurde 1874 wiederhergestellt und 1960 restauriert, ist 161 Quadratmeter groß und schmückte die Empfangshalle einer Prachtvilla. Diese übertraf an Größe und Ausstattung alle anderen Paläste an Mosel und Saar. Der Hauptbau mit seiner zweifach gegliederten Säulenfront war allein schon 140 Meter breit. Es schlossen sich zwei säulenbesetzte Nebengebäude an, und

zwei jeweils 250 Meter lange und acht Meter breite Wandelhallen führten von diesen weiter in die Landschaft. Am Ende des südwestlichen Gangs stand das luxuriös eingerichtete Badehaus. Mit einer Gesamtlänge von 650 Metern bot die Anlage eine fantastische Kulisse.

In die Muster des Mosaiks muss man sich „einsehen“: Kunstvoll sind die Ornamente aus geometrischen Formen wie in einem Teppich ineinandergewirkt, Flechtwerk und Pflanzenmotive füllen sie aus. Um ein Marmorbecken gruppieren sich sieben Bildmedaillons, das achte ging verloren und ist durch eine Inschriftentafel ersetzt. Die Szenen erscheinen wie Reportagen aus einem Amphitheater: Ein greiser Wärter führt einen Löwen aus der Arena, ein Tiger schlägt einen Wildesel, Fechter und Speerwerfer hetzen Bär und Panther, im Hauptkampf stehen sich zwei Gladiatoren – schwer und leicht bewaffnet – gegenüber, ein Kampfrichter überwacht die Regeln. Ohne Musik geht nichts in dieser Szene: Ein Organist schlägt die Wasserorgel, ein Hornist bläst die Tuba.

Neumagen und das Römerweinschiff, die „Stella Noviomagi“

Der dritte Höhepunkt unserer Reise auf den Spuren der Römer ist der Besuch von Neumagen-Dhron und eine Fahrt auf der Mosel mit dem originalgetreuen Nachbau eines Römerschiffes. Neumagen ist nicht nur der älteste Weinort Deutschlands, hier stand in römischer Zeit ein mächtiges Kastell, erbaut von Kaiser Konstantin. In diesem wurden die Grabsteine reicher Kaufleute verbaut – unter anderem einer mit dem Motiv eines Weinschiffes, das das Grabmal eines Weinhändlers zierte. Es ist auf das Jahr 204 n. Chr. datiert. Die Originale der berühmten Neumagener Grabdenkmäler stehen heute im Trierer Landesmuseum. Die Abgüsse – neben dem Weinschiff gibt es unter anderem auch eine Schulszene, die Zahlung einer Pacht und den Besuch bei einem Friseur – bilden die 20 Stationen des **Archäologischen Rundwegs**, der an der Touristinformation beginnt und durch die hübsche Altstadt von Neumagen verläuft (Dauer etwa 1 Stunde).

Zusätzlich oder alternativ empfehle ich Ihnen den Besuch der 2014 neu eröffneten Ausstellung „**Museum Noviomagi**". Verschiedene Filme informieren unter anderem über die Lage und Dimension des ehemaligen Römerkastells und veranschaulichen die Bedeutung des Ortes in der Antike. Szenen aus dem römischen Alltag, die auch auf den berühmten Neumagener Grabdenkmälern zu sehen sind, werden im Museum nachgestellt. Zwei Räume sind mit prächtigem Wanddekor ausgestattet. Darüberhinaus sind Originalfunde zu sehen, wie zum Beispiel Tongefäße und Steinfragmente von Grabmonumenten.

Das Grabmal des römischen Weinhändlers aus dem antiken Noviomagus gilt als eines der frühesten Belege für die römische Frachtschifffahrt, aber auch für den Weinbau und –handel. Das Schiff wurde von 22 Rudern fortbewegt und transportierte Wein aus der Region um Neumagen. Möglicherweise war der verstorbene Händler der Weinlieferant für die Flotte oder das römische Heer in Trier. Die Legionäre hatten ein Anrecht auf 1,5 Liter Wein pro Tag, und bei 50–60.000 Söldnern kam eine hübsche Menge zusammen. Sie können sich leicht vorstellen, wie groß der Transportbedarf war.

Die Idee, das Weinschiff von Neumagen nachzubauen, gab es schon lange. Mit breiter Unterstützung durch Fachleute, Museen und Institutionen und mit vielen engagierten ehrenamtlichen Helfern wurde die Vision Wirklichkeit. Seit 2007 liegt das **Neumagener Weinschiff**, die **„Stella Noviomagi"**, im winzig kleinen Hafen von Neumagen, wird bestaunt und fotografiert.

Wenn Sie als Gruppe eine Fahrt mit der „Stella" unternehmen und das ganze Schiff mieten, können Sie auf Anfrage das 18 Meter lange und gut vier Meter breite Schiff rudern – ich habe es selbst ausprobiert. Ganz schön viel Kraft gehört dazu, vor allem, wenn es flussaufwärts geht! Wer nicht rudern möchte, lehnt sich entspannt zurück, denn die „Stella Noviomagi" verfügt über zwei starke Dieselmotoren, die sie üblicherweise antreiben. So können Sie die Fahrt auf dem Weinschiff bei einem guten Moselwein (den gibt es an Bord zu kaufen) mit allen Sinnen genießen.

Restaurants

Taverne in der Römischen Villa Borg
täglich 11–16 bzw. 18 Uhr von April bis Oktober und nach Absprache, montags sowie Dezember/Januar geschlossen
66706 Perl-Borg
Telefon: (06865) 911713
www.villa-borg.de

Victor's Gourmet-Restaurant Schloss Berg
und **Victor's Landgasthaus Die Scheune**
Schlossstraße 27-29
66706 Perl-Nennig
Telefon: (06866) 79118 (Gourmet-Restaurant),
(06866) 79180 (Scheune)
www.victors.de

Hotel-Restaurant Zummethof
Panoramaweg 1-3
54340 Leiwen/Mosel
Telefon: (06507) 93550
www.hotel-zummethof.de

Archäologiepark Römische Villa Borg
Im Meeswald 1
66706 Perl-Borg
Telefon: (06865) 91170
www.villa-borg.de
geöffnet Dienstag – Sonntag von 10–18 Uhr;
Februar, März, November von 11–18 Uhr;
montags sowie im Dezember und Januar geschlossen

Römische Villa Nennig
Römerstraße 11
66706 Perl-Nennig

Telefon: (06866)1329
www.kulturbesitz.de
geöffnet April bis September 9–18 Uhr; Oktober bis März 10–16 Uhr; Dezember bis Februar geschlossen

Touristinformation
Neumagen-Dhron, Weinschiff und Museum
Römerstraße 137
54347 Neumagen-Dhron
Telefon: (06507) 6555
www.neumagener-weinschiff.de
Fahrten finden normalerweise samstags ab 15.30 Uhr und sonntags ab 10 Uhr statt (Dauer ca. 1½ bis 2 Stunden). Voranmeldung ist erforderlich. Schnupperfahrten werden während des Weinschiff-Festes (Mitte/Ende Juli) angeboten.

Museum Noviomagi
(bei der Touristinformation Neumagen-Dhron)
Öffnungszeiten des Museums (wie die der Touristinformation): April bis Oktober: Montag, Dienstag, Donnerstag und Freitag von 9–13 Uhr und 14–17 Uhr, Mittwoch 9–13 Uhr, Samstag 9–12 Uhr; November bis März: Montag bis Freitag von 9–12 Uhr

Ferienland Bernkastel-Kues
Gestade 6
54470 Bernkastel-Kues
Telefon: (06531) 500190
www.bernkastel.de

Projekt „Straßen der Römer"
Rund 100 römische Sehenswürdigkeiten im Großraum um Trier mit seinem UNESCO-Weltkulturerbe sind auf der Internet-Seite www.strassen-der-roemer.eu zu finden, dazu viele interessante Tipps und Infos. Auf den Straßen der Römer wird das römische Leben mit seinen verschiedenen Facetten erlebbar. Die hier aufgeführten Sehenswürdigkeiten gehören ebenfalls dazu.

Gesänge aus fernen Zeiten

Im Mosellied, der „Mosella", zeichnet der Dichter und Gelehrte Ausonius ein lebendiges Bild der Moselregion zur Römerzeit und findet berührende Worte für Stimmungen und Landschaft. Ich habe Ihnen einige Auszüge des 370 n. Chr. verfassten Textes zusammengestellt, die wir hier mit freundlicher Genehmigung der Übersetzerin Dr. Annekathrin Kordel abdrucken. Ausonius beschreibt zunächst seine Anreise: *„Im dichten Nebel überquerte ich die starke Strömung der Nahe, erreichte dann Bingen, die alte Militärstadt. (…) An diesem Ort begann ich meine einsame Reise durch abgelegenes, waldreiches Gebiet. (…) Endlich – im äußersten Grenzland der Gallia Belgica Prima erblickte ich Neumagen, die berühmte Festung des erhabenen Konstantin. Hier auf freier Fläche weht die Luft reiner, und die Strahlen der Sonne durchdringen bereits den purpurnen Himmel. (…) Meinen Augen bot sich eine phantastische Aussicht und weckte Erinnerungen an meine Heimatstadt Bordeaux: Über dem weinbegrünten Tal schienen die emporragenden Giebel prächtiger Gutshöfe gleichsam zu schweben, und unten schlängelte sich leise murmelnd der Flusslauf der Mosel. Sei gegrüßt, Strom, der du bekannt bist für dein fruchtbares Tal und berühmt für seine Bewohner. Ohne dich gäbe es keine Kaiserresidenz Trier! Deine Berghänge sind dicht bewachsen mit dem duftenden Wein des Bacchus, und mit deinen grasbewachsenen Ufern bist du der grünste Strom. Schiffbar wie ein Ozean, aber vorwärtsströmend wie ein Fluss, wie ein See von kristallener Tiefe, aber im unruhigen Verlauf vergleichbar mit wasserreichen Bächen. (…) Fröhlich arbeitendes Volk und emsige Weinbauern tummeln sich mal auf den Höhen, mal am Abhang und überbieten sich gegenseitig mit albernem Lärmen. (…) Doch nicht nur Menschen haben ihre Freude an diesem Ort. Ich glaube, hier am äußersten Ufer treffen sich grobschlächtige Satyrn und blauäugige Nymphen, wenn fröhlicher Übermut die bocksbeinigen Götter dazu antreibt, im flachen Wasser herumzuspringen und so wild zu plantschen,* *dass sie die ängstlichen Schwestern unten im Fluss erschrecken. Nicht selten musste sogar die Flussnymphe Panope vor den übermütigen Satyrn aus den Weinbergen flüchten, wo sie gemeinsam mit ihren Freundinnen, den Bergnymphen, Trauben genascht hatte. Auch erzählt man sich, dass die Satyrn mit ihren Schwestern in der glasklaren Flut Reigen tanzen, und zwar immer dann, wenn die Feuerscheibe der Sonne am höchsten steht und die brennende Hitze ihnen einsame Stunden beschwert, ohne Gefahr, von Menschen überrascht zu werden. Dann hüpfen die Nymphen vergnügt durch die Fluten, tunken die Satyrn unter Wasser, während diese unbeholfen versuchen, mit den Händen ihre schlüpfrigen Glieder zu fassen. Sie greifen aber nur in Flusswasser. Natürlich hat diese Szene noch nie jemand gesehen und beobachtet, und auch ich darf nur so viel sagen: Was sie tun, ist ein gut gehütetes Geheimnis und verlangt Ehrfurcht. (...) Und welch prächtiges Schauspiel bietet sich dem Zuschauer erst, wenn Ruderboote mitten auf dem Fluss Wettkämpfe austragen, bei verschiedensten Wendemanövern auf das grüne Ufer geraten und die frischen Grassprossen der gemähten Wiesen streifen! Während man den eifrigen Bootsführern und der jugendlichen Besatzung zusieht, wie sie die Wasseroberfläche durchpflügen, verstreicht der Tag wie im Flug. Das Spiel drängt die eigene Not in den Hintergrund, und mit neu geweckter Dankbarkeit vergisst man die alten Sorgen."*

Ausonius wurde zwischen 300 und 310 in Bordeaux geboren und war mit der Tochter eines angesehenen Senators verheiratet. Er war rund 30 Jahre als Lehrer und Vermittler der lateinischen Literatur in seiner Geburtsstadt tätig. Um 365 n. Chr. berief ihn Kaiser Valentinian I. als Erzieher des Prinzen Gratian an den Kaiserhof in Trier. Gleichzeitig begann er eine politische Karriere und wurde 379 zum Konsul ernannt. Nachdem Kaiser Valentinian 375 gestorben und sein Nachfolger Gratian 383 ermordet worden war, kehrte Ausonius hochbetagt nach Bordeaux zurück, wo er noch einige Spätwerke verfasste.

Scharf gewürzt: Ein Tag in Cochem an der Mosel

Von alten Burgen, Geschichten und Rezepten

Zwischen Trier und Koblenz windet sich die Mosel in zahllosen Schleifen durch die liebliche Landschaft. Auf den mächtigen Bergkegeln über dem Fluss stehen imposante Burgen und Burgruinen, die den Besuchern herrliche Panoramablicke bescheren. Ob die alten Rittersleute die genießen konnten, ist fraglich. Für sie war der Standort ihrer Burg lebenswichtig, denn von oben konnten sie den Feind schon von Weitem erspähen. Nur noch wenige Burgen an der Mosel sind in ihrer ursprünglichen Pracht erhalten wie beispielsweise die überaus romantische Burg Eltz. Viele überraschen als beeindruckende Ruinen, in deren Kulissen sich Gastronomen eingenistet haben – wie die Burg Metternich bei Beilstein oder die Grevenburg bei Traben-Trarbach. Wieder andere profitierten von der aufkeimenden Burgenromantik im ausgehenden 19. Jahrhundert, als betuchte Unternehmer Ruinen aufkauften und daraus Schlösser ganz nach ihrem eigenem Geschmack errichten ließen. Eine Ausnahme ist die Reichsburg über Cochem, denn sie wurde durch den Berliner Kommerzienrat Louis Ravené nach alten Plänen im neogotischen Stil von 1869 bis 1877 wieder aufgebaut und kostbar ausgestattet. Mit der eigenen Falknerei und deftigen Rittermahlen wird hier oben ein Stück Mittelalter wieder lebendig.

Das malerische Cochem zu Füßen der prächtigen Burg birgt ein scharfes Geheimnis: Denn im Stadtteil Cond am gegenüberliegenden Moselufer treibt der Senfmüller Wolfgang Steffens den Gästen die Tränen in die Augen, wenn in der historischen Mühle Senf wie anno dazumal hergestellt wird.

Und was wäre eine Tour an die Mosel ohne eine Fahrt auf dem mächtigen Strom? Gemächlich ziehen Burgen und Weinberge vorüber, während man es sich an Deck mit einem Glas Moselwein gemütlich macht.

IHR TAG IM ÜBERBLICK

Anfahrt mit dem Auto

ab/bis Saarbrücken etwa 320 km
Von Saarbrücken über die A 1 bis Moseldreieck, dann weiter auf der A 48 bis Ausfahrt Ulmen/Cochem

Mein Vorschlag

1 Stunde: Besichtigung der **Altstadt von Cochem**
(Führungen samstags um 11 Uhr)

2 Stunden: Besuch der **Reichsburg**
(Führungen von 9–17 Uhr in kurzen Abständen, Dauer 40 Minuten) und der **Falknerei**
(Flugvorführung um 13.00 Uhr, Dauer etwa 30 Minuten)

1 Stunde: Führung durch die **Historische Senfmühle**
(mit Verkostung, 15.00 Uhr)

1 Stunde: Rundfahrt mit dem Schiff auf der Mosel
(letzte Abfahrt um 16.45 Uhr) oder

2 Stunden: Abendfahrt mit MS „Wappen von Cochem"
(Vorverkauf bis 18 Uhr)

Weitere Informationen zu Ihrem Aufenthalt in Cochem finden Sie unter **Praktische Tipps und Adressen**.

Cochem – Altstadt und Moselpromenade

Die malerische Altstadt von Cochem ist das ganze Jahr ein beliebtes Ausflugsziel. Die historische Stadtmauer mit ihren Türmen und Toren umgibt den historischen Stadtkern und ist in weiten Teilen erhalten. Ihr Rundgang durch Cochem, der etwa eine Stunde dauert, sollte an der Touristinformation am Endertplatz beginnen, hier erhalten Sie auch einen Plan für die Besichtigung der Stadt. Sehenswert sind vor allem das **Enderttor**, ein Teil der ehemaligen Stadtmauer mit der ehemaligen Torwächterwohnung aus dem Jahr 1332, das **Balduinstor** und der **Marktplatz**.

Der Platz mit seinem barocken Rathaus aus dem Jahr 1739, hübschen Fachwerkbauten und dem Marktbrunnen wird überragt vom **Kapuzinerkloster** und dem nach dem 2. Weltkrieg wieder aufgebauten Turm der Martinskirche.

Durch die Kirchgasse gelangen Sie zur Moselpromenade mit dem **Bockbrunnen**. Der über hundert Jahre alte Brunnen erzählt eines der bekanntesten „Cochemer Stückelchen" (zu diesen Geschichten s. S. 113 f) in folgender Inschrift: „Weiße Trauben fraß der Bock. In der Kelter sollt' er's büßen. Roter Saft floss in den Trog. Seine Unschuld war bewiesen." – Ganz schön gruselig, oder?

Links sehen Sie die katholische **Pfarrkirche St. Martin**, wahrscheinlich aus der Zeit der Salier (1130–1165). Die Kirche ist mit vielen schönen Heiligenfiguren ausgestattet, vor allem mit einer Reliquienbüste des Heiligen Martin aus dem 15. Jahrhundert. Wenn Sie Glück haben, bekommen Sie sogar eine Kostprobe von der gewaltigen Kraft der Oberlinger-Orgel.

Wenn Sie nun der Moselpromenade bis zum Hotel Germania folgen, entdecken Sie das **Fuchsloch**, das kleinste Cochemer Stadttor, aus dem 14. Jahrhundert. Zwängen Sie sich hindurch, schlendern Sie durch die Bernstraße und gelangen Sie über den **Carlfritz-Nicolay-Platz** mit der nach dem Künstler benannten modernen Mosaik-Skulptur zum Endertplatz.

Die Reichsburg und die Könige der Lüfte

Wie eine schmückende Krone thront die Reichsburg über Cochem und der Mosel. Natürlich ist der Ausblick fantastisch, schließlich ist die Reichsburg die höchste Höhenburg an der Mosel. Sie erreichen die Burg zu Fuß von der Innenstadt in etwa 15 Minuten oder mit dem Shuttle-Bus (der fährt im 20-Minuten-Takt, aber nur ab etwa Mitte April bis Ende Oktober) ab Endert- oder Marktplatz.

Die Burganlage ist mehr als tausend Jahre alt, ihr Erbauer war Pfalzgraf Ezzo. Die Staufer erhoben sie in den Stand einer Reichsburg, im Mittelalter diente sie als Zollburg. Die Reichsburg erlitt, wie viele andere Burgen an Rhein und Mosel, die den Dreißigjährigen Krieg überlebt hatten, das gleiche Schicksal: Sie wurde im Pfälzischen Erbfolgekrieg erobert und zerstört. Die Truppen des Sonnenkönigs besetzten die Burg 1688 und steckten sie im folgenden Jahr in Brand. Fast 200 Jahre war die Reichsburg eine Ruine, bis der Berliner Kaufmann und Geheimrat Louis Ravené die Anlage für 300 Goldmark kaufte und wieder aufbauen ließ. 1942 wurde sie Eigentum des Deutschen Reiches und seit 1978 ist die Reichsburg im Besitz der Stadt Cochem. Nach einer geführten Besichtigung durch die prächtig ausgestatteten Innenräume können Sie

noch an einer weiteren Attraktion teilnehmen und über die Flugkünste der Könige der Lüfte in der **Falknerei auf der Reichsburg** staunen. Ab Ostern bis Ende Oktober (je nach Bedarf) stellen die Falkner verschiedene Greifvögel vor, unter anderem Falken, Bussarde, Milane, Geier und sogar Adler. Die Vorführungen dauern etwa eine halbe Stunde, anschließend steht der Falkner noch für Fragen der Gäste zur Verfügung.

Die historische Senfmühle

Die Cochemer Senfmühle gehört zu den ältesten Senfmühlen in ganz Europa. Sie wurde im 18. Jahrhundert gebaut, aber man weiß nicht, wo sie ursprünglich stand. Sicher ist, dass sie 1931 in Belgien restauriert und dann auch wieder betrieben wurde. Später wurde die Mühle nach Holland verkauft und leistete dort ihren Dienst bis 1993. Der Senfmüller Jochen Steffens kaufte das technische Denkmal 1997, ließ es generalüberholen und restaurieren, sodass die Mühle wieder in Betrieb gehen konnte. Am 1. Mai 2001 eröffnete Steffens mit seinem Partner Bernd Dehren in Cochem ein produzierendes Senfmuseum. In der historischen Mühle wird also feinster Senf nach Originalrezepten aus dem 15. Jahrhundert und aus dem Jahr 1820 hergestellt und zugleich gezeigt, wie die Senfproduktion einst ablief. Der Senf aus der Cochemer Senfmühle – den man übrigens auch verkosten und kaufen kann und den es in verschiedenen Geschmacksrichtungen gibt – wird kalt gemahlen und ist frei von Konservierungs- und Zusatzstoffen. Sie können live dabei sein, wenn der Senfmüller die Mühle in Betrieb nimmt und die Schärfe der Senfkörner durch die Luft zieht – und das kann einem schon die Tränen in die Augen treiben!

Rundfahrt auf der Mosel

Was wäre ein Aufenthalt an der Mosel ohne eine Schifffahrt? Zum Abschluss Ihres Tages in Cochem empfehle ich Ihnen eine Rundfahrt mit dem Ausflugsschiff der Gebrüder Kolb (ab Ostern bis Ende Oktober, letzte Fahrt 16.45 Uhr ab Moselpromenade). Schon die alten Römer waren auf der Mosel unterwegs und transportierten Waren aus der Region, insbesondere den hier angebauten Wein. Der Dichter Ausonius besang den schönen Fluss und seine belebten Ufer (s. den vorigen Beitrag über das Römerweinschiff von Neumagen, Seite 101f). Damals wie heute ist eine Schifffahrt auf der Mosel ein besonderer Genuss und eröffnet herrliche Ausblicke auf Cochem, die Reichsburg und die herrliche Umgebung. Unterwegs erhalten Sie ausführliche Erklärungen über die Moselkanalisierung, den Weinbau an der Mosel, die Geschichte von Stadt und Burg Cochem sowie zu allen Sehenswürdigkeiten an der Strecke.

Restaurants

In Cochem gibt es zahlreiche gute, hübsche Restaurants und Cafés, wo Sie ein Mittagessen genießen können. Auch an Bord des Schiffes werden Kuchen und kleine Gerichte angeboten.

Ein besonderes Erlebnis ist die
Gasterey nach Art der alten Rittersleut
Inkl. Führung durch die Reichsburg Cochem, ganzjährig in der Regel freitags um 19 Uhr und samstags um 18 Uhr. Nur nach Voranmeldung bei der Reichsburg Cochem GmbH,
Telefon: (02671) 255
www. reichsburg-cochem.de

Für einen Halt auf der Rückfahrt empfehle ich Ihnen den
Besuch des Brauhaus-Restaurants
Kloster Machern
An der Zeltinger Brücke
54470 Bernkastel-Kues
Telefon: (06532) 95150
www.brauhaus-kloster-machern.de

Reichsburg Cochem
Schlossstraße 36
56812 Cochem
Telefon: (02671) 255
www.reichsburg-cochem.de
Öffnungszeiten: 15. März – 1. November, Besichtigungen nur im Rahmen einer Führung zwischen 9 Uhr und 17 Uhr, Dauer ca. 40 Minuten
Man erreicht die Burg zu Fuß in etwa 15 Minuten; von Mitte April bis Ende Oktober fährt ein Shuttle-Bus ab Endertplatz/ Touristinformation.

Falknerei auf der Reichsburg
Falknerei- und Jagdbetriebe Bente-Schröder GbR
Schlossstraße 36
56812 Cochem
Telefon: (0160) 99127380
www.falknerei-reichsburg-cochem.de
Die Falknerei befindet sich auf der Reichsburg (Zugang ist ausgeschildert); je nach Bedarf finden täglich außer Montag Flugvorführungen um 11 Uhr, 13 Uhr, 14.30 Uhr, 16.00 Uhr statt. Besondere Angebote der Falknerei:
• Falkner für einen Tag – ein Schnupperkurs für diejenigen, die mehr über die Falknerei wissen möchte (ab 11 Jahre)
• Jagd- und Falknerausbildung – in Zusammenarbeit mit der Jagdschule Linslerhof/Überherrn
• Auf Jagd mit Greifvögeln – Teilnahme an einer Beizjagd während der Jagdsaison von Oktober bis Mitte Januar

Historische Senfmühle
Wolfgang Steffens GmbH
Stadionstraße 1
56812 Cochem-Cond
Telefon: (02671) 607665
www.senfmuehle.net
geöffnet täglich von 10–18 Uhr;
Führungen um 11 Uhr, 14 Uhr, 15 Uhr, 16 Uhr,
Dauer etwa ½ Stunde

Personenschifffahrt Gebrüder Kolb
56820 Briedern/Mosel
Telefon: (02673) 1515
www.moselrundfahrten.de
Die Moselrundfahrt findet von Ostern bis Ende Oktober statt; Abfahrtszeiten um 11 Uhr, 12.30 Uhr, 14.00 Uhr, 16.45 Uhr. Weitere Angebote zu ausgewählten Terminen: Schleusenfahrt nach Beilstein, zum „Dornröschen der Mosel", Tagesfahrten zum Beispiel nach Traben-Trarbach und Koblenz, Fahrt nach Karden zur Burg Eltz und Mosel-Tanzparty, Abendfahrt mit Live-Kapelle und Restauration an Bord

Tourist-Information Ferienland Cochem
Endertplatz 1
56812 Cochem
Telefon: (02671) 60040
www.ferienland-cochem.de & www.cochem.de
Stadtführungen montags und samstags 11 Uhr,
Stadtrundgang mit dem Nachtwächter samstags 20.30 Uhr

Weitere Tipps:

Im **Mosel-Wein-Express** erkunden Sie Cochem bequem in knapp 30 Minuten, Abfahrt an der alten Moselbrücke.

Cochemer Sesselbahn GmbH
Endertstraße 44
56812 Cochem
Telefon: (02671) 989063 oder 989065
www.cochemer-sesselbahn.de
An der Talstation können Sie kostenlos parken. Vom Café an der Bergstation genießen Sie einzigartige Ausblicke ins Moseltal. Ca. 20 Minuten von der Bergstation entfernt liegt der **Wild- und Freizeitpark** mit über 120 Tierarten.

Eine Spezialität der Region ist der **Rote Mosel-Weinbergpfirsich**, den die Römer an die Mosel brachten. Dem „Perserapfel" begegnen Sie in Cochem an vielen Orten: Im Weinberg sind seine zartrosa Blüten die ersten Frühlingsboten, lange bevor die Reben ausschlagen. Die herb-süße Frucht wird als Fruchtaufstrich genossen, verfeinert Riesling-Sekt zum Mosel-Kir und ist eine köstliche Begleiterin bei Fleischgerichten und in Salaten. Ihr zu Ehren gibt es in Cochem regelmäßig Feste, und immer dabei ist die Weinbergpfirsich-Fee… (Infos unter www.moselweinbergpfirsich.de)

Feste in und um Cochem

- 2. Aprilwochenende: Blütenfest des Roten Moselweinbergpfirsichs
- 1. Augustwochenende: Burgfest auf der Reichsburg
- 3. Septemberwochenende: Tage des Roten Moselweinbergpfirsichs

Von den Cochemer „Stückelchen"

„Habt ihr das lustige Cochem gesehen? Die Stadt, wo die tollen Streiche geschehen, wo die Kühe man lässt auf den Dächern weiden und der Krebs im Wasser den Tod muss leiden? S'ist eine gar alte fröhliche Stadt, wo man lieber den Wein als das Wasser hat."

Dieses alte Volkslied beschreibt sehr treffend die Stimmung in Cochem, wo man die Erinnerung an die alten Geschichten, die sogenannten „Stückelchen", lebendig hält. Ein „Stückelchen" kennen Sie bereits, es ist die gar traurig-grausige Geschichte vom Bock, der weiße Trauben vernaschte und es in der Kelter bitter büßen musste. Eine andere Geschichte erzählt von der „Fässerschlacht", als der Rat von Cochem den Feind mit Weinfässern in die Flucht schlug. Jörg Ritzel hat den Stoff zu einer Moselballade gedichtet und das hört sich dann so an:

„Das war der Rat von Cochem, der sprach: Es ist erst zehn. Wir wollen noch einen schmettern, eh wir zu Bette geh'n! Und was da stand und was da saß, die ganze Kumpanei, sie griff nach einem Mammutglas und sang die Litanei: „Heideli – bumbum, macht's Armbein krumm, so lang die Bux noch hält! Heideli – bumbum, der Krug geht um, heißa, was kostet die Welt!" Und als am dritten Tage die Sonne unterging, das saßen sie noch immer beim feuchten Klingeling. Trara! Da brüllt's um Mitternacht vom hohen Rathausturm: Herbei, ihr Mannen, auf die Wacht! Der Feind rückt an zum Sturm! Da rief der Rat von Cochem: Was schert uns Schild und Speer! Wir haben bess're Waffen! Die leeren Fässer her! Hoiho, da hob ein Rumpeln an, als ob der Donner grollt, es saust das Fass, es schwirrt der Hahn, und alles rollt und tollt…Und als die Nacht vorüber, da war die Schlacht vorbei, da tanzte auf der Mauer die ganze Kumpanei. Ein Frühstück gab Frau Hildegund, des Ratsherrn Ehegemahl. Sie selber sang beim offnen Spund den festlichen Choral. Heideli – bumbum…"

Ja, die Cochemer waren (sind?) trinkfreudig und klug! Kramt man in der Geschichte, finden sich eine ganze Reihe von Originalen, einigen hat man ein Denkmal gesetzt wie den dreien, die vor der Kreissparkasse an der Brücke stehen und im 19. Jahrhundert lebten: Der Schmandelecker, der die Cochemer daran erinnern soll, immer den Rahm abzuschöpfen; dann der Seijnsche, das Schandmaul, der selbst vor den hohen Herren keinen Respekt hat, und als drittes der Kohertehannes, der Kuhhirte, der auch für die Leerung der Plumpsklos zuständig war und darum ein entsprechendes Gefäß bei sich trägt…

Durch die Eifel zum höchsten Kaltwassergeysir der Welt

Feuer und Wasser – Maare, Vulkane und ein Geysir

Dramatische Vorgänge mit gewaltigen Explosionen und glutflüssigem Magma aus dem Inneren haben in der Vulkaneifel Löcher in die Erde gesprengt und Berge aufgetürmt. Vor rund 40 Millionen Jahre waren hier erstmals Vulkane aktiv. Dann setzte vor etwa 650.000 Jahren eine intensive vulkanische Phase ein, die mit dem jüngsten Ausbruch, dem Ulmener Maar, vor gerade mal 10.000 Jahren, endete. Ein Wimpernschlag in der Erdgeschichte. An unzähligen Stellen tritt Kohlendioxid an der Erdoberfläche aus oder perlt – in Wasser gelöst – in kohlendioxidhaltigen Quellen, den sogenannten Sauerbrunnen, nach oben. Wir profitieren davon und genießen wohlschmeckende Mineralwasser aus der Vulkaneifel .

Die Erdkruste in der Eifel ist deutlich dünner als sonst unter Kontinenten üblich. Alle Indizien sprechen dafür, dass eine Zone vorhanden ist, in der heißes Gestein nach oben steigen kann. Die Voraussetzungen für die Entstehung von Vulkanen sind also immer noch vorhanden, der Vulkanismus hat zurzeit nur eine Ruhepause eingelegt.

Was aber geschieht, wenn wirklich ein Vulkan ausbricht, das können Sie im Museum in Mendig hautnah miterleben und ich garantiere Ihnen: Es wird Ihnen heiß und kalt über den Rücken laufen! In Andernach wird es wieder spannend: Nach dem Besuch des Erlebniszentrums und einer entspannenden Schifffahrt zum Namedyer Werth schießt direkt vor Ihren Augen der höchste Kaltwassergeysir der Welt in die Höhe!

IHR TAG IM ÜBERBLICK

Anreise mit dem Auto

ab/bis Saarbrücken etwa 200 km
Auf der A 1 bis Ausfahrt Mehren (etwa 130 km); hier können Sie einen Zwischenstopp einlegen.

Mein Vorschlag

1 Stunde: Besuch der Dauner Maare (Weinfelder Maar und Schalkenmehrener Maar; sehr gute Informationstafeln)

Weiterfahrt auf der A 48 bis Ausfahrt Mayen, weiter auf der B 262 nach Mendig (ist ausgeschildert)

1½ Stunden: Lava-Dome – Deutsches Vulkanmuseum in Mendig: Sie erleben einen simulierten Vulkanausbruch und erfahren viel Wissenswertes über den Vulkanismus und Vulkanausbrüche.

1 Stunde: Optional: Besuch des **Lavakellers**

Weiterfahrt auf der B 256 nach Andernach zum Info-Zentrum Geysir direkt an der Rheinanlage (12 km)

3½ Stunden: Geysir Andernach: Besuch des Erlebniszentrums, anschließend Schifffahrt zum Naturschutzgebiet Namedyer Werth, wo Sie den Ausbruch des Geysirs erleben

Dauner Maare

Wenn Sie vom Aussichtspunkt auf das Weinfelder Maar (auch „Totenmaar" genannt) und das Schalkenmehrener Maar schauen, ist das wie ein Blick in ein einzigartiges Archiv für vergangene Zeiten. Maare sind das Markenzeichen der Vulkaneifel. 75 sind wissenschaftlich nachgewiesen und neun sind bis heute ständig gefüllt und enthalten einen Maarsee – die „Augen der Eifel". Das Weinfelder Maar, an dem entlang es einen schönen Spazierweg zur Kapelle des Friedhofs gibt, ist noch vollständig mit Wasser gefüllt. Beim Schalkenmehrener Maar sieht man schon die teilweise Verlandung zu Niedermooren, die ganz spezielle Pflanzengesellschaften hervorbringt. Die Schautafel am Aussichtspunkt erklärt diese Phänomene ausgezeichnet.

Lava-Dome Mendig

Das Deutsche Vulkanmuseum in Mendig dürfte einzigartig sein. In spielerischer Form und mit Hilfe aller nur denkbaren Raffinessen behandelt es die Themen rund um den Vulkanismus – für jeden Laien verständlich. Zu den drei zentralen Bestandteilen der Ausstellung zählen die Bereiche: „Im Land der Vulkane", „Vulkanwerk-

statt" und die „Die Zeit der Vulkane". Das „Landschaftsrondell" im Foyer informiert Sie über alle anderen interessanten Einrichtungen und Landschaftsdenkmäler des Vulkanparks.

Gleich zu Anfang erwartet Sie eine spektakuläre Show: Sie erleben den Ausbruch des Laacher-See-Vulkans vor rund 13.000 Jahren. Passen Sie auf, dass Ihnen die heiße Lava nicht über die Füße fließt! Im Obergeschoss werden Sie in die Zeit der Vulkane und die sogenannte „Vulkanwerkstatt" entführt. Hier wird besonders deutlich, dass ein Besuch des „Lava-Dome" nicht nur für Erwachsene, sondern auch für Kinder eine Menge zu bieten hat. Alles Wissenswerte über den Vulkanismus kann spielerisch erarbeitet werden: Die Erde „bebt", sprechende Steine erzählen spannende Geschichten, dazu gibt es – das fand ich besonders interessant – die Möglichkeit, aktuelle Daten und Informationen zu heutigen Vulkanausbrüchen weltweit abzurufen. Gänsehautfeeling garantiere ich Ihnen, wenn Sie das Rundkino besuchen. Hier hält Sie ein Vergangenheits- und Zukunftsszenario in Atem – was genau geschieht, verrate ich aber nicht.

Lavakeller

Wenn Sie noch Zeit haben, besuchen Sie auch den historischen Lavakeller, ein von Menschenhand geschaffenes unterirdisches Netz von hohen Räumen, das Sie über eine Treppe erreichen. Für Gehbehinderte gibt es einen Aufzug.

Fast drei Quadratkilometer sind die Lavakeller groß, und ein bisschen unheimlich ist es hier unten in 32 Metern Tiefe. Die Lavakeller dürfen aus Sicherheitsgründen nur mit einem Führer besichtigt werden. Sie entstanden durch den Abbau von Basaltlava, einem kostbaren Baumaterial. Etwa ab 1850 nutzte man die Keller mit ihrer stets gleichen Temperatur von 6–9 Grad zur

Lagerung von Bier – bis zur Erfindung des Kühlschranks. Deshalb rate ich Ihnen zu warmer Kleidung (und festen Schuhe).

Expedition Geysir Andernach

Bevor es aufs Schiff geht und Sie dem Geysir von Andernach einen Besuch abstatten, sollten Sie unbedingt das Erlebniszentrum besuchen – hier beginnt Ihre Expedition!

Sie reisen (fiktiv) hinab ins Erdinnere und von dort wieder an die Oberfläche – und erfahren (real), wie der Kaltwasser-Geysir funktioniert und in welchem Zusammenhang er mit dem Vulkanismus der Eifel steht. Dabei haben Sie es wesentlich bequemer als Professor Otto Lidenbrock und seine Begleiter in Jules Vernes Roman „Die Reise zum Mittelpunkt der Erde“. Mussten die Romanfiguren noch den beschwerlichen Weg durch den Krater eines Vulkans benutzen, um nach unten in das Erdinnere zu gelangen, besteigen Sie einfach einen Schachtaufzug, der Sie erstaunlich schnell 4.000 Meter in die Tiefe bringt. „Unten“ angekommen, betreten Sie eine geräumige Schieferhöhle. An den sorgsam modellierten Wänden hängen Texttafeln, die zahlreiche wissenswerte Informationen über die Entstehung und das Alter der Erde vermitteln. Das Modell eines Heißwasser-Geysirs zeigt eindrucksvoll das Funktionsprinzip der vor allem aus Island, Neuseeland und dem Yellowstone-Nationalpark bekannten heißen Springquellen. Über eine Temperaturanzeige sieht man, dass sich das Wasser des Modellgeysirs über 100°C erhitzt, ehe es verdampft und alle drei bis vier Minuten eine kleine heiße Wasserfontäne nach oben schleudert.

Durch einen kleinen Schacht kann man einen Blick in das brodelnde Magma werfen, das die Ursache für die fortdauernde vulkanische Aktivität in der Osteifel ist. Dabei weht dem Betrachter warme Luft ins Gesicht, die erahnen lässt, wie heiß es im Untergrund ist. Aus dem glühend heißen Gesteinsbrei löst sich unter anderem das Gas Kohlendioxid (CO_2) und steigt auf. Seinem weiteren Weg an die Erdoberfläche folgen auch Sie…

Mitten durch mehrere Reihen von Sandsäcken schlängelt sich der Pfad langsam aufwärts. So wie Sie sich Ihren Weg durch die Lücken zwischen den Sandsäcken suchen, so nutzt das aus dem Magma entweichende Kohlendioxid Spalten und Klüfte im Gestein für seinen Weg zur Erdoberfläche. Schnell hat man den Großteil des Aufstiegs hinter sich gebracht und befindet sich nur noch etwa 500 Meter unter der Erdoberfläche. Hier dreht sich alles um Gesteine, Wasser und das Gas Kohlendioxid. Auf einem Experimentiertisch liegen zahlreiche Gesteinsarten und mit kleinen Lupen können Sie sich ihre Zusammensetzung genau betrachten. Im letzten Abschnitt steht der Kaltwasser-Geysir im Mittelpunkt. Verschiedene Exponate laden zum ausgiebigen Spielen ein. Man kann mit Freunden um die Wette Wasser pumpen, einen Ball wie durch Geisterhand über einem starken Luftstrom schweben lassen und erfahren, was der Dominoeffekt mit dem Kaltwasser-Geysir zu tun hat.

Erheblich bequemer als die anfangs erwähnten Romanfiguren von Jules Verne – sie wurden mit einem Vulkanausbruch wieder an die Erdoberfläche befördert – verlassen Sie die Ausstellung. Auf der anderen Seite der Straße sehen Sie, wie das Schiff für die Fahrt zum Geysir festmacht…

Schifffahrt zum Namedyer Werth, zum Geysir

Schiff ahoi! Jetzt setzen Sie Ihre Entdeckungsreise auf dem Wasser fort. Der Geysir befindet sich im romantischen Mittelrheintal auf der Halbinsel Namedyer Werth und ist nur vom Wasser aus erreichbar.

Auf einem ebenerdigen Weg gehen Sie durch den Auenwald und erreichen nach ca. 250 Metern den Geysir. Sie glauben, ihn schon zu spüren, denn seinem Ausbruch geht ein Zischen und Gurgeln voran. Dann baut sich langsam die majestätische weiße Wasserfontäne auf, bis sie weit über die Baumwipfel in den Himmel reicht. Am Ende des faszinierenden Schauspiels können Sie direkt an die Ausbruchsstelle herantreten. Sie sehen das CO2 flimmern und dürfen sogar das Wasser des Geysirs probieren – wenn Sie sich trauen. Danach bringt das Schiff Sie wieder zurück nach Andernach, wo Ihre Expedition endet.

Restaurants

Vulkanbrauerei (direkt neben dem Lava-Dome)
Laacher-See-Straße 2
56743 Mendig
Telefon: (02652) 520330
www.vulkan-brauerei.de

Weinhaus Merowingerhof
Hochstraße 30
56626 Andernach
Telefon: (02632) 44848
www.merowingerhof.de

Hotel-Restaurant am Helmwartsturm
Am Helmwartsturm 4-6
56626 Andernach
Telefon: (02632) 958460
www.hotel-am-helmwartsturm.de

Altstadt Bistro Aktuell
Auf'm Hügelchen 13
56626 Andernach
Telefon: (02632) 947321
www.bistro-aktuell.de

Lava-Dome – Deutsches Vulkanmuseum Mendig
Brauerstraße 1
56743 Mendig
Telefon: (02652) 9399222
www.lava-dome.de

VULKANPARK GmbH
Infozentrum
Rauschermühle 6
56637 Plaidt
Telefon: (02632) 98750
www.vulkanpark.com

Geysir.info gGmbH
Konrad-Adenauer-Allee 40
56626 Andernach
Telefon: (02632) 9580080
www.geysir-andernach.de

Bitte beachten Sie:
Die Abfahrtzeiten des Schiffes zum Namedyer Werth sind täglich von Ende März bis Ende Oktober zu folgenden Zeiten: 11.15 Uhr, 13.05 Uhr, 15.00 Uhr, 17.00 Uhr.

Planen Sie also Ihren Ausflugstag diesen Zeiten entsprechend und melden Sie sich am besten vorher im Geysir-Erlebniszentrum an.

Der Vulkankegel ist die eine, das Maar die andere Form des Vulkans. Trifft heißes Magma (die Masse aus Gesteinsschmelze, die in Teilen des oberen Erdmantels und der tieferen Erdkruste vorkommt) beim Aufstieg auf Grundwasser, verdampft das Wasser schlagartig und ein Trichter wird freigesprengt, der von einem Wall aus zerkleinertem Gestein umgeben ist. Der Trichter (das Maar) kann sich mit Wasser füllen. Dies ist dann der Maarsee.

Anders bei einem Vulkankegel. Es kommt zum Auswurf von Lava, Aschen, Schlacken und bei nachlassendem Druck auch zum Ausfluss von Lavaströmen. Aber da das heiße Magma kein Wasser trifft, kommt es auch nicht zu Wasserdampfexplosionen und darum kann Schicht um Schicht aufgebaut werden. Es entstehen Schlackenkegel und Schichtvulkane. Der so entstandene Vulkanberg ragt über die alte Landoberfläche hinaus. Wenn der Vulkan erloschen und die Magmakammer eingebrochen ist, kann sich ein Kratersee aus Niederschlagswasser bilden.

Hätten Sie's gewusst? „Magma" kommt aus dem Griechischen und heißt übersetzt „geknetete Masse". Magma nennt man die Masse aus Gesteinsschmelze, die in Teilen des oberen Erdmantels und der tieferen Erdkruste vorkommt.

Die Hauptbestandteile dieser rot glühenden Gesteinsschmelze sind die chemischen Elemente Silizium (Si) und Sauerstoff (O). Die meisten an die Oberfläche kommenden Magmen haben eine Temperatur von 1.100 bis 1.250 Grad Celsius, bestehen aus ca. 50 Gew. % SiO_2 und lassen dunkle Gesteine (Basalte) entstehen. Granitisches Magma dagegen ist mit 750 bis 1.000 Grad Celsius deutlich kälter, enthält aber bis zu 75 Gew. % SiO_2. Daraus entstehen helle Gesteine – Granite und Bimse.

Der Begriff „Lava" kommt aus dem Italienischen und bedeutet „Regenbach". Lava ist die Bezeichnung für eruptiertes Magma, das an die Erdoberfläche ausgetreten ist; der Begriff rührt daher, dass Lava fließt.

So leben Schlossbesitzer an Nied und Mosel

Prächtige Schlösser – blühende Gärten
Die Schlösser von Pange, La Grange und Saint-Sixte

Was fällt Ihnen zuerst ein, wenn Sie an die französischen Schlösser denken? Das prächtige Schloss von Versailles? Oder die spektakulären Baudenkmäler an der Loire wie Chambord, Cheverny, Chaumont, Blois und Azay-le-Rideau? Dabei brauchen Sie für einen (fast) vergleichbaren Kunst- und Kulturgenuss gar nicht so weit zu fahren. Praktisch „um die Ecke", im Dreieck zwischen Metz, Thionville und Saarlouis, gibt es Bauten, die ihren großen Schwestern in Paris, Burgund und an der Loire durchaus das Wasser reichen können. Lothringen ist ein Land der Schlösser. Vor allem im Departement Moselle und in der Gegend um Nancy findet man in fast jedem Dorf ein Kastell, ein Herrenhaus oder sogar ein richtiges Schloss. Manche verfallen, einige hat der französische Staat in seine Obhut genommen, erstaunlich viele aber sind in Privatbesitz.

Genau das ist das Besondere an der Schlössertour, die ich Ihnen vorschlage: Sie können fast immer den Eigentümern begegnen, sie kennenlernen, mit ihnen ins Gespräch kommen. Mit viel Herzblut zeigen sie den Besuchern „ihr" Schloss, erzählen aus der Geschichte und garnieren diese mit der einen oder anderen Anekdote. Schlossbesitzer von heute sind moderne Menschen, die über wirtschaftliches Know-how verfügen müssen, um ihr Bauerbe zu führen und zu erhalten. Und so öffnen sie ihre Anwesen für Besucher, beleben Schloss und Garten mit Konzerten, Theateraufführungen und anderen kulturellen Veranstaltungen.

Anreise mit dem Auto

ab/bis Saarbrücken etwa 180 km
Über die A4 (Saarbrücken-Metz) bis Ausfahrt 38 (Boulay), dann auf der D103 über Courcelles-Chaussy, D71 (Maizeroy) und D4 nach Pange (rund 60 km)

Die beste Zeit für einen Besuch der Schlösser ist von Mai bis September, wenn in den weitläufigen Garten- und Parkanlagen der Klatschmohn, die Rosen und die Lilien um die Wette blühen, die Enten auf der Nied schnattern und die Grillen zirpen.

Bitte beachten Sie:
Da alle drei Anwesen, Pange, La Grange und Saint-Sixte, in Privatbesitz sind, werden öffentliche Führungen nur in begrenztem Umfang und nur am Nachmittag angeboten. Möchten Sie alle drei Schlösser von innen im Rahmen einer geführten (öffentlichen) Besichtigung kennenlernen, müssen Sie Ihren Besuch auf drei Tage verteilen. Mein Vorschlag zeigt Ihnen, wie Sie die drei Schlösser an einem Tag besuchen können. Dazu wählen Sie am besten einen Samstag oder einen Sonntag; informieren Sie sich aber unbedingt vor dem Besuch über die aktuellen Öffnungszeiten, da sich diese – aufgrund von Veranstaltungen oder privaten Festen – kurzfristig ändern können.

Mein Vorschlag

1–2 Stunden: Besichtigung der Gartenanlagen von **Pange** geöffnet von 10–12 Uhr im Juni, Juli, August und September.

Weiterfahrt auf der Autobahn A4 Richtung Metz und dann in nördlicher Richtung auf der A31 bis Thionville, Ausfahrt Nr. 40, dann Richtung „Cattenom/Hettange-Grande"; am Kreisverkehr vor dem Ortseingang von Manom ist die Einfahrt zum Schloss ausgeschildert (ca. 45 km ab Pange).

1 ½ Stunden: Geführte Besichtigung von **Schloss La Grange** in Manom /Thionville. Wenn Sie am gleichen Tag noch das Schloss Saint-Sixte in Freistroff besuchen möchten, sollten Sie zuerst den Schlossgarten anschauen, dann an der Führung teilnehmen, die um 14.30 Uhr beginnt und anschließend direkt nach Freistroff fahren.

Weiterfahrt nach Freistroff auf der N153 und dann auf die D918 über Metzervisse Richtung Bouzonville/Saarlouis (ca. 35 km ab La Grange)

1 Stunde: Besuch des Schlosses **Saint-Sixte**
am Wochenende bis 17 Uhr geöffnet

Mein Tipp: Lassen Sie Ihren Schlössertag in Lothringen mit einem Spaziergang an der (deutschen) Nied und einem romantischen Abendessen bei Kerzenschein in Leick's Hof in Siersburg ausklingen.

Château Pange

Mit Edith und Roland de Pange lebt schon die 10. Generation der Familie de Pange an der französischen Nied. Die beiden, die

hier auch ihre fünf Kinder großgezogen haben, lassen es sich nicht nehmen, ihre Besucher persönlich durch ihr Schloss und die prächtige Garten- und Parkanlage zu führen.

Ein riesiger Landschaftsgarten, der zum Projekt „Gärten ohne Grenzen" gehört, ist das Besondere an Pange. Früher betrat man den Park durch ein schmiedeeisernes Tor und eine Allee, umsäumt von alten Bäumen und blühenden Mohnblumen; heute führt vom ausgeschilderten Parkplatz ein kurzer Fußweg zum modern gestalteten Eingang in der alten Scheune, wo der Besucher in einer Ausstellung der Geschichte des Schlosses nachspüren kann. Doch nicht nur die Geschichte fasziniert, sondern vor allem der einzigartige Blick auf Garten, Park und Schloss – eine gelungene Mischung aus Gartenkunst und weitläufiger Parkanlage. Konzipiert wurde sie vom Gartenarchitekten Louis Benech – und zwar als Spiegel der Geschichte des Schlosses und seiner Besitzer und als Bindeglied zwischen Vergangenheit und Zukunft.

Da keine Originaldokumente des ursprünglichen Gartens vorhanden waren, entschied sich Benech, bei der Gestaltung auf jene Epochen Bezug zu nehmen, die die Geschicke dieses Anwesens bestimmt haben. Das Ergebnis ist nicht ein Garten, sondern eine Vielzahl von Gärten, die auf geheimnisvolle Weise miteinander in Verbindung stehen.

Das Schloss, 1720 auf den Grundmauern einer mittelalterlichen Burg errichtet, liegt idyllisch an den Ufern der gemächlich dahinfließenden französischen Nied. Wenn man bis zum Ende des Parks geht und in Richtung Schloss schaut, scheint es, als sei Pange ein Wasserschloss. Die Familie bewohnt die erste Etage, darum ist nur das Erdgeschoss zu besichtigen.

In Pange begrüßt immer ein Mitglied der Familie die Besucher und erzählt aus der Geschichte des Hauses. Zum Beispiel, dass die Familie 1626 in den Adelsstand erhoben wurde – als Dank für 300 Jahre treuen Dienst für den Herzog von Lothringen. Oder dass sich zur Zeit der Französischen Revolution das bewegende Schicksal dreier Brüder ereignete. Edith de Pange erinnert an Louis, den jungen Husar, der an der Seite von Lafayette während des amerikanischen Unabhängigkeitskrieges gekämpft hat und für den König in der Vendée starb. Sie erzählt von François, dem Demokraten, Freund des Dichters André Chénier und Geliebter der Mme de Staël, der hingerichtet wurde. Und dass nur Jacques, der Jüngste, die Wirren überlebte, Kammerherr Napoleons wurde und Kaiserin Marie-Louise im Jahr 1812 Gastfreundschaft in Pange gewährte. Stolz ist die Familie auch darauf, dass Graf Jean de Pange, Schriftsteller, Historiker und aufgeklärter Germanist, ein Freund von Robert Schuman war und sich um ein vereintes Europa bemühte. Sein Neffe, der 9. Marquis von Pange, kämpfte während des 2. Weltkrieges für ein freies Frankreich.

Die Wohnräume des Schlosses sind mit kostbaren Möbeln ausgestattet. In einem der Salons hängt das einzige Bild, das die Place Stanislas in Nancy im Originalzustand zeigt und nach dessen Vorlage man den Platz restaurierte.

Das Schloss La Grange

Das Schloss von La Grange ist kein Museum. Die Besitzer, der Comte de Selancy und seine Frau, leben darin. Und bei einer Besichtigung des Schlosses dürfen Sie sogar das Schlafzimmer betreten, wo Graf und Gräfin ihre müden Häupter betten – ganz stilecht in einem mit dunkelrotem Plüsch bezogenen Himmelbett!

Das Château La Grange liegt mitten in einem englischen Garten; es wurde ab 1714 auf den Resten einer Wasserburg errichtet. Über eine lange Allee fährt man zu den um drei Höfe gruppierten Neben- und Wirtschaftsgebäuden mit einem Taubenhaus, das sich in einem mächtigen Rundturm befindet. Im benachbarten Trakt war lange Zeit eine Fayencerie. Eine Freitreppe und die ehemalige Zugbrücke führen zu einer von Wassergräben umgebenen Terrasse, zum Ehrenhof und zum dreiflügeligen Schloss. Dieses beherbergt eine wertvolle Sammlung von Möbeln, Gobelins, Tapeten, Boiserien, Gemälden und Fayencen, teilweise aus eigener Manufaktur. Besonders interessant sind das Empireschlafzimmer, der Kamin und zwei Nymphenreliefs aus dem 16. Jahrhundert. In der Gärtnerei und im kleinen Laden können Sie Pflanzen und Gartenartikel erwerben.

Illustre Besitzer…

Um 1700 wurde das alte Schloss an Brice Gomé des Hasards, Mitglied des Parlaments von Metz, verkauft. Dessen Sohn Christophe ließ nach Plänen von Robert de Cotte, dem Architekten des Sonnenkönigs, das heutige Schloss errichten. Doch Christophe hatte sich mächtig übernommen und musste, wirtschaftlich ruiniert, das Schloss schließlich veräußern. Im Jahr 1750 erwarb es der Marquis de Fouquet, Generalleutnant im Metzer Land und Nachfahre des Finanzministers von Louis XIV. 1912 verkaufte der damalige Eigentümer, der Comte de Bertier, das Schloss an die „Gutehoffnungshütte". Die richtete im Schloss ein Casino für ihre Angestellten ein. Als der Graf 1919 Bürgermeister von Manom wurde, kaufte er das Schloss zurück und lebte dort bis zu seinem Tod 1926. Seine Tochter Sylvie trat in seine Fußstapfen und wurde 1945 mit 24 Jahren Bürgermeisterin von Manom – und damit die jüngste in Frankreich! 44 Jahre lang übte sie dieses Amt aus. Mit ihrem Mann, Jean de Selancy, wohnte sie im Schloss und brachte das Gebäude und die Anlagen zurück in den Originalzustand. Nun führt ihr Sohn gemeinsam mit seiner Frau das wertvolle Erbe fort.

La Grange war in den letzten Jahrzehnten immer wieder Kulisse und Drehort berühmter Spielfilme, unter anderem von „8 ½ Women" von Peter Greenaway, in dem sich alles um die erotischen Fantasien eines Milliardärs (John Standing) dreht. Der Film kam 1999 in die offizielle Auswahl des Filmfestivals von Cannes.

Die Gartenanlage von La Grange gehört ebenfalls zum Kreis „Gärten ohne Grenzen". Gestaltet hat ihn der Pariser Gartenarchitekt Franck Neau. Sein Vorschlag bezieht sich auf den Geist und die Symmetrie des Ortes. Es entstand ein zeitgenössischer Garten mit Anspielungen auf die historischen Ursprünge. Hinter dem Schloss wird ein großer zentraler Rasen von zwei breiten Wiesenflächen mit Blumen aus aller Herren Länder eingefasst. Auf jeder Seite der Wiese befinden sich rechteckige Rabatten, die mit Buchsbäumen und hohen Blumengewächsen bepflanzt sind, in die man als Spaziergänger eintauchen kann. Zwei breite Alleen, die mit schwarzen, von roter und blauer Fayence durchsetzten Steinen gepflastert sind, durchqueren den Garten und erinnern an die Zeit, als sich hier am Schloss eine Fayencerie befand. Vor dem Schloss liegt der „Jardin des Lys" mit Tausenden von Lilien und Taglilien.

Schloss Saint-Sixte in Freistroff

Hochachtung werden Sie empfinden, wenn Sie sehen, was Philippe Gehl und seine Frau Pascale schon seit Jahren leisten, um das fast zerfallene Schloss von Saint-Sixte in Freistroff wieder in seinen einstigen prächtigen Zustand zu versetzen.

Noch dreihundert Jahre, pflegt Philippe Gehl zu scherzen, dann hätten sie die Restaurierung hinter sich. Immerhin sind einige Räume und der Festsaal schon so schön wieder hergestellt, dass Saint-Sixte ein beliebter Ort für Feste und Hochzeitsfeiern wurde.

Wie das Schloss von Pange liegt auch Saint-Sixte an der Nied. Die sogenannte „Ringmantelburg", ein Rundbau aus der Renaissance, wurde auf den Grundmauern einer Wasserburg aus dem 12. Jahrhundert errichtet. Damals umfloss die Nied das Schloss, heute zieht sie in gebührendem Abstand gemächlich an den alten Mauern vorbei. Das Schloss, Lehen der Herzöge von Lothringen, hatte unübersichtlich viele Besitzer.

Nachdem es viele Jahre als Bauernhof mit entsprechenden baulichen Eingriffen und Verwahrlosungen genutzt worden war, erwarb es die Familie Gehl. Saint-Sixte war damals in einem desaströsen Zustand, die Rundmauer teilweise zusammengestürzt, die Innenräume verschmutzt, die Decken eingefallen. Bis heute ist die Wendeltreppe in einem der Türme nicht begehbar. Doch in nur knapp dreißig Jahren haben die Gehls und ihr Freundeskreis aus einer Ruine wieder ein kleines hübsches Schloss gezaubert – bestimmt sind Sie genau so wie ich von seiner Ausstrahlung fasziniert. Mittlerweile sind die verschiedenen Bauepochen, besonders die Umbauphase in der Renaissance, gut zu erkennen.

Restaurants

La Petite Auberge
5, rue de Pange
F-57530 Colligny
Telefon: (0033) 387644112
www.lapetiteauberge-colligny.fr

Auberge-Restaurant du Crève-Coeur
9, rue Crève-Coeur
F-57100 Thionville
Telefon: (0033) 382885052
www.aubergeducrevecoeur.com

Hotel-Restaurant La Grange de Condé
41, rue des Deux-Nieds
F-57220 Condé-Northen
Telefon: (0033) 387793050
www.langrangedeconde.com

Leick's Hof
Niedstraße 107
D-66780 Siersburg
Telefon: (06835) 67993

Château de La Grange
F-57100 Manom
www.chateaudelagrange.com
Öffnungszeiten: April, Mai, Juni, September und Oktober am Wochenende und an den Feiertagen; Garten von 14–18 Uhr, Schlossführungen: 14.30 Uhr, 15.30 Uhr, 16.30 Uhr
Im Juli und August täglich geöffnet

Château Pange
F-57530 Pange
www.chateaudepange.fr
Öffnungszeiten des Gartens: Mai und Oktober an Wochenenden und Feiertagen von 14–18 Uhr; im Juni, Juli, August, September täglich von 10–12 Uhr und 14–18 Uhr, montags geschlossen.

Das Schloss ist nur im Rahmen einer Führung zu besichtigen; im Juni am Wochenende und an den Feiertagen, im Juli und August täglich außer Montag; Führungen: 14.45 Uhr, 15.45 Uhr, 16.45 Uhr

Château Saint-Sixte Freistroff
F-57320 Freistroff
www.chateau-freistroff.com
Öffnungszeiten: am Wochenende und an Feiertagen um 15 Uhr geführte Besichtigung, 16–17 Uhr freie Besichtigung

Bitte beachten Sie: Vor dem Besuch der Schlösser sollten Sie die aktuellen Öffnungszeiten überprüfen, da sich diese wegen privater Feiern (Hochzeiten) bzw. Veranstaltungen kurzfristig ändern können.

Weitere Informationen:
www.nied-tourisme.com
www.tourisme-moselland.com

Unzählige Sagen und Legenden sind im Land der Nied entstanden. In vielen finden sich Spuren des keltischen Glaubens, wie der Eponakult in der Geschichte der sogenannten „Gnädigen Dame", die heute noch durch das Schloss von Freistroff geistern soll…

Die keltische Göttin Epona soll die Pferde erschaffen haben. Auf einem Schimmel ritt sie durch das Land. Sie half den Menschen, die im Sterben lagen, indem sie die Seelen auf den Rücken ihres Pferdes hob und sie mitnahm in das Reich des Todes. Aber sie leistete auch Beistand bei der Geburt. Die Menschen im Land der Nied hatten großen Respekt vor ihr, weil sie die Macht hatte „zu richten und zu schlichten von der Erde bis zum Himmel". Viele Bilder und Statuen von ihr bezeugen noch heute die große Liebe der Menschen zu dieser Göttin.

Mitte des 18. Jahrhunderts herrschte die Gnädige Dame auf Schloss Freistroff. In ihrer Gestalt treffen sich Kult, Legende und Wahrheit, sie war wohl nichts anderes als die teuflische Reinkarnation der angebeteten Epona. Denn die Gnädige Dame war nicht nur die Herrin des Schlosses, sondern auch Herrin über Leben und Tod ihrer Untertanen. Wurde einer bei der Hexerei angetroffen oder bei Dummheiten erwischt, fuhr die Gnädige Dame ihn auf den Galgenberg und hängte ihn eigenhändig auf. Kurzen Prozess machte sie auch mit den Männern, die verheiratete Frauen becircten. Und wenn ein armer Bauer den Zehnten nicht mehr entrichten konnten, sperrte ihn die Gnädige Dame in den Glockenturm. Wie einst Epona verkündete sie jedem: „Die Gnädige Dame darf richten und schlichten von der Erde bis zum Himmel." Nur – das ist der Haken an der Geschichte – während Epona nicht nur die Toten mitnahm, sondern auch das Leben schenkte, erschien die Gnädige Dame als mächtiger Todesengel, vor dem die Menschen zitterten.

Nicht einmal die quakenden Frösche waren vor ihr sicher: Im Frühjahr mussten die Freistroffer in den Gräben um das Schloss mit Knüppeln und Flegeln so lange auf die armen Tierchen schlagen, bis diese still waren und die Gnädige Dame ruhig schlafen konnte.

Dann kam die große Revolution, langsam schlich sie sich auch ins Land der Nied. Noch schickte die Gnädige Dame wie jeden Sonntag ihren Boten ins Dorf, um die neuesten Nachrichten verkünden zu lassen. Doch eines Tages war alles anders. Kaum hatte der Ärmste angefangen, seine Botschaften auszurufen, da kam einer, schlug den Boten auf beide Backen mit den Worten: „Da, das kannst du deiner Alten sagen, dann hat die auch Nachrichten von uns…" Der Bote rannte brüllend zurück ins Schloss – aber das war nur ein Vorspiel. Wenig später kehrte ein Freistroffer, der lange in Metz gelebt hatte, zurück in sein Heimatdorf. Unterwegs hatte er Schlösser in Flammen gesehen und gehört, wie die Leute das Lied heraus schrien, das schon lange in Paris gesungen wurde: „ Ah! Ça ira! Ça ira! Ça ira!Les aristocrates à la lanterne!Les aristocrates on les pendra!"

Im Dorf angekommen, hörte er den Boten rufen: „Die Gnädige Dame hat das Recht, zu richten und zu schlichten von der Erde bis zum Himmel!" Wütend packte er den Boten und warf ihn in den Bach. Die Freistroffer, die der Zeit hinterherhinkten, erschraken: „Bist Du verrückt? Du wirst noch erhängt!" Darauf antwortete er: „Was meint ihr dummen Leute! Überall sind die Herren verjagt worden und ihr steht da mit der Zunge im Maul, ohne etwas zu sagen, und macht in die Hose vor der Alten, die keine Rechte mehr hat. Ich bringe mein Pferd in den Stall und dann kommt ihr mit mir, wir treiben sie fort…" Mit Gabeln, Sensen und Flegeln gingen sie zum Schloss und sangen: „Ah! Ça ira! Les aristocrates à la lanterne!" Aber alle Räume waren leer. Die Gnädige Dame war durch einen Geheimgang bis zur Abtei in Bouzonville geflüchtet. Später erzählte man sich, sie sei in Koblenz gesehen worden. Manche sagten auch, sie wäre bis nach England geflohen.

Facettenreiches Luxemburg

Entdecken Sie die einstige Festungsstadt und ihre vielen Facetten

Ein Ausflug in die ehemalige Festungsstadt Luxemburg ist für mich immer wieder eine Reise in die Welt eines vereinten Europas. Menschen aller Herren Länder bummeln durch die Gassen der Altstadt; bei einem Spaziergang durch das Renaissanceviertel und den mittelalterlichen Stadtteil wird man begleitet von einem angenehmen Stimmengewirr aus Französisch, Deutsch, Englisch und der Landessprache „Lëtzebuergesch". Sage und schreibe über 150 Nationen leben in Luxemburg, der Ausländeranteil liegt bei 53 Prozent; 140.000 Grenzgänger kommen jeden Tag nach Luxemburg, um hier zu arbeiten. Gewichtige europäische Institutionen (wie der Europäische Gerichtshof und der Europäische Rechnungshof) haben auf dem Kirchberg gegenüber der Altstadt ihren Sitz.

Wenn Sie zwischen Mitte Juli und Ende August Luxemburg besuchen, können Sie mit einem besonderen Erlebnis in den Tag starten. Denn wenn die großherzogliche Familie Urlaub macht (und es erlaubt), kann man die ansonsten nicht zugänglichen Innenräume des Großherzoglichen Palastes bei einer geführten Besichtigung besuchen. Und das lohnt sich...

IHR TAG IM ÜBERBLICK

Anfahrt mit dem Auto

ab/bis Saarbrücken etwa 200 km
Über die A620/A8 über Perl, ab Remich über die N2. Parken in der Stadt ist mit dem Parkleitsystem kein Problem. Ideal für die vorgeschlagene Tour ist das Parkhaus „Saint Esprit" an der „Cité Judicaire".

Anreise mit dem Bus

Eine gute Alternative ist die Anreise mit dem Linienbus (täglich mehrere Verbindungen ab Saarbrücken Hauptbahnhof).

Mein Vorschlag

1 Stunde: Spaziergang ab **Place de la Constitution** zur **Place Guillaume II**

1 Stunde: Besichtigung des **Großherzoglichen Palastes**

alternativ:

2 Stunden: Besuch des **Historischen Museums** der Stadt Luxemburg

2-3 Stunden: Rundgang „Wenzel" mit Besuch der Kasematten

Schon die Anfahrt ist ein Erlebnis: Imposant und majestätisch thront die Festungsstadt auf den Felsen, umgeben von tiefen Tälern, überspannt mit markanten Brücken: Da ist der „Viadukt" (wenn Sie von Remich kommen), parallel dazu die Adolphe-Brücke aus dem Jahr 1903 und die „Rote Brücke", die „Pont Grande-Duchesse Charlotte", die zum Kirchberg führt.

Goldene Frau

Statten Sie zuerst der „Goldenen Frau" einen Besuch ab – sie steht auf der „Place de la Constitution", von dort haben Sie einen eindrucksvollen Blick in das Tal der Pétrusse und auf

das Gebäude der Staatssparkasse am anderen Ufer. Das Mahnmal „Gëlle Fra", wie es im Lëtzebuergeschen heißt, wurde 1923 von Claus Cito zum Gedenken an die im 1. Weltkrieg gefallenen Soldaten errichtet. Der im 2. Weltkrieg zerstörte Obelisk wurde nach dem Krieg auch ein Mahnmal im Gedenken an die Zwangsrekrutierten des 2. Weltkrieges und die Freiwilligen des Koreakrieges. Erst 1984 erhielt er nach umfassenden Restaurierungsarbeiten sein ursprüngliches Aussehen zurück. Die „Goldene Frau", drei Meter hoch und eineinhalb Tonnen schwer, ist heute das Symbol für Freiheit und Widerstand des Luxemburger Volkes und vertrat Luxemburg auf der Weltausstellung in Shanghai 2010.

Kathedrale Unserer Lieben Frau

Schräg gegenüber des Konstitutionsplatzes steht die Kathedrale Unserer Lieben Frau – ursprünglich eine Jesuitenkirche (1613–1622 erbaut) und ein Beispiel der Spätgotik mit verschiedenen, vom Stil der Renaissance beeinflussten Elementen. Ende des 18. Jahrhunderts nahm die Kirche das Gnadenbild der Trösterin der Betrübten auf, der Stadt- und Landespatronin. Die Figur ist aus Lindenholz gefertigt und 70 cm hoch.

Dazu gibt es über 50 verschiedene Gewänder, die ihr im Laufe des Kirchenjahres und insbesondere während der Wallfahrtszeit „Oktave" (3. bis 5. Sonntag nach Ostern) angelegt werden. In der Krypta ist die beliebte Großherzogin Charlotte beigesetzt. In der Kathedrale wurden die Trauungen der Mitglieder der großherzoglichen Familie vollzogen, natürlich fand hier auch im Oktober 2012 die Hochzeit zwischen Stéphanie de Lannoy, die dem belgischen Adel entstammt, und Erbgroßherzog Guillaume statt.

Verlassen Sie nun die Kathedrale durch das Portal, durch das Sie eingetreten sind, halten Sie sich links und gelangen Sie so zum Regierungsviertel. Vorbei am Staatsministerium und dem Außenministerium erreichen Sie in wenigen Minuten den Clairefontaine-Platz mit dem Denkmal zu Ehren von

Großherzogin Charlotte

Sie regierte das Großherzogtum von 1919 bis 1964 – also 45 Jahre lang und war bei den Menschen äußerst beliebt. Das bronzene Denkmal wurde von dem französischen Bildhauer Jean Cardoty entworfen und am 29. April 1990 in Anwesenheit der großherzoglichen Familie eingeweiht. Charlotte folgte ihrer Schwester Marie-Adelheid im Jahre 1919 auf den Thron. Nach der Flucht ins Exil nach Kanada und London im Jahr 1940 wurde Großherzogin Charlotte vor allem durch ihre Radioansprachen über die BBC, die sie von dort aus hielt, zum Symbol der Freiheit und der Unabhängigkeit Luxemburgs. Nach der Befreiung durch amerikanische Truppen im Jahr 1944 kehrten erst Prinz Felix und Erbgroßherzog Jean unter tosendem Applaus der Bevölkerung nach Luxemburg zurück. Charlotte folgte ihrem Mann und ihrem Sohn im April 1945 und besuchte zuerst die zerstörten Städte und Dörfer. Im November

1964 überließ Charlotte ihrem Sohn Jean den Thron nach 45 Jahren Amtszeit. Sie starb am 9. Juli 1985 auf Schloss Fischbach und ruht in der Fürstengruft in der Krypta der Kathedrale.

Place Guillaume II

Auf dem Platz steht das Reiterstandbild von Guillaume II./Wilhelm II. Er war von 1840 bis 1849 König der Niederlande und gleichzeitig Großherzog von Luxemburg. Ein interessantes On-dit: Sein Pferd hebt das linke Vorderbein, das soll bedeuten, dass Wilhelm eines natürlichen Todes gestorben ist. Würde es das rechte Vorderbein anheben, wäre das ein Zeichen für seinen Tod auf dem Schlachtfeld. Auf der Place Guillaume II schlägt das Herz der Stadt: mit Wochenmärkten (mittwochs und samstags) einem Flohmarkt (jeden 3. Sonntag im Monat), Freiluftkonzerten im Sommer, mit attraktiven Bistros, Cafés und Restaurants.

Am Kopfende des Platzes finden Sie die **Touristinformation (Luxembourg City Tourist Office)**.

Vom Reiterstandbild sind es nur wenige Meter bis zum

Palast des Großherzogs

Der Palast ist die Residenz des Großherzogs, 1572 gebaut (der älteste Teil), 1740 ergänzt um die Stadtwaage und 1780 um den Schlossturm. Hundert Jahre später wurde dann die Abgeordnetenkammer angebaut.

Von Mitte Juli bis Ende August kann man – wenn die großherzogliche Familie in Urlaub ist – im Rahmen einer Führung die Innenräume besichtigen: ein herrliches Schatzkästchen mit prächtig ausgestatteten Foyers, Treppenhäusern und Salons.

Hier empfängt der Großherzog seine Gäste, hier lassen sich Botschafter akkreditieren.

Achten Sie auf ein einzigartiges und eigenartiges Phänomen: Vor dem Palast stehen Lampen, in die goldene Gesichter eingearbeitet sind. Egal, in welcher Position Sie sich befinden, werden Sie von den Augenpaaren beobachtet. Wenn Sie sich den Lampen nähern, schauen die Augen Sie an. Wenn Sie direkt davor stehen und emporblicken, fühlen Sie sich besonders intensiv betrachtet. Sie wollen sich der Beobachtung entziehen und gehen darum weiter? Keine Chance – die Gesichter schauen Ihnen hinterher... Geschaffen hat die Lampen der Münchner Künstler Ingo Maurer, von ihm stammt auch eine Leuchte im Waffensaal des Schlosses.

Musée d'Histoire de la Ville de Luxembourg

Wenn Sie außerhalb der Sommerferien kommen und/oder die Besichtigung der Innenräume des Palastes nicht möglich ist, gehen Sie einfach ein paar Schritte weiter und statten Sie dem mit viel Fantasie und Sachkunde gebauten und eingerichteten Geschichtsmuseum einen Besuch ab. Moderne Multimedia-Installationen versetzen Sie in längst vergangene Zeiten und lassen 1.000 Jahre Geschichte der Stadt lebendig werden. Besondere Attraktion: Im gläsernen Salonaufzug schwebt man durch die Felsen – mit Blick auf Reste der Festung.

Corniche

Von den Plätzen der Innenstadt bzw. dem Großherzoglichen Palast sind es nur ein paar Minuten zu Fuß bis zum Bockfelsen und der „Corniche", dem „schönsten Balkon Europas" (wie es der bekannte Schriftsteller Batty Weber ausdrückte). Dort haben Sie einen grandiosen Ausblick auf das Tal der Alzette mit der Abtei Neumünster, auf die Unterstädte Grund und Clausen. Gegenüber sehen Sie das massive Rham-Plateau mit seinen Vauban-Kasernen, Türmen und Festungsmauern. Auch die verwinkelten Terrassengärten (ehemalige Klostergärten) und die munter dahinfließende Alzette sind von hier aus zu bestaunen.

Wenzelsweg

Auf den Grundmauern eines römischen Kastells errichtete 963 der Ardennengraf Siegfried seine „Lucilinburhuc" auf dem Bockfelsen. Die darunter liegenden Kasematten (18. Jh.), ein unterirdisches Labyrinth von Verteidigungsgängen, dürften auf der Welt einmalig sein. Während des Mittelalters gewann die Grafschaft Luxemburg an Macht, bis sich im Jahr 1310 der Luxemburger Graf Johann der Blinde mit der böhmischen Prinzessin Elisabeth vermählte und nach Prag zog. Johann brachte wirtschaftliches und vor allem kulturelles „Know-how" mit in die Goldene Stadt und regierte – wie auch seine Nachfolger – von Prag aus mehr als nachlässig das 1354 zum Herzogtum erhobene Erbland der Luxemburger. Während Prag seiner Blütezeit zusteuerte, verlor Luxemburg immer mehr an Bedeutung. Auch König Wenzel von Böhmen (1361–1419), nach dem der Rundweg benannt wurde, kam nur zweimal für wenige Tage zu Besuch an die Alzette. Die ihm zugeschriebene Stadtmauer ist vermutlich noch nicht einmal von ihm in Auftrag gegeben worden.

Der historische Weg wurde zusammen mit Teilen der Altstadt und der Festung 1994 in das Weltkulturerbe der UNESCO aufgenommen und ist in seinem Verlauf mit in den Boden eingelassenen Platten, auf denen ein großes „W" zu sehen ist, gekennzeichnet.

Er durchquert zuerst die berühmten **Bockkasematten**, den „Bauch" der Stadt: ein unterirdisches Labyrinth aus Gängen, Räumen und Treppen, das Karl VI. und danach Maria Theresia (die Österreicher herrschten damals über Luxemburg) zwischen 1737 und 1746 in den Felsen bohren ließen. Von den ursprünglich 23 km sind noch 17 km zugänglich. Im 2. Weltkrieg boten sie Schutz für 32.000 Menschen.

In seinem weiteren Verlauf verbindet der Wenzelsweg die Ober- mit der Unterstadt. Immer wieder bieten sich vom Weg aus auch atemberaubende Panoramaaussichten auf die Befestigungsanlagen. Der Wenzelsweg führt weiter durch die idyllische Alzette-Aue und endet im Stadtteil Grund – ein quicklebendiges Viertel mit alternativen und schicken Kneipen, wo man lebt und genießt. Mit dem Aufzug (ausgeschildert) fahren Sie wieder hoch in die Altstadt.

Die Innenstadt bietet eine Vielzahl guter, schöner Restaurants, z. B. an der Place d'Armes und der Place Guillaume II.

- Karten für eine Führung durch den Großherzoglichen Palastes müssen Sie bei der City Tourist Information (LCTO) bestellen. Zu den Führungen „City Promenade" (täglich 12 und 14 Uhr) und „Wenzelsweg" (Mittwoch, Samstag um 15 Uhr) empfehle ich Ihnen, sich anzumelden.
- Spannend ist auch eine Tour auf dem Kirchberg mit dem Themenschwerpunkt „Architektur und Kunst im öffentlichen Raum". Eine Broschüre dazu erhalten Sie ebenfalls beim LCTO.
  Luxembourg City Tourist Office
  30, Place Guillaume II, L-1648 Luxembourg
  Telefon: (00352) 222809, www.lcto.lu
- Der **Museumspass** (für 1 oder 3 aufeinander folgende Tage) ermöglicht freien Eintritt zu Dauer- und Wechselausstellungen der Museen und Kunstzentren. Erhältlich in den teilnehmenden Museen und im LTCO. Die Museumsmeile verbindet sieben Museen der Stadt:
  - **Villa Vauban** – Werke alter Meister
  - **Casino Luxembourg** – Zeitgenössische Kunst
  - **Musée d'Histoire de la Ville de Luxembourg** – Die Geschichte Luxemburgs
  - **Musée national d'Histoire et d'Art**/Nationalmuseum für Geschichte und Kunst – Staatliche Kunstsammlungen vom Mittelalter bis zur Gegenwart
  - **Musée national d'histoire naturelle** – „Natur musée": ein Erlebnis besonders für Kinder, denn die Entwicklungsgeschichte der Erde wird vom Urknall bis zur Entstehung des Lebens vermittelt und die unermessliche Artenvielfalt auf unserem Planeten gezeigt
  - **Musée d'Art Moderne Grand-Duc Jean** („Mudam") – Museum für zeitgenössische Kunst
  - **Musée Dräi Eechelen** – Weltkulturerbe der Luxemburger Festungsanlagen

Melusina, mon amour

„Im Jahr 963 baute Graf Siegfried auf dem Bockfelsen eine Burg, Grundstein der späteren Stadt Luxemburg." – das ist die offizielle Version über die Entstehung der Festungsstadt. Doch wie Luxemburg wirklich entstanden ist, das verrät die Geschichte von der schönen Melusina…

In alten Zeiten war die Gegend um die heutige Stadt Luxemburg dicht mit Wäldern bewachsen. Graf Siegfried liebte es, hier zur Jagd zu gehen. Doch einmal verirrte er sich, und weil es schon dunkel wurde, baute er sich kurzerhand eine Schlafstelle. Um Mitternacht weckte ihn plötzlich ein süßer Gesang. Verzückt schaute er in die Richtung, aus der die wundersame Melodie kam und erblickte im hellen Mondschein die Sängerin: ein Mädchen, das auf einem Felsen hockte. Hatte ihn schon die himmlische Melodie betört, so war er nun vom Liebreiz der jungen Frau wie geblendet. „Wer sind Sie, die mein Herz so sehr ergriffen hat, dass es vor Liebe überquillt?", fragte Siegfried. „Ich heiße Melusina", erwiderte das Mädchen mit einem glockenhellen Lachen. Siegfried fiel vor ihr auf die Knie und bat sie, seine Frau zu werden. „Das würde ich gerne tun, lieber Ritter", sang Melusina, „aber das Schicksal will es, dass ich diesen Felsen nicht verlassen und nur hier einen Mann beglücken darf." Betrübt kehrte der Graf nach Hause zurück – denn er hatte nicht genügend Geld, um der Schönen ein Schloss auf dem Felsen zu bauen. In seiner Not suchte er schließlich Zuflucht beim Teufel und rief ihn um Hilfe an. Satan erschien sofort und erklärte sich bereit, auf dem heute noch „Bock" genannten Felsen eine Burg zu bauen. Siegfried allerdings musste sich verpflichten, nach einer Frist von dreißig Jahren seine Seele dem Teufel zu übereignen. Nach wenigen Monaten war das vom Teufel errichtete Schloss fertig – Melusina und Siegfried wurden ein glückliches Paar mit einer blühenden Nachkommenschaft. Allerdings gab es einen Wermutstropfen. Melusina hatte bei ihrem Einzug die Bedingung gestellt, dass sie sich – auch von ihrem Mann unbehelligt – samstags nachmittags in ihre Gemächer zurückziehen dürfe. Ein Wunsch, dem Siegfried gerne nachkam, waren doch die Freuden mit Melusina so ungleich größer als dieses seltsame Ansinnen.

Doch nach einigen Jahren schlichen sich argwöhnische Gedanken in die Seele des Grafen. Schließlich vergaß Siegfried seinen Schwur und begab sich in die Gemächer seiner Frau. Was er sah, ließ ihm den Atem stocken: In der Gestalt einer Sirene, halb Weib, halb Schlange, badete Melusina in kristallklarem Wasser. Als sie bemerkte, dass ihr Gatte sie beobachtete, stieß sie einen spitzen Schrei aus und versank in den Fluten. Von Stund an schlich der Graf, von Gewissensbissen gepeinigt, durch das Schloss. Mit schrecklichen Vorahnungen sah er der Stunde entgegen, in der die Frist ablaufen und der Teufel ihn holen würde. Für den besagten Tag hatte er ein großes Fest angeordnet und alle Türen, Fenster und Eingänge fest verrammelt. Doch plötzlich stand Satan im Festsaal, ergriff Siegfried und stürzte sich mit ihm in einen sich öffnenden flammenden Abgrund. Mit vor Schreck geweiteten Augen verfolgten die Gäste das Spektakel, dann aber sahen sie, wie Siegfrieds reumütige Seele, getragen von zwei Engeln, in den Himmel flog…

Seit dem Tag, an dem Siegfried sie im Bad überraschte, sitzt die Nixe Melusina tief im Felsen verborgen und büßt dafür, dass sie einen Menschen geliebt hat, und wartet auf ihre Erlösung. Alle sieben Jahre erscheint sie, gekleidet in ein weißes Gewand, auf dem Bockfelsen. Zu ihren Füßen ringelt sich eine giftige Schlange, die einen goldenen Schlüssel in ihrem Rachen hält. Melusina näht einen einzigen Stich an einem Hemd und wartet bis ein Uhr auf einen Erlöser. Dieser muss frei von Sünden sein und der Schlange den Schlüssel aus dem Mund rauben. Wenn aber der letzte Stich an dem Hemd getan ist und Melusina bis dahin von keinem Menschen erlöst wurde, brechen die Felsen Luxemburgs zusammen und die Stadt und die Nixe werden für immer unter den Trümmern begraben.

Durch das Müllerthal nach Echternach

Eine Tour durch das Müllerthal zu Burg und Schloss Beaufort und nach Echternach

Die Region Müllerthal, auch die „Kleine Luxemburgische Schweiz" genannt, ist mit ihren bizarren Felsformationen und den malerischen Flusstälern der Schwarzen Ernz eine der reizvollsten Landschaften unserer Region. Allein schon die Namen der Felsen beflügeln die Fantasie: Wer mag wohl auf dem Predigtstuhl gesessen haben, wer sich in der Räuberhöhle versteckt haben? Eiszeitgletscher formten diese wildromantischen Felsformationen aus dem weichen Sandstein – mit engen Spalten, durch die Wanderwege führen, dunklen Höhlen und waghalsigen Aufstiegen. Ein Wanderparadies für Wagemutige und ein Märchenland auch für diejenigen, die das Müllerthal mit dem Auto erkunden und an besonders reizvollen Orten einen Halt einlegen: am Schiessentümpel zum Beispiel, einem kleinen Wasserfall der Schwarzen Ernz, überspannt von einer Steinbrücke, die mich an die Ponte dei Salti bei Lavertezzo im Tessiner Verzasca-Tal erinnert. Die Kleine Luxemburgische Schweiz ist das Herzstück dieser Tour, umrahmen Sie diesen Tag mit einem Besuch der Burg Beaufort und ihres Renaissanceschlosses – ein absolutes Highlight – und einem Entdeckungsspaziergang durch Echternach, wo jedes Jahr am Pfingstdienstag die berühmte Springprozession stattfindet.

IHR TAG IM ÜBERBLICK

Anreise mit dem Auto

ab/bis Saarbrücken rund 240 km
Von Saarbrücken fahren Sie über Remich bis Stadt Luxemburg, dann in nördlicher Richtung auf der N 11 Richtung Junglinster. Kurz hinter dem Ort biegen Sie links ab nach Blumenthal (N 14), an der nächsten Kreuzung geht es geradeaus in die Region Müllerthal.

Mein Vorschlag

1 Stunde: Fahrt durch die **Region Müllerthal**, das Tal der **Schwarzen Ernz** mit der berühmten Kaskade Schiessentümpel

Nach der Felsformation „Predigtstuhl" biegen Sie an der nächsten Kreuzung links nach Beaufort.

2 Stunden: Beaufort: Besuch der **Burg** und des **Renaissanceschlosses**

Auf der N 10 entlang der Sauer erreichen Sie nach etwa 15 km Echternach.

2 Stunden: Entdeckungsrundgang durch **Echternach** und Besuch der **Römischen Villa Schwarzuecht**

1 Stunde: Zum Abschluss empfehle ich Ihnen den Besuch der **Girsterklaus** bei Rosport (etwa 5 km östlich von Echternach).

Die Region Müllerthal

Auf dem Hinweg zum Müllerthal kommen Sie an Junglinster vorbei. Dort steht – Zeichen der jüngeren Geschichte – eine Sendemastanlage von RTL. Wenige Kilometer dahinter, bei Blumenthal, beginnt die Region Müllerthal. Die gut 10 Kilometer lange Strecke führt zu bizarren Felsformationen und wildromantischen Tälern, die die Schwarze Ernz geschaffen hat.

Nehmen Sie sich Zeit, um diese reizvolle Landschaft rund um den Schiessentümpel, die berühmte Kaskade mit ihrer Steinbrücke, zu erkunden. Schöne Spazierwege säumen die geologischen Sehenswürdigkeiten. Sie können natürlich auch größere Touren unternehmen (s. **Mein Tipp für Wanderfreunde**).

Burg Beaufort und Renaissanceschloss

Burg und Schloss liegen idyllisch unterhalb des Ortes Beaufort. Die Burgruine erinnert an das Heidelberger Schloss, darum wird sie von den Einheimischen Luxemburgisches Heidelberg genannt. Erbaut wurde Beaufort im 12. Jahrhundert, um 1380 und im 16. Jahrhundert wurde das Schloss vergrößert und befestigt. Bis zum späten 17. Jahrhundert entstand, gebaut auf den alten Mauern, ein prächtiges neues Renaissanceschloss. Schon seit Jahren konnte man die mittelalterliche Burgruine und ihre Folterkammer besichtigen, seit April 2013 darf man auch das Schloss oberhalb der Ruine besuchen, in dem bis zu ihrem Tod im Jahr 2012 die letzte Schlossherrin, Anne Marie Linckels, lebte.

Schon zu Lebzeiten hatte sie den Besitz der Stadt Luxemburg verkauft und dafür lebenslanges Wohnrecht erhalten. Nun dürfen die Besucher durch die Gemächer gehen, in denen alles so erhalten ist, als sei Madame nur mal kurz zum Einkaufen gegangen und käme gleich wieder zurück: Der Tisch ist gedeckt, die Zeitung liegt auf dem Sims... und ein Fläschchen „Cassero" steht im Schrank. Denn schon seit Jahren wird im Schloss dieser schwarze Johannisbeerlikör hergestellt. Nach dem Besuch der Ruine und des Schlosses können Sie im Burghof dieses köstliche Getränk probieren. Und wenn es Ihnen schmeckt, dann nehmen Sie sich eine Flasche davon mit – denn nur im Schloss von Beaufort kann man diesen feinen Cassis kaufen.

Echternach

wurde an einem alten Übergang über die Sauer gebaut – auf deutscher Seite liegt die Ortschaft Echternacherbrück. Berühmt ist das Städtchen vor allem wegen seiner Springprozession, die alljährlich am Pfingstdienstag stattfindet. Das Herz der Stadt schlägt am Marktplatz mit seinen stattlichen Bürgerhäusern. Hier finden Sie einladende Straßencafés und hübsche Geschäfte. Echternach ist eine der ältesten Christianisierungs- und Kulturstätten Europas. Der Heilige Willibrord aus Northumberland gründete hier 698 eine Benediktinerabtei, die sich im 10. und 11. Jahrhundert zu einer künstlerisch hervorragenden Maler- und Schreiberschule entwickelte.

Mein Tipp: Um Echternach kennenzulernen, folgen Sie am besten dem **Kulturweg durch die Echternacher Altstadt** (als Flyer im Touristbüro erhältlich). Er beginnt bei der im romanischen Stil errichteten Sankt-Willibrord-Basilika. Das Abteimuseum im Präla-

tenflügel zeigt Faksimiles und Prachthandschriften der Echternacher Schreibschule und gibt einen Überblick über das Leben und Wirken des Heiligen. Im ehemaligen Lustgarten der Abtei sehen Sie den 1761 im Rokokostil errichteten Pavillon. Ihr Spaziergang führt Sie durch den Stadtpark und an die alte, einst 2.000 Meter lange Stadtmauer, die mit 20 Schalentürmen und vier Stadttoren versehen war. Imposant: das ehemalige Bürgerhospital und das gotische Haus, ein seltener Zeuge aus dem Mittelalter. Die Balken der Hausdecke stammen von Bäumen, die im Jahr 1299 gefällt wurden!

Am Marktplatz mit seinen prächtigen Patrizierhäusern steht das Justizkreuz, im Dialekt „Urtsel" genannt, Urteilssäule. An einer Ecke des Platzes fällt der sogenannte „Denzelt" auf, der ehemalige Justizpalast. Über die Rue de la Montagne erreichen Sie schließlich die Peter-und-Paul-Kirche.

Vor den Toren Echternachs, nahe des schönen Erholungsgebietes Löschental mit einem künstlich angelegten See, liegt die imposante **Römervilla Schwarzuecht** (geöffnet April bis Mitte Oktober).

Girsterklaus bei Rosport

Rosport ist ein kleines Dorf direkt an der Schleife der Sauer. Seine größte Attraktion ist die Girsterklauskapelle aus dem 12. Jahrhundert, einer der ältesten Marienwallfahrtsorte des Landes. Auf einem Hügel, von Wald und Obstbäumen umgeben, liegt die Klause, die das Gnadenbild „D'Muttergottes vun der Hieselterheck" beherbergt. Tausende von Gläubigen haben im Laufe der Jahrhunderte der Muttergottes ihr Leid, ihre Not und ihre Sorgen anvertraut und um Trost gefleht. Warum, das verrate ich Ihnen im Kapitel „Geschichten" S. 161 f.

Restaurants

Heringer Millen
1, rue des Moulins
L-6245 Müllerthal
Telefon: (00352) 26784717
www.restaurant-heringer-millen

Le Cigalon
1, rue de l'Ernz Noire
L-6245 Müllerthal
Telefon: (00352) 799495
www.lecigalon.lu

Restaurant Scharff
1, rue de Consdorf
L-6551 Berdorf
Telefon: (00352) 790220
www.hotel-scharff.lu

Hotel-Restaurant Bel Air
1, route de Berdorf
L-6409 Echternach
Telefon: (00352) 729383
www.hotel-belair.lu

Tourismusverband Region Müllerthal/ Kleine Luxemburgische Schweiz
BP 152
L-6402 Echternach
Telefon: (00352) 720457
www.mullerthal.lu

Schloss Beaufort
24, rue du Château
L-6313 Beaufort
Telefon: (00352) 26876943
www.castle-beaufort.lu
geöffnet Ende März bis Ende Oktober täglich von 9–17.30 Uhr

Syndicat d'Initiative et de Tourisme Echternach
9-10, parvis de la basilique
L-6401 Echternach
Telefon: (00352) 720230
www.echternach-tourist.lu

Infos zur Springprozession erhält man im Dokumentationszentrum, das an die Basilika angegliedert ist. Öffnungszeiten: täglich von Ende März bis Ende November von 10–12 und 14–18 Uhr, sonntags geschlossen.
www.willibrord.lu

Internationales Festival Echternach
Klassik (Mai – Juni) und Jazz (September)
www.echternachfestival.lu

Mein Tipp für Wanderfreunde:
Ein 12 km langer Rundweg (Schwierigkeitsgrad „schwer", Dauer vier Stunden) führt von der Ortschaft Müllerthal nach Consdorf und zum Schiessentümpel vorbei an besonders schönen Sehenswürdigkeiten.

Die Echternacher Springprozession – immaterielles Weltkulturerbe der Menschheit

Bald nach dem Tode Willibrords im Jahre 739 strömten Scharen von Pilgern zu seinem Grab – besonders viele waren es in der Pfingstwoche. Am 2. Januar 1246 gewährte Papst Innozenz IV. diesen Pfingstpilgern einen Ablass. Das älteste schriftliche Dokument über springende Pilger in Echternach, die sogenannten „Springenheiligen", stammt aus dem Jahr 1497. Das erste Bilddokument ist ein Gemälde des flämischen Malers A. Stevens aus dem Jahre 1604, das sich in der Willibrordkapelle in der Echternacher Basilika befindet. Das „Springen" kam wohl im Rahmen der Bannprozessionen auf: Im Mittelalter mussten die Gemeinden, die zur Reichsabtei Echternach gehörten, in der Pfingstwoche ihren Zehnten an die Abtei abführen. Bis zum Ende des 18. Jh. haben sich grundsätzlich nur Männer am Springen beteiligt. Gesprungen wird – zu einer Art Polka – von einem Bein auf das andere, wobei man sich langsam vorwärts bewegt. Die Prozession ist Ausdruck lebensbejahender Freude, aber auch Gebet. Sie bedeutet: „Mit den Füssen beten". Zudem ist sie ein intensives Gemeinschaftserlebnis. Man springt in Gruppen und ist miteinander durch Taschentücher verbunden.

Die Echternacher Springprozession findet jährlich am Dienstag nach Pfingsten statt. Seit 2010 gehört sie zum immateriellen Weltkulturerbe der Menschheit.

Die Girsterklaus bei Rosport

Im Jahre 1262 war der Burgherr von Clerf (Clervaux) als Kreuzfahrer im Heiligen Lande gestorben. Seine Witwe begab sich von Zeit zu Zeit mit ihrem Sohne Elbert zu ihrem einsam gelegenen Rittergute zu Girst. Hier lernte der Sohn die fromme Gräfin Maria von Rosport kennen und verlobte sich mit ihr. Als 1270 Ludwig IX., genannt der Heilige, seinen zweiten Kreuzzug unternahm, bat Elbert seine Mutter um Erlaubnis, daran teilnehmen zu dürfen. Schweren Herzens stimmte die Mutter zu.

Während der viele Jahre dauernden Reise musste der junge Ritter eine Reihe von Gefahren überstehen. Doch wie durch ein Wunder entkam er der Pest, überlebte schreckliche Kämpfe und konnte sogar bis zu den Mönchen von Tabor gelangen, wo er das Grab seines Vaters fand. Dann aber schien sich das Glück von ihm abzuwenden. Auf der Rückfahrt über das Mittelmeer geriet sein Schiff in Seenot und wurde von Seeräubern gekapert. Diese verkauften Elbert auf dem Sklavenmarkt. Drei Jahre lang erduldete er schwerste Pein. Als sein Herr ihn nicht vom christlichen Glauben abbringen konnte, wurde Elbert so sehr gefoltert, dass er sich nur noch auf Krücken fortbewegen konnte. Man legte ihm schwere Ketten an. In seiner großen Verzweiflung warf er sich auf die Knie nieder und betete laut: „Heilige Maria, du Heil der Kranken und Trösterin der Betrübten, komm mir zu Hilfe und mache meinen Qualen ein Ende. Wenn du mir hilfst und deine Gnade mich je mein teures Heimatland wiedersehen lässt, so gelobe ich, auf meinem Gute zu Girst ein Kirchlein zu bauen, wo dein Name in alle Ewigkeit gepriesen wird."

Erschöpft an Leib und Seele versank Elbert in einen tiefen Schlaf. Er träumte von seiner Mutter, von der Braut, von der Heimat; es wurde ihm wonnevoll ums Herz. Als er beim ersten Morgengrauen die Augen öffnete, da lag er – o Wunder – in einem Busch von Haselstauden oberhalb des Dorfes Girst, mitten in seinem Rittergut. Zu seinen Füßen lag die Kette, an seiner Seite waren die Krücken. Von allen Wunden und Leiden war er geheilt.

Elbert hielt sein Versprechen und ließ an der Stelle, wo er am Morgen seiner wundersamen Befreiung erwacht war, eine schöne Kapelle errichten. In einer feierlichen Prozession trug man das Muttergottesbild hinein und stellte es auf dem Hochaltar auf, wo es noch heute thront. Im Chor ließ er, zum Andenken an seine Errettung und Heilung, die Kette und eine Krücke aufhängen. Bald danach führte Elbert seine geliebte Braut zum Altar. Die beiden lebten lange und glücklich miteinander…

Prächtig:
Die Hofburg von Vianden

Ein großartiges Schloss und eine berühmte Fotosammlung

„Ich habe die Ruine von Vianden besucht. Großartig", notierte Victor Hugo einst in sein Tagebuch. Der französische Schriftsteller kam mehrere Male in das luxemburgische Städtchen. Eine romantische Beschreibung der rauen Ardennen hatte ihn derart fasziniert, dass er Vianden auswählte, um eine Erkrankung auszukurieren. Er wohnte immer im selben Haus an der Our-Brücke; hier befindet sich heute das Victor-Hugo-Museum. Wenn ich Hugos Notizen über die verfallene Ruine lese (er beschreibt eine gespenstische Szenerie mit schreienden Wildkatzen, die herumstreunen), kann ich mir kaum vorstellen, dass die prächtig renovierte Hofburg einmal in einem so desaströsen Zustand gewesen sein soll.

Großartig sind auch das mittelalterliche Schloss von Clervaux und die dortige Benediktinerabtei. Die beiden mächtigen Gebäude beherrschen den kleinen Ort im Herzen der Ardennen. Wie Vianden war auch Clervaux einmal eine Ruine – allerdings aus einem anderen Grund: Hier wütete am 19. Dezember 1944 die Ardennenoffensive und legte das Schloss in Schutt und Asche. Nach dem Wiederaufbau durch den luxemburgischen Staat wurde es zur Heimat der berühmten Fotosammlung „The Family of Man", 1955 zusammengetragen und konzipiert von dem gebürtigen Luxemburger Edward Steichen für das New Yorker „Museum of Modern Art". Die Ausstellung mit ihren vielen berührenden Aspekten der „Menschenfamilie" sollten Sie unbedingt besuchen. Nach mehrjähriger Renovierungs- und Restaurierungszeit erstrahlt sie nun in neuem Glanz.

IHR TAG IM ÜBERBLICK

Anreise mit dem Auto

ab/bis Saarbrücken etwa 300 km
Der schnellste Weg von Saarbrücken nach Vianden führt über die Autobahnen A620 nach Perl, weiter über A6 und A7 bis Ettelbruck und Diekirch (150 km). Gemütlicher fahren Sie entlang der Saar bis Konz (B51), dann entlang der Sauer und weiter entlang der Our (B10) bis Vianden (145 km). Von Vianden nach Clervaux sind es noch etwa 30 km – die schöne Strecke führt auf der B10 nördlich bis Marnach, hier biegen Sie links ab nach Clervaux.

Mein Vorschlag

1–2 Stunden: Besichtigung des **mittelalterlichen Vianden**, alternativ Besuch des **Victor-Hugo-Museums**

1–2 Stunden: Besichtigung der **Hofburg von Vianden**

1–2 Stunden: Besuch der Ausstellung „**The Family of Man**" im **Schloss von Clervaux**. Die einzigartige Fotosammlung Edward Steichens – seit 1994 dauerhaft in Clervaux untergebracht – gehört seit 2003 zum Weltdokumentenerbe der UNESCO.

Vianden

Veinen, wie es im Lëtzebuergeschen heißt, ist eine der besterhaltenen mittelalterlichen Stadtanlagen Luxemburgs und so hübsch, dass Sie die Besichtigung der Hofburg mit einem Spaziergang durch das Städtchen verbinden sollten. Sie beginnen am besten an der Brücke über die Our, die die Altstadt von der einstigen Vorstadt trennt. Hier befinden sich die **Kirche Saint-Nicolas** (aus dem 13. Jahrhundert) und das **Victor-Hugo-Haus**, das – 1935 gegründet – im Februar 2002 anlässlich des 200. Geburtstages des Schriftstellers neu eröffnet wurde.

Nachdem Sie die Brücke überquert haben (rechts das Touristenbüro), gehen Sie links eine Treppe hinunter und dann entlang der alten mittelalterlichen Ringmauer bis zum Schloss. Eine empfehlenswerte Alternative oder Ergänzung ist der Besuch des Victor-Hugo-Hauses. Das Literaturmuseum zeigt unter anderem die Originalmöbel und Dokumente zu Hugos Aufenthalt in Vianden und seinen Reisen in die Umgebung (Audioguide auch in Deutsch).

Die **Hofburg von Vianden** wurde zwischen dem 11. und 14. Jahrhundert auf den Fundamenten eines römischen Kastells erbaut. Der Palast gehörte zu den größten und schönsten feudalen Residenzen zur Zeit der Romanik und der Gotik in Europa. Bis zum 15. Jahrhundert war die Burg Wohnsitz der mächtigen Grafen von Vianden, die gute Kontakte zum deutschen Kaiser und zum französischen König unterhielten. 1417 wurden die Grafschaft und das Schloss der jüngeren Linie des deutschen Hauses Nassau vererbt, die sich 1530 auch

das französische Fürstentum von Oranien einverleibte. Unter der Herrschaft von Wilhelm I. von Oranien-Nassau wurde das Schloss 1820 verkauft. Der neue Besitzer hatte nichts Besseres zu tun, als die kostbare Ausstattung Stück für Stück zu veräußern. Noch heute können Sie beim Gang durch die Grand-Rue feststellen, dass die ehemals armseligen Häuschen, oft nur drei Meter breit, schön geschnitzte Türen zieren, die teilweise aus der Burg stammen. 1890 fiel die Ruine an Großherzog Adolf, der der älteren Linie des Hauses Nassau angehörte. Fortan war die Hofburg von Vianden im Besitz der Großherzoglichen Familie Nassau-Weilburg. Der Staat Luxemburg übernahm die Burg im Jahr 1977 und ließ sie in ihrer alten Pracht wieder aufbauen und ausstatten. Eine Besonderheit ist die über mehrere Etagen in die Burg gebaute Schlosskapelle im gotischen Stil.

Nehmen Sie sich genügend Zeit für einen Rundgang durch das Schloss, um die herrliche Architektur, das Mobiliar (zum Beispiel das mit reichen Schnitzereien versehene Baldachinbett) und Gegenstände des Alltags in aller Ruhe zu bewundern. Eine Broschüre, erhältlich an der Kasse, erklärt Raum für Raum alle Sehenswürdigkeiten.

Idyllisch im Tal der Clerve, die dem Ort den Namen gab, liegt Clervaux, ein Schmuckstück in den luxemburgischen Ardennen. Auf der Höhe leuchten die roten Ziegel der 1910 erbauten Benediktinerabtei St. Maurice.

Das Schloss, erbaut auf einem Felsvorsprung, beherbergt die größte Fotoausstellung aller Zeiten, „The Familiy of Man". Die

Sammlung umfasst 503 Aufnahmen von 273 Fotografen aus 68 Ländern. Edward Steichen, in Luxemburg geboren und als Kind mit der Familie in die USA ausgewandert, hat sie für das Museum of Modern Art in New York (MoMA) zusammengetragen. Diese erstmals 1955 präsentierte Ausstellung versteht sich als Manifest für den Frieden und die fundamentale

Gleichheit der Menschen – ausgedrückt durch die humanistische Fotografie der Nachkriegszeit. Die Aufnahmen von Künstlern wie Robert Capa, Henri Cartier-Bresson, Dorothea Lange, Robert Doisneau, August Sander oder Ansel Adams wurden auf modernistische, spektakuläre Weise in Szene gesetzt. „The Family of Man" ist ein beeindruckendes Dokument der „Menschenfamilie", das in bestimmte Themenbereiche aufgefächert ist. So begleitet beispielsweise ein Text von James Joyce, der mich sehr berührt, das Thema „Liebe": „...and then I asked him with my eyes to ask again yes. And then he asked me would I yes... And first I put my arms around him yes, and drew him down to me so that he could feel my breasts all perfume yes. And his heart was going like mad. And yes I said yes I will yes."

Ebenfalls im Schloss untergebracht sind das Museum der Ardennenoffensive und eine Ausstellung von Modellen der luxemburgischen Burgen und Schlösser.

Restaurants

Hôtel – Restaurant Victor Hugo
1, rue Victor Hugo
L-9414 Vianden
Telefon: (00352) 8341601
www.hotelvictorhugo.lu

Hôtel Oranienburg mit Restaurant Le Châtelain
126, Grand-Rue
L-9411 Vianden
Telefon: (00352) 8341531
www.hoteloranienburg.com

Restaurant Veiner Stuff
26, rue de la Gare
L-9410 Vianden
Telefon: (00352) 834174

Hofburg von Vianden
Les Amis du Château de Vianden
B.P. 26
L-9401 Vianden
Telefon: (00352) 834108
Öffnungszeiten:
Januar und Februar täglich von 10.00–16.00 Uhr,
März und Oktober täglich von 10.00–17.00 Uhr,
April bis September täglich von 10.00–18.00 Uhr
November und Dezember täglich von 10.00–16.00 Uhr.
Geschlossen am 1.1., am 2.11. und am 25.12.
www.castle-vianden.lu

Maison de Victor Hugo à Vianden et Musée littéraire
37, rue de la Gare
L-9420 Vianden
Telefon: (00352) 26874088
Geöffnet täglich außer montags von 11–17 Uhr
www.victor-hugo.lu

Schloss Clervaux/Ausstellung Family of Man
Geöffnet vom 1. März–1. Januar (Januar und Februar geschlossen) Mittwoch–Sonntag von 12–18 Uhr.
Kostenlose geführte Besichtigung jeden Sonntag um 15 Uhr
www.steichencollections.lu/de/The-Family-of-Man

Syndicat d'Initiative
1a, rue du vieux marché
L-9419 Vianden
Telefon: (00352) 834257
www.vianden-info.lu

Syndicat d'Initiative de Clervaux
4, Grand-Rue
L-9410 Clervaux
Telefon: (00352) 920072
www.destination-clervaux.lu

Meine Tipps:

Bei einer gemächlichen Fahrt mit Luxemburgs einziger **Sesselbahn** auf den 450 Meter hohen Gipfel über Vianden können Sie die Seele baumeln lassen (April bis Ende Oktober).
In der Hofburg finden regelmäßig **Konzerte** und Veranstaltungen statt, die Termine erhält man im Touristenbüro.
Das **Geschichtsmuseum** der Stadt Vianden (in der Grand-Rue 96) spiegelt das Leben im 18./19. Jahrhundert originalgetreu wider. Besonders schön: die prachtvolle Puppensammlung.

Am 2. Wochenende im Oktober findet der **Nussmarkt** in Vianden statt – mit Spezialitäten wie dem köstlichen Nusslikör.

Im Laufe der Geschichte haben zahlreiche gekrönte Häupter und Staatsmänner das hübsche Vianden besucht. So kamen beispielsweise Königin Elisabeth von England, Königin Beatrix der Niederlande, der französische Staatsmann Robert Schuman und der deutsche Bundespräsident Gustav Heinemann. Den Ruhm Viandens als attraktiver Tourismusort aber begründete Victor Hugo, der berühmte französische Schriftsteller, der 1863 schrieb: „Eure Stadt ist nicht bekannt genug, sie ist nicht so bekannt, wie sie es verdient. Ich werde alles tun, was ich vermag, um sie besser bekannt zu machen und um zu ihrem Wohlstand beizutragen."

Hugo kam 1862, auf dem Gipfel seines Ruhmes, zum ersten Mal nach Vianden und fand die Stadt mit der über ihr gelegenen Ruine „großartig". Eine romantische Beschreibung der rauen Ardennen, in denen sich alte Burgen über Täler erheben, hatte ihn derart fasziniert, dass er beschloss, in Vianden eine hartnäckige Erkältung auszukurieren. Er fand alles so vor, wie er es sich vorgestellt hatte: das Bild der drohenden Ruine über dem Ort und das liebliche Tal der Our.

Auch in den folgenden Jahren kehrte er immer wieder an diesen für ihn geheimnisvollen Ort zurück. Ein letztes Mal war Victor Hugo 1871 in Vianden, einem schrecklichen Jahr für Frankreich, das den Krieg mit Deutschland verloren hatte und damit auch das Elsass und Teile Lothringens. In Paris wüteten die Konservativen und schlugen die Aufstände der Pariser Kommune blutig nieder. Wieder einmal war das Leben Victor Hugos, der kurz zuvor über eine progressive Liste in die Nationalversammlung eingezogen war, bedroht. Er erhielt politisches Asyl in Luxemburg und stand unter dem Schutz des Kommandanten der Luxemburgischen Gendarmerie.

Victor Hugo bezog wie bei seinen früheren Besuchen die erste Etage in dem kleinen Haus am Ufer der Our, in dem sich heute das nach ihm benannte Museum befindet. Es gefiel ihm wegen des prächtigen Blicks auf den Fluss und die Schlossruinen. Gegessen hat er übrigens oft im Gasthaus gegenüber, im Restaurant, das heute seinen Namen trägt.

Das Vianden von 1871 war nicht das touristische Zentrum von heute. Die Bevölkerung bestand aus Gerbern und Kleinbauern, die sehr ärmlich lebten. Die Menschen feierten den Dichter, der durch die zahlreichen Wohltaten, die ihm zuteil wurden, zusehends aufblühte. „Vianden besteht aus zwei Teilen, beide prächtig und tröstlich zugleich", notierte Hugo, „die eine düster, die Ruine, die andere lachend, die Leute." Der Bürgermeister stellte ihm eine Kutsche zur Verfügung, sodass Victor Hugo Ausflüge in die Umgebung unternehmen konnte. So besuchte er die Schlösser von Beaufort, Brandenbourg und Larochette. Er entdeckte in den Arbeitern der Tuchfabrik von Esch-sur-Sûre zum ersten Mal die „Miserablen" Luxemburgs, die in schäbigen Hütten hausten. 44 Gedichte hat Victor Hugo in Vianden geschrieben, bei den meisten handelt es sich um politisch engagierte Werke. Denn obwohl er die Stille seines Rückzugsortes genoss, beobachtete er doch mit Sorge die Entwicklung in Frankreich. In der jungen Witwe Marie Garrau, deren Mann von den Konservativen erschossen worden war, fand Hugo eine Augenzeugin. Zwischen der 19 Jahre alten Marie und dem 69 Jahre alten Dichter entspann sich eine Liebesbeziehung. Sie berichtete Hugo von den letzten Worten der zum Tode Verurteilten, die der Dichter in seinem Gedicht „Les Fusillés" verarbeitete. Nach zehn Wochen, am 22. August 1871, verließ Victor Hugo sein geliebtes Vianden. „Nous avons monté la côte. A 1 heure 28 j'ai perdu de vue la maison que j'habitais sur le pont, et où ma fenêtre était restée ouverte. A 2 heures moins cinq, j'ai perdu de vue… Vianden."

Er sollte nie wieder dorthin zurückkehren. Die Jahre bis zu seinem Tod am 22. Mai 1885 verbrachte Victor Hugo als freier Mann in Paris.

Die einzigartigen Wassergärten von Annevoie

Entdeckungstour zu geheimnisvollen Schlössern

Beim meinem ersten Besuch an der belgischen Maas überzog ein Landregen die Landschaft. Aus den Tälern der Ardennen stiegen Nebelschwaden herauf und erzeugten eine fast gespenstische Atmosphäre. Hinter einer Wegbiegung tauchte – umhüllt vom Dunst – das Schloss von Vêves wie aus einem Märchen auf. Tatsächlich ist Vêves das belgische Pendant zur Sababurg, dem Dornröschenschloss im sagenumwobenen Reinhardswald. Um die fünf Türme mit ihren schiefergrauen Zipfeldächern kreisten krächzend die Krähen – eine unheimliche Szenerie, und doch schien alles wie verzaubert... Von Vêves aus fuhren wir entlang der Maas weiter bis zu den Wassergärten des Schlosses von Annevoie. Der Regen tat unserer Freude bei der Besichtigung keinen Abbruch – im Gegenteil: Das Plätschern der Bäche und Kanäle, das Strudeln und Rauschen der Quellen, das Rieseln der Wasserspeier und Fontänen mischte sich mit dem leisen Platschen der Tropfen, die in den Seen und Gewässern aufschlugen, zu einer wunderbaren Symphonie. Auch Annevoie birgt so manches Geheimnis. Sie sind verliebt? Dann sollten Sie die Liebesfontäne mit Ihrer Hand verschließen und Ihnen wird ein innig gehegter Wunsch erfüllt. Möchten Sie ewiges Glück erwerben, dann berühren Sie die Nase der Wildschweinskulptur. Pech nur, dass ein langer, tiefer, mit Wasser gefüllter Graben das wilde Borstenvieh umschließt. Daher bleibt das ewige Glück für alle Gartenbesucher unerreichbar.

IHR TAG IM ÜBERBLICK

Anfahrt mit dem Auto

ab/bis Saarbrücken etwa 450 km
Anfahrt über die Autobahn Richtung Luxemburg/Arlon/ Brüssel (A4) bis zur Ausfahrt Nr. 22 (Rochefort), auf der N 94 Richtung Houyet fahren, an der Kreuzung rechts abbiegen und der N 94 folgen. An der nächsten Kreuzung scharf links auf die N 910 abbiegen, nach etwa 2 km scharf rechts ab (Vêves ist ausgeschildert).

Mein Vorschlag

1 ½ Stunden: Besichtigung des Schlosses von Vêves
(Audioguides in deutscher Sprache erhältlich)

½ Stunde: Abstecher ins wenige Kilometer entfernte **Celles**, das zu den schönsten Dörfern Belgiens gehört

Von Celles fahren Sie weiter auf der N 94 bis kurz vor Dinant, wechseln dort auf die N 96 und fahren durch Dinant, entlang der Maas (N 96) bis Annevoie-Rouillon, hier links abbiegen auf die N 932. Nach wenigen hundert Metern erreichen Sie das Schloss mit seinen Wassergärten (ca. 20 km ab Celles).

2 Stunden: Besuch der Wassergärten von Annevoie

Schloss von Vêves

Eigentlich ist das Schloss eher eine Burg – in jedem Fall eine mächtige Festungsanlage, die mit wuchtigen Mauerwerken und ihren fünf imposanten Türmen beeindruckt. Seit dem 8. Jahrhundert wacht es über die Dörfer, und man kann sich gut vorstellen, dass Dornröschen in einem der Türme nach dem Stich der Spindel in einen hundertjährigen Schlaf verfiel…

Markant ist nicht nur die Lage auf einem Bergkegel, eine Besonderheit sind auch die schlanken Türme mit ihren Schieferhauben. Ich empfehle Ihnen, an einer geführten Besichtigung teilzunehmen; alternativ können Sie das Schloss mit dem Audioguide besuchen. Die Räume sind prächtig und komfortabel ausgestattet, historische Erinnerungsstücke und Gemälde zieren die Wände. Seltenes Porzellan schmückt den gedeckten Tisch im Speisesaal. Der Innenhof des Schlosses verfügt über eine schöne Renaissance-Galerie.

Die Ursprünge der Festungsanlage reichen ins 8. Jahrhundert zurück, als man hier aus strategischen Gründen eine kleine Burg errichtete – das Schloss von Celles, benannt nach der wenige Kilometer entfernten Siedlung. Eingebürgert hat sich dann aber der Name „Vêves" wegen des kleinen Flusses „Ry de Vêves", der unterhalb im Tal fließt. Später wurde die Burg zu einem Renaissanceschloss umgebaut und erhielt einen zusätzlichen Wohntrakt, heute die Privaträume der Besitzerfamilie Liedekerke Beaufort.

Celles

Das Dorf, das der Burg und später dem Schloss den Namen gab, liegt wenige Kilometer entfernt in nordöstlicher Richtung und zählt zu den schönsten Dörfern der Wallonie. Im Herzen des Dorfes steht die romanische Kirche **Saint-Hadelin** (11. Jh.), mit Krypta und Kreuzgang; ein Bummel durch das mittelalterliche Städtchen könnte in einem der hübschen Restaurants enden und mit dem Genuss eines Bieres aus der Brauerei von Celles.

Annevoie

Das Schloss von Annevoie ist ein Lustschloss, dessen Innenräume allerdings nicht zu besichtigen sind. Kein Problem: Der Clou sind nämlich die Wassergärten des Schlosses, in denen man herrlich flanieren kann. Hier vereinigen sich romantische Alleen, verschwiegene Laubengänge, stolze Statuen und wunderschöne Blumenbeete mit kecken Springbrunnen, frechen Fontänen, beeindruckenden Wasserfällen, gluckernden Bächen und erfrischenden Quellen zu einer fantasievollen Naturwelt. Ein Wunder und in Wahrheit doch keines: In den Gärten von Annevoie fließt das Wasser seit mehr als 250 Jahren ununterbrochen auf ganz natürliche Weise, ohne Einsatz von Maschinen. Das Geheimnis ist ein Netz von Kanälen, das nach dem Prinzip der kommunizierenden Röhren arbeitet. Mit 400 Metern Länge ist der „Grand Canal" oberhalb des Parks der Hauptwasserspeicher für die Wasserspiele an den Hängen des Schlossbergs. Am Eingang, wo sich auch ein schöner Shop – unter anderem mit ausgefallenen Gartenartikeln – befindet, erhalten Sie mit der Eintrittskarte einen Besichtigungsplan, anhand dessen Sie Ihren Besuch gestalten können.

Besonders sehenswert sind der „Grand Cracheur", eine kleine, auf dem Rücken liegende Knabenfigur, deren Fontäne mehr als sieben Meter in die Höhe spritzt. Die Wassertreppe (Le Buffet d'Eau) ist in Belgien einzigartig. Sie gehört zu den wenigen ihrer Art, die sich seit ihrem Bau im Jahr 1760 in einem einwandfreien Betriebszustand erhalten haben.

Hinter der großen Allee gelangen Sie in den romantischen Teil des Gartens mit der Seufzer-Allee, der Liebesfontäne, dem Salon des Wildschweins und dem Kabinett der Minerva.

Ein besonders reizvolles Fotomotiv ist der kleine Kanal (168 Meter lang) mit der Blickachse auf das Schloss. Seltene Blumen wie Spinnenblume, Verbene, Ziersalbei und Artischocke finden Sie in der Blumenallee. In der Krypta liegen die sterblichen Überreste von Charles Alexis de Montpellier, einem reichen Unternehmer, der die Gärten von Annevoie zwischen 1758 und 1776 anlegen ließ und damit eines der bedeutendsten Kulturgüter Walloniens schuf. Haben Sie den Wasserspeier an der Liebesfontäne mit der Hand verschlossen und versucht, die Nase des Wildschweins zu berühren? Dann verrate ich Ihnen zum Abschluss Ihres Rundgangs noch eine Geheimnis: Wenn Sie entlang des Kanals wandern, werden Sie ein Jahr jünger werden. Wenn Sie gar darin schwimmen, werden Sie zehn Jahre jünger. Jetzt. Sofort. Warum Sie trotzdem nicht ins Wasser eintauchen und im Kanal schwimmen werden – das müssen Sie selbst herausfinden.

Restaurants

Hotel-Restaurant Auberge de la Lesse
Gare de Gendron 1
B-5561 Celles (Gendron)
Telefon: (0032) 82667302
www.aubergedelalesse.be

La Clochette
Rue de Vêves 1
B-5561 Celles
Telefon: (0032) 82666535
www.laclochette.be

L'Orangerie des Jardins d'Annevoie
Rue des Jardins 39
B-5537 Annevoie
Telefon: (0032) 82611086

Schloss Vêves/Château de Vêves
Rue de Furfooz 3
B-5561 Celles-Houyet
Telefon: (0032) 82666395
www.chateau-de-veves.be
geöffnet April bis Anfang November

Gärten von Annevoie/Les Jardins d'Annevoie
Rue des Jardins d´Annevoie 37a
B-5537 Annevoie
Telefon: (0032) 82679797
www.annevoie.be
geöffnet April bis Oktober
Übernachtungsmöglichkeiten in der Mühle
und im Holzhaus

Der Krieg der Kuh

Es ist schon bemerkenswert, zu welchen Tragödien sich kleine Diebstähle ausweiten und wie viele Menschen dadurch ihr Leben lassen müssen. Es ist doch keine große Sache, wenn man eine Kuh stiehlt, oder? Im Mittelalter sah das aber anders aus als heute. Ein solcher Diebstahl war beileibe kein Kavaliersdelikt. Wenn er geschah – was nicht selten vorkam – folgten heftige Streitereien bis zu handfesten Auseinandersetzungen. Manchmal endeten die sogar in einem Krieg... wie im Jahr 1275, als es zum sogenannten „Krieg der Kuh" kam, der drei Jahre dauerte und viele Tausend Tote forderte.

Ein Bauer aus einem Dorf in der Grafschaft Namur hatte einem Bauern aus dem Fürstbistum Lüttich eine Kuh gestohlen. Er wurde überführt und sollte das Tier zurückbringen. Was er auch tat, denn der Vogt hatte ihm zugesichert, sein Leben zu schonen. Freunde des Bestohlenen ergriffen ihn jedoch und hängten ihn am nächstbesten Baum auf. Und so nahm das Schicksal seinen Lauf. Vom kleinen Fürsten bis hoch zum Herzog schaukelte sich der Konflikt hoch – erst wurde die Burg Halloy zerstört, dann der Herrschaftssitz von Goesnes in Brand gesetzt. Der Streit um eine Kuh und die Hinrichtung des Diebs war längst eskaliert und der Flächenbrand nicht mehr zu löschen. Ciney wurde belagert und zerstört. Daraufhin schickte der Fürstbischof von Lüttich seine Soldaten. Zusätzlich mischten sich noch Truppen des Herzogs von Brabant sowie der Grafen von Namur und Flandern ein.

Erst durch die Intervention des französischen Königs Philipp III., genannt der Kühne, endete die sinnlose Fehde nach drei Jahren. Durch den Krieg wurden 60 Dörfer der Region verwüstet, die Angaben zur Zahl der Opfer schwanken – je nach Quelle – zwischen 15.000 und 30.000 Toten.

Glaskunst in den Nordvogesen

Von der Anmut und der Kraft des Glases

Was ist Glas? Ein lichtdurchflutetes Nichts – und doch so Vieles. Das Fensterglas schützt Sie vor Wind, Wetter und Gefahren und gleichzeitig sehen Sie die Welt da draußen so klar, als gäbe es nichts dazwischen. Ist das nicht faszinierend? Völlig selbstverständlich ist es, dass Sie Ihren Sprudel, das Bier oder den Wein aus einem Glas trinken und Ihre Blumen in eine gläserne Vase stellen. Wenn Sie sich in Ihrem Haus aufmerksam umschauen, werden Sie bemerken, dass Sie von erstaunlich vielen Gegenständen aus Glas umgeben sind. Früher war das anders – Glas war den Wohlhabenden vorbehalten. Seine Herstellung wie auch das Blasen und Veredeln war teuer und eine hohe Kunst. Dies änderte sich erst mit der Industrialisierung im 19. Jahrhundert. Die maschinelle Herstellung von guten Glaserzeugnissen in hoher Stückzahl brachte das Glas in jeden Haushalt. Es findet sich seitdem als Vorratsbehälter im Keller, als Trinkglas im Schrank oder als facettiertes Lüsterteilchen am funkelnden Kronleuchter.

Schon im 16. Jahrhundert gab es in unserer Region Glashütten. Die Herstellung von Glas hat also eine lange Tradition und war um 1900 neben der Förderung von Kohle und der Produktion von Stahl der drittgrößte Industriezweig. Drei Museen zeigen, jedes mit einem eigenen Schwerpunkt, die vielen Facetten rund ums Thema Glas – und Sie werden staunen, wie sehr sich in den Exponaten das Leben der Menschen damals wie heute widerspiegelt.

IHR TAG IM ÜBERBLICK

Die Glasmachertradition in den nördlichen Vogesen reicht bis in das späte 15. Jahrhundert zurück. Rohstoffe, wie der Sandstein, der den erforderlichen Quarzsand lieferte, und die dichten Wälder, die für Brennstoff sorgten, lockten die Glasmacher in die Region. Zunächst lebten sie als Nomaden und zogen weiter, sobald nach Ablauf von rund 30 Jahren das Brennmaterial aufgebraucht war. Im 16. Jahrhundert wurden die Glasmacher allmählich sesshaft und es entstanden die ersten Glashütten. Das Kristallmuseum in Saint-Louis, das Glasmuseum Meisenthal und das Museum Lalique in Wingen-sur-Moder repräsentieren heute die erstaunliche und traditionsreiche Geschichte der Glasherstellung im nördlichen Elsass.
Drei Museen, nahe Bitche und nur wenige Kilometer voneinander getrennt, sind ein schönes Tagesprogramm für eine Reise auf den Spuren der Glaskunst in den Nordvogesen. Da das Museum in Meisenthal nur nachmittags geöffnet ist, sollten Sie das Museum Lalique und das Kristallmuseum zuerst besuchen.

Anfahrt mit dem Auto

ab/bis Saarbrücken etwa 120 km
Fahren Sie nach Saargemünd und dann auf der D 620 Richtung Bitche, hinter Rohrbach-lès-Bitche biegen Sie ab auf die D 36 und bei Lemberg Richtung Süden auf die D 37 bis zum Abzweig D 256 nach Wingen-sur-Moder. Die Zufahrt zum Lalique-Museum ist ausgeschildert.

Mein Vorschlag

1 ½ Stunden: Besuch des **Musée Lalique** in Wingen-sur-Moder, das die ganze Vielfalt von René Laliques Glaskreationen zeigt.

Zurück auf der D 37 fahren Sie Richtung Norden und erreichen in wenigen Minuten St. Louis-lès-Bitche (Zufahrt ausgeschildert).

1 ½ Stunden: Besuch des **Kristallmuseums von Saint-Louis „La Grande Place"**
Architektonisch unmittelbar eingefügt in das Gebäude der Manufaktur zeigt das Museum Meisterwerke der Kristallglasbläserkunst von Beginn des 18. Jahrhunderts an.

Zurück auf der D 37 sind es nur wenige Kilometer in nördlicher Richtung bis zum Abzweig nach Meisenthal.

1 ½ Stunden: Besuch des **Glasmuseums von Meisenthal**
Hier erfahren Sie in einer anschaulichen Ausstellung und in einem Film, wie Glas hergestellt und verarbeitet wird. Das angeschlossene Museum zeigt in einer prächtigen Jugendstil-Kollektion die Ergebnisse der Zusammenarbeit des berühmten Glaskünstlers Emile Gallé mit den hochbegabten Glasbläsern aus Meisenthal. Im Internationalen Zentrum für Glaskunst können Sie die Glasbläser bei der Arbeit beobachten. Deren Arbeiten, wie zum Beispiel Christbaumschmuck, kann man im Shop kaufen.

Die schönen Dinge des Lebens – Das Lalique-Museum in Wingen-sur-Moder

1921 kam René Lalique (1860–1945), ein Meister der schönen Dinge, nach Wingen-sur-Moder und gründete dort eine Glasfabrik, um seine Kreationen herzustellen. Seine Arbeiten als Juwelier und Glaskünstler machten ihn weltbekannt. Er gehört zu den großen Schöpfern des Jugendstils und des Art Déco. Seine Werke können in mehr als fünfzig Museen weltweit bewundert werden. Wingen aber ist der einzige Ort, an dem ausschließlich Laliques Kreationen ausgestellt sind. Es sind Werke aus dem Besitz des Museums, aber auch Leihgaben von Privatsammlern und aus anderen Museen. Auf dem Gelände der ehemaligen Glasfabrik Hochberg entstand ein modernes, ansprechendes Ausstellungsgebäude aus Beton, Grünstein und Glas, das im Juli 2011 eröffnet wurde. Die Idee zu einem Museum, das exklusiv Lalique präsentiert, war ein mutiges Vorhaben. Denn bis 2002 besaß man noch kein einziges Sammlerstück. Mit dem Erwerb des Schmuckanhängers „Femme libellule, ailes ouvertes" (Libellenfrau mit ausgebreiteten Flügeln) begann eine einmalige Ankaufpolitik, die bis heute 650 Exponate zusammenführte, darunter über 200 Parfümflakons, Tafelglas, Vasen, Schmuckstücke und Kronleuchter.

Ein Rundgang durch die Ausstellung wird Sie begeistern: Über großformatige Fotos und audiovisuelle Träger kann man in die jeweilige Zeit und die damals herrschende Atmosphäre eintauchen. Sie betreten zum Beispiel die Weltausstellung im Jahr 1900, um dort René Laliques Stand zu bewundern. Oder Sie erkunden die Ausstellung „Exposition Internationale des Arts Décoratifs et Industriels modernes" im Jahr 1925. Mit Hilfe eines sogenannten Tasttisches erleben Sie die verschiedenen Arbeitsschritte zur Herstellung der 1927 geschaffenen Vase „Bacchantinnen". Sie können in kurzen Filmen die einzelnen Etappen des Prozesses von der Form bis zur fertigen Vase verfolgen und durch Ertasten die am Werkstoff vorgenommenen Änderungen erfahren.

Mein Tipp: Gönnen Sie sich nach dem Besuch des Museums einen Spaziergang durch die Gärten rund um das Museum. Die Pflanzen inspirierten Laliques Schaffenskraft, die Natur war seine Ideenschmiede. Sie werden die direkte Verbindung zu den im Museum ausgestellten Kunstwerken unschwer erkennen.

Alles kristallklar – das Museum La Grande Place in Saint-Louis

1782 verlieh die Königliche Akademie der Wissenschaften der Manufaktur von Saint-Louis die Anerkennung, als erste Glashütte auf dem Kontinent hochwertiges Kristallglas herstellen zu können. Durch den Zusatz von Blei funkelt Kristall intensiver als normales Glas. Eine beeindruckende Übersicht der schönsten Stücke seit dem 18. Jahrhundert können Sie über mehrere Etagen entlang eines fast 1.000 Meter langen Parcours betrachten. Bis heute wird in der angrenzenden Manufaktur gearbeitet. Hier stellen rund 300 Mitarbeiter nach wie vor Kristallglas her. Die Ausbildung zum Glasmacher für diese anspruchsvolle Arbeit dauert mehr als zehn Jahre.

Eine Spezialität der Manufaktur von Saint-Louis sind die exklusiven Briefbeschwerer, von denen pro Jahr nur drei bis fünf Modelle kreiert werden. In limitierter Auflage in Handarbeit erstellt, wird jeder Briefbeschwerer mit einem Datumsstempel versehen. Die Sammler dieser kleinen, bunten Kostbarkeiten kommen überwiegend aus England, Amerika oder Deutschland. Bei einer Auktion erreichte einer dieser Briefbeschwerer den unglaublichen Kaufpreis von 130.000 Dollar.

Feurig und heiß – das Glasmuseum in Meisenthal

Das Dorf Meisenthal entstand im 16. Jahrhundert um eine frühere Glashütte namens Glasthal, die aber im 17. Jahrhundert wieder aufgegeben wurde. Erste Hinweise auf eine (neue) Glasmanufaktur im Dorf gab es 1704; sieben Jahre später wurde eine Glashütte unter dem Namen Meisenthal erwähnt. Bis 1969 war die Glashütte von Meisenthal in Betrieb. Berühmt wurde sie durch die Zusammenarbeit mit dem Jugendstil-Künstler Émile Gallé (1846–1904) in den Jahren 1867 bis 1894.

Kurz vor dem 1. Weltkrieg beschäftigte Meisenthal fast 500 Menschen. In den 20er Jahren des 20. Jahrhunderts wurde vorwiegend geblasenes und gepresstes Gebrauchsglas hergestellt. Nach dem 2. Weltkrieg spezialisierte sich die Manufaktur auf von Hand hergestellte Glas- und Hohlglaswaren. Die Tagesproduktion des Werkes erreichte 1963 rund 5,5 Millionen Teile. Zu den namhaften Kunden zählte auch der Schah von Persien. Ende der 1960er Jahre geriet Meisenthal, bedingt durch die belgische und deutsche Konkurrenz, in Schwierigkeiten. Am 31. Dezember 1969 wurden die Arbeiten dort eingestellt.

Der Standort der Glashütte beherbergt heute das Glasmuseum von Meisenthal. In einem Film erfahren Sie, wie Glas hergestellt wird, und im Ausstellungsraum vermittelt man die örtliche Glasgeschichte. Im Museum können Sie außergewöhnliche

Stücke von Émile Gallé bestaunen, die in Zusammenarbeit mit den hochbegabten Glasbläsern von Meisenthal entstanden. Das Herzstück des Museums ist das 1992 gegründete Internationale Glaskunstzentrum. Es hat sich zum Ziel gesetzt, das traditionelle Know-how der Glasmacher zu bewahren. Von einem Zwischengeschoss aus können Sie die Arbeit der Glasbläser beobachten und hautnah dabei sein, wenn sie dem heißen, gelb-rot-flüssigen Material mit ihrem Atem das Leben einhauchen. Künstler, Designer und Studenten europäischer Kunsthochschulen nutzen das Glaskunstzentrum, um neue Anwendungsgebiete zu erforschen. Die Kunstwerke, die die Glasbläser in Meisenthal herstellen, kann man übrigens im Shop erwerben. Besonders beliebt sind die Christbaumkugeln.

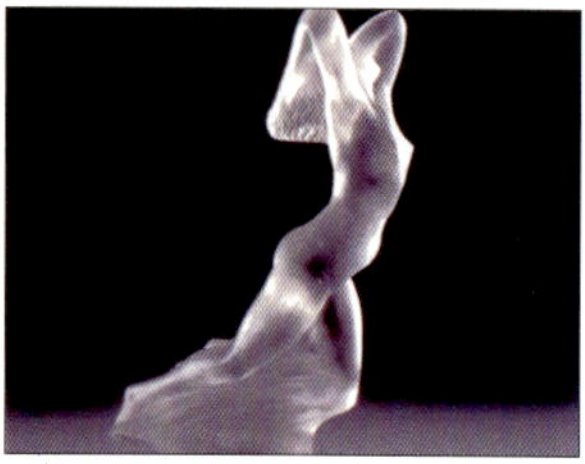

Restaurants

Crista'Lion – Café des Lalique-Museums
F-67290 Wingen-sur-Moder
Telefon: (0033) 388025404
www.musee-lalique.com

Auberge de la Muhlmatt
8, rue Principale
F-67290 Rosteig
Telefon: (0033) 388897845

Musée Lalique
Rue du Hochberg
F-67290 Wingen-sur-Moder
Telefon: (0033) 388890814
www.musee-lalique.com
geöffnet täglich außer Montag

La Grande Place – Musée du Cristal Saint-Louis
Rue Coëtlosquet
F-57620 Saint-Louis-lès-Bitche
Telefon: (0033) 387064004
www.saint-louis.com
geöffnet täglich außer Dienstag

Musée du Verre /Museum Meisenthal
Place Robert Schuman
F-57969 Meisenthal
Telefon: (0033) 387969151
www.site-verrier-meisenthal.fr
geöffnet von Ostern bis Weihnachten täglich außer Dienstag;
November/Dezember: Verkauf von Christbaumkugeln

Dass Glas ein toller Werkstoff ist, weiß jeder: durchsichtig, dicht, leicht zu reinigen, geschmacksneutral, vollständig wiederverwertbar. Aber wie wird Glas hergestellt? Das erklärt der Vorsitzende des Fördervereins Glaskultur e.V, Burkhardt Valentin:

Der Hauptbestandteil des Glases ist Sand – wie man ihn in großen Mengen im Buntsandstein des Saarlandes oder der Nordvogesen findet. Chemisch ist reiner Sand Siliziumdioxid (SiO_2). Er schmilzt erst bei über 1.700 Grad. Zur Absenkung des Schmelzpunktes wird ein Flussmittel in Form von Soda (Natriumcarbonat) oder Pottasche (Kaliumcarbonat) beigegeben, sodass „nur" eine Temperatur von 1.400 Grad benötigt wird. Um dem Glas Festigkeit zu geben, ist noch ein Stabilisator erforderlich: Kalk (Calciumcarbonat). Durch die Beigabe weiterer Metalloxide werden spezielle Eigenschaften und die Farbe des Glases bestimmt.

Bis zu 40% Altglasanteil begünstigen ebenfalls den Schmelzprozess. Auf 1.200 bis 900 Grad „abgekühlt" wird das Glas durch Blasen (Glasmacherpfeife) oder Pressen (Eisenformen) in die gewünschte Form gebracht. In Meisenthal und in Saint-Louis holen die Glasbläser das rotglühende zähflüssige Glas mit der Glasmacherpfeife aus dem Brennofen und verarbeiten es vor den Augen der Besucher. Danach kommt das Glas in den Kühlofen, um ihm die Spannung zu nehmen.

Ein besonderes Glas erzielt man durch die Beigabe von Bleioxid. Bei über 24% (EU Norm) darf man von Bleikristall sprechen. Es zeichnet sich aus durch seine Brillanz, sein hohes Gewicht, seinen Klang und es lässt sich gut schleifen (veredeln). Das Kristall von Saint-Louis enthält, je nach Produkt, zwischen 25 und 30% Blei.

Geheimnisvoll:
das Elsass um La Petite Pierre

Wenn Steine sprechen könnten…

Wenn ich eine Burg besuche oder ein Schloss, frage ich mich oft: Was würden die Steine erzählen, wenn sie sprechen könnten? Was mag alles zwischen den bröckelnden Mauern vor sich gegangen sein? Wer hat sich mit wem gestritten, wo wurde geliebt? Gab es hier gar einen Mord aus Eifersucht? Oder trafen sich an jenem Ort heimlich sich Liebende, geschützt vom Dunkel der Nacht?

Ich stehe im Hof der Burg Lichtenberg und schaue hinauf zum Turmfenster. Steht da oben nicht der alte Graf von Hanau-Lichtenberg, der Zauberer mit der Hakennase und dem weißen Bart? Ach nein, es ist nur eine Täuschung durch die Schatten und die Sonne. Aber tuscheln nicht die Steine – natürlich hinter vorgehaltener Hand – über die skandalöse Liebesbeziehung des Grafen zur schönen Bärbel von Ottenheim? Kommen Sie, wir steigen hinauf auf den Turm, genießen die schöne Aussicht und lauschen dem Raunen, dem Wispern, dem Flüstern… Oder ist es nur der Wind, der um die Mauern pfeift und die Steine zum Sprechen bringt?

Auf Burg Lichtenberg geben sie die Geheimnisse einer unstandesgemäßen Liaison preis, in La Petite Pierre erzählen sie stolz von Jerrihans, der das gottverlassene Lützelsteiner Land mit seinen Visionen voranbrachte – durch seine hochfliegenden Pläne jedoch enorme Schulden hinterließ. Was haben die Felsen von Graufthal nicht alles erlebt, als die Familien Wagner und Weber in ihren Vorsprüngen und Spalten Wohnungen einrichteten, als Madeleine und Cathérine auf dem schmalen Beet ihr Gemüse anpflanzten und in der engen feuchten Küche daraus eine Mahlzeit zubereiteten…

Anfahrt mit dem Auto

ab/bis Saarbrücken etwa 140 km
Fahren Sie über Saargemünd, dann weiter auf der N 62 bis Bitche, hier biegen Sie rechts ab auf die D 37 und an der Kreuzung hinter Sarreinsberg auf die D 12 bis zum **„Zwölfapostelstein“** (kurzer Stopp). Diesem Menhir haben Christen einst das Kreuz und Reliefs mit religiösen Motiven aufgedrückt. In Wimmenau (D 919) biegen Sie links ab und erreichen nach wenigen Kilometern Lichtenberg, wo Sie auf dem Dorfplatz parken können.

Mein Vorschlag

2 Stunden: Besichtigung der **Burg Lichtenberg**
Achtung: Der Fußweg zur Burg (ab Dorfplatz etwa 15 Minuten) ist relativ steil und uneben, gutes Schuhwerk ist unentbehrlich.

Fahrt nach La Petite Pierre: Zurück zur D 919 bis Ingwiller, hier rechts ab (D 113) abbiegen (ca. 20 km)

2 Stunden: Besichtigung der Sehenswürdigkeiten von **La Petite Pierre**, der Ausstellung „Abenteuer Nordvogesen“ im Schloss, des Gartens der Dichter und des „Heidenhauses“; Parkplätze gibt es am Tourismusbüro.

Fahrt von La Petite Pierre nach Graufthal: In südlicher Richtung über die D 178 bis Eschbourg, hier an der ersten Kreuzung rechts abbiegen nach Graufthal (ca. 10 km)

1 Stunde: Besuch der **Felsenwohnungen von Graufthal**

Burg Lichtenberg

Wie ein mächtiger Dampfer liegt die Festung auf dem roten Sandstein und hat in den über achthundert Jahren ihrer Existenz nichts von ihrem Zauber eingebüßt. Vom Bergfried hat man einen prächtigen Ausblick auf das Dorf und die Landschaft der Nordvogesen.

Als Symbol der Macht der Grafen von Lichtenberg erhob sich schon im frühen 13. Jahrhundert ein mächtiger Bergfried auf dem Hügel. 1286 baute der Straßburger Bischof Konrad von Lichtenberg die Burg erstmals um, und unter den Grafen von Hanau-Lichtenberg wurde sie endgültig zur Festung – dank des Straßburger Architekten Daniel Specklin. Als der Sonnenkönig Ludwig XIV. regierte, wurde Lichtenberg eine königliche Festung. Nur drei Mal konnte die Burg eingenommen werden – richtig zerstört hat sie erst der Brand am 9. August 1870. Schon acht Jahre später wurde die Ruine unter Denkmalschutz gestellt.

Schließlich machten sich die Gemeinden Lichtenberg und Haute-Moder dafür stark, die Burg Lichtenberg als Ort der Kultur und der Kreativität zu etablieren – mit einem wagemutigem Anbau, in dem nun regelmäßig Theateraufführungen, Konzerte und Ausstellungen stattfinden. So verbinden sich auf dem Lichtenberg die Vergangenheit, die Gegenwart und die Zukunft in einer spannenden Melange…

Besichtigung von La Petite Pierre

Die Altstadt von La Petite Pierre, das „Staedtel" genannt, liegt zusammengedrängt auf einer wuchtigen Felsnase. Romantische Gassen führen zum Schloss, von dessen Mauern man einen zauberhaften Ausblick auf die Landschaft und die Wälder der Nordvogesen hat. Kein Wunder, dass das ehemalige Lützelstein bei derart strategischen Vorteilen schon in der Römerzeit von Bedeutung war. Franz von Sickingen, der letzte Ritter, lebte eine Zeitlang auf der Burg. Vauban hat die Festung im 17. Jahrhundert verstärkt.

Starten Sie Ihren Rundgang beim Tourismusbüro, wo Sie auch parken können, und gehen Sie durch die Hauptstraße bis zum **Schloss**, das sein heutiges Aussehen im 16. Jahrhundert erhielt. Es beherbergt die Dauerausstellung „Das Abenteuer der Nördlichen Vogesen", die den Regionalen Naturpark mit seiner Fauna, Flora und Geologie vorstellt. Eine Abteilung befasst sich mit der Geschichte des Schlosses.

Eine Treppe führt von der Altstadt hinunter zu den Zisternen – unheimlich gluckert das Wasser, romantisch ist der Ort dennoch. Wieder oben angekommen, können Sie das **Siegel-Museum** in der ehemaligen Kapelle St. Louis besuchen. Siegel waren und sind Zeugen für Identität, Herrschaft und Besitz und dokumentieren damit auch die Geschichte des Elsass und des Heiligen Römischen Reiches Deutscher Nation. Wenige Meter entfernt zeigt das **Museum für Volkskunst**, das sogenannte „Springerle-Museum" ,die kulinarische Seite des elsässischen Kulturerbes: die speziellen Backformen für Kuchen und die „Springerle", das typische Weihnachtsgebäck. Die Formen erzählen von religiösen und weltlichen Themen und vom Alltag der Menschen seit dem Mittelalter.

Mein Tipp: Erkunden Sie La Petite Pierre und die Umgebung mit folgenden anschaulich und sorgfältig gestalteten Beschreibungen, die Sie im Touristenbüro erhalten:

- Das Staedtel, Einladung zum Flanieren (leicht, 30 Minuten)
- Wanderweg entlang der Stadtmauer (leicht, einige Treppenstufen, 30 Minuten)
- Wanderweg zum „Heidenhaus" (mittel, mehrere Treppenläufe, relativ steiler Anstieg, 45 Minuten)
- Wanderweg zur Anhöhe von Altenbourg, wo sich der „Garten der Dichter" befindet (leicht, einige Treppenstufen, 30 Minuten)

Die Felsenwohnungen von Graufthal

Cathérine Ottermann würde staunen, wie viele Touristen es jedes Jahr ins malerische Graufthal zieht. Sie war die letzte Bewohnerin der einzigartigen Felsenwohnungen und starb 1958 im Alter von 82 Jahren.

Wahrscheinlich dienten die Höhlen schon im Mittelalter als Lagerräume für die Benediktinerinnen-Abtei von Graufthal. Not und Armut waren der Grund, dass man die Felsenüberhänge nach und nach für Wohnzwecke nutzte, die Aushöhlungen waren ja bereits durch die Verwitterung der Sandsteinwände entstanden. Also setzte man Mauern davor, baute Fenster und Türen ein.

Drei Familien lebten hier: die Wagners, die Webers und die Ottermanns. Familie Wagner gab als erste ihr Domizil auf. Denn ganz so hübsch und fast romantisch, wie die Felswohnungen für die Touristen heutzutage hergerichtet sind, mit den blau gestrichenen Fassaden und den mit Stickkissen liebevoll dekorierten Betten, war es hier bestimmt nicht. Wenig Licht drang durch die kleinen Fenster, innen war es düster und feucht, reichlich Rauch produzierten die Koch- und Feuerstellen (man sieht es den Wänden an), beengt war es ohnehin: Die kleine Küche wurde von zwei Familien genutzt, die zusammen fünfzehn Kinder hatten. Ein Ziegenstall, ein winziger Gemüsegarten, ein Schuppen und ein Lagerplatz für das Holz – all das war ebenfalls unter den Felsüberhängen eingerichtet.

Die letzte Bewohnerin der Familie Weber starb 1931 im Alter von 88 Jahren – kurz zuvor war ihre Wohnung eingestürzt. Trotz der widrigen Lebensbedingungen haben auch die letzten Bewohnerinnen des Hauses Ottermann ein hohes Lebensalter erreicht: Die ältere starb 1947 im Alter von 89 Jahren, ihre jüngere Schwester Cathérine, „Felsekäth" genannt, 1958 im Alter von 82 Jahren.

Restaurants

Hotel-Restaurant La Couronne
13, rue de Wimmenau
F-67340 Reipertswiller
(nahe der Burg Lichtenberg)
Telefon: (0033) 388899621
www.hotel-la-couronne-67.com

Hotel-Restaurant Aux trois Roses
19, rue principale
F-67290 La Petite Pierre
Telefon: (0033) 388898900
www.aux-trois-roses.com

Spa-Hotel-Restaurant Au Lion d'Or
15, rue principale
F-67290 La Petite Pierre
Telefon: (0033) 388014757
www.liondor.com

Hotel-Restaurant Au Vieux Moulin
7, rue du vieux Moulin
F-67320 Graufthal
Telefon: (0033) 388701728
www.auvieuxmoulin.eu

Au Cheval Blanc
19, rue principale
F-67320 Graufthal
Telefon: (0033) 388701711
www.auchevalblanc.net

Château de Lichtenberg
F-67340 Lichtenberg
www.chateaudelichtenberg.com
geöffnet im März und Oktober an den Wochenenden von 10 Uhr – 17 Uhr; von April bis September täglich, außer Montag, von 10 Uhr – 18 Uhr

Office de Tourisme de La Petite Pierre
2a, rue du Château
F-67290 La Petite Pierre
Telefon: (0033) 388704230
www.ot-paysdelapetitepierre.com
ganzjährig geöffnet, in der Nebensaison Montag und Dienstag geschlossen; Mittagspause

Schloss von La Petite Pierre
rue du Château
F-67290 La Petite Pierre
Telefon: (0033)388014959
www.ot-paysdelapetitepierre.com
Dauerausstellung „Abenteuer Nordvogesen"
geöffnet Mittwoch bis Sonntag von 10 – 12 Uhr und 14 – 18 Uhr. Weihnachten, Silvester und im Januar geschlossen

Musée du Sceau alsacien
17, rue du Château
F-67290 La Petite Pierre
Telefon: (0033) 388704865
www.musee-sceau.com

Musée des Arts et traditions populaires/Musée Springerle
11, rue des Remparts
F-67290 La Petite Pierre
Telefon und Website s. Musée du Sceau alsacien

Felsenwohnungen
(Ausschilderung „Maisons Troglodytes“)
22, rue principale
F-67320 Graufthal-Eschbourg
www.maisonsdesrochers-graufthal.fr
geöffnet von April bis September täglich von 10–12 Uhr und von 14–18 Uhr; sonntags bis 18.30 Uhr – im Winter geschlossen

Eine skandalöse Liaison zwischen Jakob im Bart, dem Grafen von Lichtenberg, und der schönen Bärbel von Ottenheim

Auf Burg Lichtenberg lebte vor mehr als 600 Jahren Graf Jakob, der mit seinen alchimistischen Experimenten die Menschen im Dorf verunsicherte – die dachten doch tatsächlich, dass der Mann mit dem Turban auf dem Kopf und der charakteristischen Hakennase zaubern könne…

Als Jakobs Frau Walpurgis 1450 starb, holte er sich als Verwalterin seines Besitzes ein junges Mädel namens Bärbel aus dem badischen Ottenheim auf die Burg. Die Menschen im Dorf merkten schon bald, dass es zwischen dem Grafen und Bärbel mächtig gefunkt hatte – und schimpften über die unstandesgemäße Liaison: „Eine Hurr auf eim Schloss, ein Bettler auf eim Ross, eine Laus in eim Grindt, nicht findt sich stolzers Gesindt", spotteten die Leute. Öl ins Feuer goss Jakobs Bruder Ludwig. Der musste nämlich befürchten, dass nach Jakobs Tod Bärbel das Erbe der Lichtenberger antreten würde. Die Stimmung kochte hoch, und an einem Sommertag 1462 überfiel Ludwig – im Schlepptau die Frauen von Buchsweiler – das Lichtenberger Schloss. Jakob war an diesem Tag nicht zu Hause und konnte seine Geliebte darum auch nicht beschützen. Die Frauen schlugen und misshandelten die „kecke Dienstmagd". Das Ereignis ging als „Weiberkrieg von Buchsweiler" in die Geschichte ein. Jakob musste unterschreiben, seinen Bruder nicht zu enterben und wurde gezwungen, sich von Bärbel zu trennen. Ihr Ende liegt im Dunkeln. Es geht das Gerücht, sie sei als Hexe auf dem Bastberg (bei Bouxwiller) verbrannt worden. Wahrscheinlicher aber ist, dass sie sich nach Jahren der Gefangenschaft in Haguenau das Leben genommen hat, um der Folter zu entgehen.

Jerrihans – Genie und Visionär
Pfalzgraf Georg Hans von Veldenz-Lützelstein war eine schillernde Persönlichkeit, bei der Genialität, Übereifer und Visionen eine faszinierende Mischung eingingen. Seine Untertanen, die ihm viel zu verdanken hatten, nannten ihn liebevoll „Jerrihans". Im Alter von gerade mal 20 Jahren übernahm er 1563 die kleine bettelarme Grafschaft. Mit seinen skurrilen Ideen, die ihn bis an die Grenzen Europas berühmt machten, brachte er richtig Wind in diese gottverlassene Gegend. Eines seiner Lieblingsprojekte war der Bau eines Kanalsystems. Erst im 17. Jahrhundert entstanden künstliche Wasserstraßen im größeren Stil. Jerrihans aber war schon hundert Jahre zuvor von dem Gedanken beherrscht, Handel und Verkehr durch die Schiffbarmachung der natürlichen Wasserläufe und die Anlage von Kanälen zu fördern. Sein ehrgeizigstes Projekt war der Zorn-Saar-Kanal. Zinsel, Zorn und Eichel wollte er regulieren, damit auf ihnen Schiffe mit ihren Gütern über die Saar bis zur Mosel und somit sogar bis hin zum Rhein hätten fahren können. Doch Jerrihans konnte sein Vorhaben nur in Teilstücken durchsetzen – einmal scheiterte er an den Mühlen- und Wiesenbesitzern, später am Landesherrn, dem Bischof von Straßburg, der sich der Regulierung der Zorn verweigerte. Die hochfliegenden Pläne sanken mit dem Pfalzgrafen am 8. April 1592 ins Grab. Damit starben auch seine anderen (kostspieligen) Projekte: die Entwicklung eines Wegenetzes in den bislang unzugänglichen Vogesen und der Bau von Erzgruben, Schmelzöfen und Eisenhämmern. Die Zeit war einfach noch nicht reif für das Verständnis und die Fortführung seiner Visionen.

Beinahe drei Jahrhunderte hat es gedauert, bis die Vollendung des Rhein-Marne-Kanals in großartiger Weise den Lieblingsgedanken des Lützelsteiners verwirklichte. Durch das beeindruckende Schiffshebewerk in Arzviller können heute sogar Höhenunterschiede überwunden werden, die man mit dem üblichen Schleusensystem nur mit großem Aufwand bewältigte.

Abreschviller: Vergnügliche Fahrt mit der Waldeisenbahn

Im Sarrebourger Land: Bedeutende Kunstschätze und dampfende Lokomotiven

Eine der vergnüglichsten Unternehmungen in den Vogesen ist eine Fahrt mit der Waldeisenbahn von Abreschviller. Am Fuße des Donon zieht eine alte Dampflokomotive die Last der Waggons schnaufend und schnaubend rund sechs Kilometer in einer gut halbstündigen Fahrt hinauf zum Weiler Grand Soldat. Man sitzt in überdachten, aber ansonsten offenen Eisenbahnwagen auf Holzbänken, spürt den Fahrtwind auf der Haut, schnuppert die würzige Waldluft und riecht ab und zu den Rauch aus der dampfenden Lokomotive.

In den einsamen Wäldern um Abreschviller murmelt und gluckert die junge Saar in Schleifen und Windungen durch das Tal und bietet mit Sumpfdotterblumen und Schilfgras am Ufer ein Bild unendlicher Idylle. Diese hat Marc Chagall in seinem Glasfenster „La Paix" (Der Friede) in der Chapelle des Cordeliers in Sarrebourg festgehalten.

Eine Idylle ist auch das Dörfchen Saint-Quirin, das zum Kreis der „schönsten französischen Dörfer" gehört. Eingekuschelt liegt es zwischen den Bergen der nördlichen Vogesen im Grenzgebiet zwischen Lothringen und Elsass. In der Prioratskirche können Sie einen Schatz bestaunen: die Reliquien des Heiligen Quirinus. Die Orgel von Johann Andreas Silbermann ist übrigens die einzige Silbermann-Orgel in Lothringen. Über dem Dorf wacht die Haute Chapelle, und im Weiher beim Campingplatz kann man sich im Sommer erfrischen.

IHR TAG IM ÜBERBLICK

Anfahrt mit dem Auto

ab/bis Saarbrücken etwa 200 km
Auf der Autobahn A4 über Saargemünd bis Phalsbourg, dort weiter bis zur Ausfahrt Sarrebourg, bis zur Ortsmitte fahren (parken auf dem Marktplatz direkt vor der Chapelle des Cordeliers)

Mein Vorschlag

1–2 Stunden: Sarrebourg – Besuch der **Chapelle des Cordeliers** mit dem größten Glasfenster, das Marc Chagall entworfen hat, und des Museums mit einem nach Chagall-Motiven gestalteten Wandteppich

Ab Sarrebourg fahren Sie auf der D 44 nach Abreschviller. Folgen Sie am Ortseingang dem Hinweisschild „Train Touristique".

2 Stunden: Fahrt mit der Waldeisenbahn zum Weiler Grand Soldat und zurück

1–1½ Stunden: Saint-Quirin – Besuch der **Prioratskirche** mit den Reliquien des Heiligen und Aufstieg zur **Haute Chapelle**

Lassen Sie mit einem schönen Abendessen im Restaurant „Le Prieuré" in Saint-Quirin Ihren Tag im Sarrebourger Land ausklingen.

Sarrebourg: Chapelle des Cordeliers und Musée du Pays

Mit „La Paix" (Der Friede) in der **Chapelle des Cordeliers** kann Lothringen das größte Glasfensterwerk Marc Chagalls für sich beanspruchen: Zwölf Meter hoch und siebeneinhalb Meter breit ist das Fenster, es wiegt 900 Kilogramm und besteht aus 13.000 bunten Glasstücken. Die Kapelle ist der einzige noch erhaltene Teil eines ehemaligen Franziskanerklosters. Nach dem Abriss des Kirchenschiffes Anfang der 1970er Jahre wies die Westseite eine große Öffnung auf. Im Stadtrat von Sarrebourg überlegte man, wie man diese füllen könnte, und kam auf die Idee, ein bemaltes Kirchenfenster von Marc Chagall einsetzen zu lassen. Der Meister schenkte seinen Zeichenentwurf der Stadt – ein großes Glück für die Sarrebourger. Von 1974 bis 1976 wurde das Fenster in den Werkstätten von Charles Marq in Reims hergestellt. 1977 kamen die Seitenfenster und die der Empore hinzu, 1978 dann die Fensterrose. Es sind schlichtere Glasfenster des Meisters, die „La Paix" umgeben.

Fast die ganze Fläche des großen Fensters wird eingenommen von einem Blumenstrauß, in dem die Farben Scharlachrot, Dunkelblau und Smaragdgrün in einer prächtigen Symphonie miteinander verschmelzen. Die Wurzeln des Lebensbaums schöpfen ihre Kraft aus der Erde der Vogesen: Wir finden eine heitere, ruhige Landschaft, in der Hirsche äsen und eine Mutter ihr Kind in den Armen wiegt. Ein eng umschlungenes Paar sticht aus dem Strauß hervor: Es sind Adam und Eva, die die Glückseligkeit des irdischen Paradieses verkörpern, ein Symbol für die reine und wahre Liebe.

Nur wenige Meter von der Kapelle entfernt können Sie im **Musée du Pays de Sarrebourg** einen Wandteppich von Yvette Cauquil-Prince bestaunen. Dieser wurde gefertigt nach der Vorlage des Fensters, das Chagall für die Vereinten Nationen entworfen hat und das ebenfalls den Titel „La Paix" trägt. Abschließend bietet sich noch ein Bummel durch Sarrebourg an.

Abreschviller

Die Waldeisenbahn von Abreschviller ist der Hit – es gibt Fahrten mit der Diesellok (ohne Rauch) und mit der Dampflok – und neuerdings auch im Waggon „Orientexpress". Wie Lukas aus der Augsburger Puppenkiste lehnt sich der Lokomotivführer mit einem Arm aus dem Fenster. Schnaufend fährt das Bähnchen am Ortsrand von Abreschviller vorbei, durch herrliche Wiesen mit blühenden Blumen, und dann taucht auch schon die „Rote Saar" auf. Zusammen mit der „Weißen Saar" aus dem Nachbartal vereint sie sich bei Hermelange zu unserem Heimatfluss, der Saar. Die Flussläufe dürfen sich hier noch ungestört ihren Weg durch die einsamen Wälder suchen und so mäandrieren sie nach Herzenslust um Steine und Gehölze, durch Schilfgras und Sumpfdotterblumenwiesen.

Die Fahrt mit der Waldeisenbahn, über weite Strecken entlang der Roten Saar, dauert eine gute halbe Stunde. Unterwegs passiert der Zug sogar eine kleine Brücke, der man es gar nicht zutraut, dass sie solch schwere Lasten tragen kann. Endstation ist der Weiler **Grand Soldat** (Soldatenthal). Im Museum, das dort in dem alten Sägewerk eingerichtet ist, können Sie sich über die Mühen der Holzwirtschaft in früheren Zeiten informieren, als die Waldeisenbahn nicht zum Vergnügen der Touristen durch das Tal schnaufte, sondern dicke Holzstämme aus den Wäldern zum Sägewerk in Abreschviller brachte. Hier am Bahnhof kann man auch zu schönen Wanderungen starten.

In Grand Soldat steht auch das Geburtshaus von Alexandre Chatrian, der am 18. Dezember 1826 das Licht der Welt erblickte und als Co-Autor mit seinem Freund Emile Erckmann aus Phalsbourg den berühmten Roman „Ami Fritz" verfasste. Die Geschichte wird heute noch bei Volksfesten – immer am 14./15. August – in historischen Kostümen nachgespielt, zum Beispiel im elsässischen Marlenheim (etwa 30 km östlich von Abreschviller).

Im Waldgebiet am Fuße des mehr als tausend Meter hohen Donon wurde schon im 18. Jahrhundert Holz geschlagen. Damals gab es noch keine Fahrwege, mühsam brachten Rückepferde das Holz aus den Wäldern. Um 1850 legte man die ersten befestigten Wege im Wald an und baute 1884 fünf Kilometer der Waldeisenbahn – mit der Spurbreite 700 mm der preußischen Feldbahn. Der Grund: Elsass-Lothringen gehörte nach der Niederlage Frankreichs im Krieg von 1870/71 zum Deutschen Reich. Die schmale Spur der Waldeisenbahn ist einzigartig in Frankreich und eine Besonderheit, die sich bis heute erhalten hat.

Das Streckennetz wuchs kontinuierlich: Um 1900 existierten schon 35 Kilometer, im Jahr 1918 waren es über 50 Kilometer Gleise. 1906 wurde die erste Dampflokomotive angeschafft, es war die „Mallet" aus Heilbronn. 1933 ergänzte eine weitere Dampflok der Firma Decauville den Bestand an Rollfahrzeugen. In den 1950er Jahren schließlich erreichte das Schienennetz seine größte Ausdehnung mit 73 Kilometer.

Nach dem 2. Weltkrieg ging's mit der Waldeisenbahn bergab: Maschinen lösten die beschwerliche Arbeit des Holzschneidens mit der Handsäge ab, Lastwagen und Traktoren besorgten den Abtransport auf den inzwischen gut ausgebauten Straßen. Die Waldeisenbahn wurde überflüssig, man brauchte sie nicht mehr. Noch im Jahr der Stilllegung, 1964, gab es allerdings schon erste Pläne zur Wiedereröffnung eines Teilstückes, und nur ein Jahr später gründeten engagierte Bürger die „Association du Chemin de Fer Forestier d'Abreschviller". Am 20. April 1969, nach umfassenden Restaurierungsarbeiten an den Lokomotiven und den Gleisen und dem Zukauf von offenen Waggons für die Fahrgäste, wurde die touristische Waldeisenbahn eröffnet und der erste Zug rollte von Abreschviller zum Grand Soldat.

Zug Abreschviller

Die Strecke ist einspurig, also muss der aus Abreschviller kommende Zug in ein Stichgleis einfahren, um den Gegenzug passieren zu lassen. Aber auch das ist, wie das Gleiten über das Brückelchen, das Queren der Autostraße und das Entlangzuckeln an den Ufern der Roten Saar ein weiterer Glanzpunkt bei einer Fahrt mit der Waldeisenbahn von Abreschviller, die sich in der Saison zwischen April bis Oktober jedes Jahr mehr als 25.000 Menschen gönnen.

Saint-Quirin

Nur ein paar Kilometer über den Berg, und schon sind Sie im malerischen Saint-Quirin, das zu den schönsten Dörfern Frankreichs gehört. Ein Ort zum Verlieben. Im Schutz des Donon, eine dem Gott Merkur geweihte Kultstätte, lebten hier unten im Tal schon Gallier und Römer. Zahlreiche archäologische Fundstätten belegen die frühen Siedlungen. Ich möchte Sie zu einem Spaziergang durch Saint-Quirin mit seinen beiden „Highlights" (ver-)führen: zu der mitten im Ortszentrum stehenden Prioratskirche und zu der Bergkapelle, die das Dorf krönt.

Die **barocke Prioratskirche** wurde in den Jahren 1722 bis 1724 nach dem Vorarlberger Bauschema errichtet und ist mit ihrer Doppelturmfassade und den hübschen Zwiebeltürmen eine Seltenheit im Gebiet der Vogesen. Im Innern der Kirche finden sich bedeutende Ausstattungsstücke wie die Altäre und eine schöne Barockkanzel. Was das Gotteshaus darüber hinaus zu einer Besonderheit macht, ist seine kostbare Orgel, die Johann Andreas Silbermann 1746 hier baute – das einzige Werk des Meisters in Lothringen. Zu bestaunen sind auch die Reliquien des Heiligen Quirinus.

Von der Kirche führt der Weg hinauf zur **Haute Chapelle**. Die Legende, die sich um die Kapelle rankt, gab dem Dorf seinen Namen und spielte zur Zeit der Christenverfolgung im fernen Rom eine bedeutende Rolle (s. **Geschichten, Legenden, Hintergründe Seite 213 f**).

Restaurants

Hôtel – Restaurant Les Cigognes
74, rue du général Jordy
F-57560 Abreschviller
Telefon: (0033) 387037009
www.les-cigognes.eu

Auberge de la Forêt
276, rue des Verriers
F-57560 Abreschviller-Lettenbach
Telefon: (0033) 387037178
www.aubergedelaforet57.com

Hostellerie du Prieuré (mit Hotel)
163, rue du Général-de-Gaulle
F-57560 Saint-Quirin
Telefon: (0033) 387086652
www.saint-quirin.com

Office de Tourisme de Sarrebourg
Place des Cordeliers
F-57400 Sarrebourg
Telefon: (0033) 387031182
www.sarrebourg.fr

Waldeisenbahn: Fahrten werden zwischen April und Oktober angeboten. Genaue Infos zu den Abfahrtszeiten und Zügen finden Sie unter www.train-abreschviller.fr.

Wie Saint-Quirin zu seinem Namen kam…

In Rom lebte Anfang des 2. Jahrhunderts der römische Offizier Quirinus mit seiner Familie. Er war ein Militärtribun, wohl adliger Herkunft. Quirinus hatte als Gefängnisaufseher Christen zu bewachen, die im Mamertinischen Kerker vor dem Forum Romanum gefangen gehalten wurden. Namhafte Persönlichkeiten, wie zum Beispiel auch der heilige Petrus, fristeten hier ihr Dasein. Gleich zwei berühmte Christen unterstanden der Aufsicht des Quirinus : Papst Alexander I. und der Stadtpräfekt Hermes, der zum Christentum übergetreten war, nachdem sein verstorbener Sohn durch die Fürbitte des Papstes zum Leben erweckt worden war. In den dunklen Kerkern entspannen sich wohl viele Gespräche zwischen Quirinus auf der einen und Alexander und Hermes auf der anderen Seite, die in dem Tribun langsam einen anderen Glauben aufkeimen ließen.

Quirinus hatte eine kranke Tochter, Balbina, die ein schweres Kropfleiden plagte. Noch schwankte Quirinus, den Papst um Hilfe zu bitten. Schließlich brachte er Balbina doch in das Gefängnis, wo der Papst in Ketten lag. Mit einer Fürbitte konnte Alexander die Heilung Balbinas erflehen. Quirinus war nun endgültig überzeugt. Er trat mit seiner Familie zum Christentum über und ließ sich zusammen mit vielen anderen von Papst Alexander I. taufen. Ein Akt, der einer Revolution gleichkam.

Der Statthalter Aurelius verlangte von Quirinus, dem neuen Glauben abzuschwören. Als dieser sich weigerte, wurde er gefoltert. Man schnitt ihm die Zunge heraus und warf sie den Vögeln vor – aber die Vögel pickten sie nicht auf. Schließlich sollte sein geschundener Leib durch die Stadt geschleift und auseinandergerissen werden – doch die Pferde verweigerten ihren Dienst. Am Ende wurde Quirinus enthauptet, ein Tod, der einem römischen Offizier zustand. Sein Leichnam wurde in den Katakomben in der Via Appia begraben.

Fast tausend Jahre vergingen. Inzwischen war Graf Bruno von Eguisheim und Dabo 1048 auf dem Reichstag von Worms zum Papst gekrönt worden. Auch von Rom aus setzte sich Papst Leo, wie er nun hieß, für den Erhalt der Kirchen und Klöster in den Vogesen ein. Leos Schwester Geppa leitete als Äbtissin in Neuss am Rhein ein Augustinerinnen-Kloster. Eines Tages wollte sie ihren Bruder besuchen und gelangte mit großem Gefolge nach mühevoller Reise in Rom an. Dort erbat und erhielt sie die Reliquien des Märtyrers Quirinus und die Gebeine der Balbina. Auf dem Heimweg passierte der Trupp auch die Vogesen.

Es war schon später Abend und die Maultiere waren müde. Also übernachtete die Karawane in einem Tal zwischen den hohen Vogesenbergen. Am nächsten Tag aber – welch böse Überraschung – ließ sich der Reliquienschrein mit den Gebeinen nicht mehr von der Erde bewegen... Wie man auch ruckelte und zerrte, der Schrein bewegte sich keinen Millimeter. Nur den Kopf des Heiligen konnte die untröstliche Geppa in ihr Kloster nach Neuss bringen, die anderen Reliquien musste sie in dem kleinen Tal in den Nordvogesen zurücklassen.

Die Bewohner des Tales bauten die Haute Chapelle, um die Reliquien dort aufzubewahren und nannten ihr Dorf fortan „Saint-Quirin". Viele Jahre später wurde das Heiligtum auf einem Maulesel in die Prioratskirche gebracht. Hier nun fand der heilige Quirinus seine letzte Ruhe.

Zur Erinnerung an ihn und an den Umzug der Reliquien von der Haute Chapelle in die Prioratskirche finden bis zum heutigen Tag jährlich fünf Prozessionen in Saint-Quirin statt.

Zum Riesenfräulein auf die Burg Nideck

Burgen, Felsen und die Cascade von Nideck

Hier möchte ich Ihnen eine Tour abseits ausgetretener Touristenpisten vorschlagen. Vorwiegend auf Schusters Rappen führt sie zu geheimnisvollen Orten und Plätzen in den Nordvogesen. Zum Beispiel zur Burg Nideck und ihrem Wasserfall.

Dieser romantische Ort wurde durch das Gedicht „Das Riesenspielzeug" bekannt, das der französische Adlige Adelbert von Chamisso 1831 verfasste. Auf der Burg sollen tatsächlich einst Riesen gelebt haben, von denen sich die Menschen abends bei Kerzenschein erzählten. Dass sie eigentlich ganz gutmütig seien. Auch das vorwitzige Riesenfräulein habe es ja nicht böse gemeint, als es – trotz väterlichen Verbots – die Burg verließ, mit Riesenschritten Richtung Oberhaslach stiefelte und auf dem Feld einen Bauern mit Pferd und Gespann entdeckte…

Wenn ich am Wasserfall sitze, das ständige Murmeln und Rauschen im Ohr, stelle ich mir immer vor, dass hier das Badezimmer der Riesen war, wo sie ihre tägliche Dusche nahmen. Eines Tages soll ein kleiner Junge in den Wasserfall gestürzt sein. Das Riesenfräulein, gerade bei der Morgentoilette, bemerkte den Unglücksraben, packte ihn am Schopf, zog ihn aus dem Wasser und brachte ihn zu seiner Mutter.

Auch um die Wangenburg einige Kilometer nördlich ranken sich Sagen und Legenden. Ich bin mir ganz sicher, dass verwunschene Zwerge nun als Eulen durch die Gemäuer geistern und Goldkäfer in den Ritzen herumkrabbeln. Besuchen Sie zum Abschluss Ihrer Tour den Felsen von Dabo. Dort stand vor mehr als tausend Jahren die Dagsburg, die als uneinnehmbar galt und beseelt von magischen Kräften.

IHR TAG IM ÜBERBLICK

Mit dem Auto

ab/bis Saarbrücken etwa 200 km
Anfahrt auf der A4 bis Saverne, weiter über die N4 Richtung Molsheim bis Wasselonne; Sie biegen rechts ab auf die D75 bis Oberhaslach. Von hier führt die D218 bis zum Forsthaus (Maison Forestier du Nideck), wo ein Wanderweg beginnt, der zum Wasserfall und zur Burg Nideck führt. Achtung: An der Strecke gibt es davor weitere Ausschilderungen zu der „Cascade".

Mein Vorschlag

1 Stunde: Besuch von **Niederhaslach/Oberhaslach** mit der Stiftskirche St. Florent

1 ½ Stunden: Wanderung zu **Burg und Cascade von Nideck** ab Forsthaus an der D218 (nur zu Fuß erreichbar)

Auf der D218 fahren Sie weiter in nördlicher Richtung nach Wangenbourg.

2 Stunden: Besichtigung der **Burgruine Wangenburg** mit Wanderung zur **Burgruine Freudeneck**

Fahren Sie auf der D218 weiter bis Obersteigen, über die D98 (Rue Belle Vue – herrliche Ausblicke!)nach Dabo, das Sie wenige Kilometer nach dem Col du Valsberg erreichen.

1 Stunde: Besuch des **Felsen von Dabo** mit der Kapelle St. Léon

Schon die Fahrtstrecke ist ein Erlebnis. Kurvenreich schlängelt sich die Straße durch Täler und über Höhenrücken, dabei haben Sie immer wieder atemberaubende Ausblicke – insbesondere auf der D98 (sie trägt den Beinamen „Rue Belle Vue") zwischen Obersteigen und Dabo. Wer also nicht wandern will, kommt auch beim Fahren auf seine Kosten.

Ober- und Niederhaslach

Die beiden typischen Vogesendörfer laden zu einem Zwischenstopp ein. Hier wirkt alles so, als sei die Zeit stehen geblieben. In Niederhaslach sollten Sie die **Stiftskirche St. Florent** mit ihren bemerkenswerten mittelalterlichen Glasfenstern besichtigen.

Nidecker Wasserfälle und Burg Nideck

Noch heute sind die Kaskaden und die Burgruine das Ziel zahlreicher kulturell interessierter Wandertouristen. Die Burg ist berühmt, denn hier spielt die alte elsässische Sage vom „Riesenspielzeug". In allen überlieferten Versionen geht es um die Herren von Nideck, ein Riesengeschlecht, das auf der gleichnamigen Burg lebt. Die Tochter – natürlich eine Riesin – begegnet bei einem unerlaubten Ausflug Bauern, die das Feld bestellen, hält sie für Spielzeug und nimmt sie samt Wagen, Pflug und

Zugtier mit auf die Burg. Dort wird sie vom Vater zurechtgewiesen, dass die Riesen auf die Bauern angewiesen seien und sie deshalb die vermeintlichen Spielfiguren wieder zurückbringen müsse.

Die Sage von dem Riesenfräulein hat ein Förster aus dem Breuschtal der Dichterin Charlotte Engelhardt-Schweighäuser (1781–1864) erzählt. Sie brachte die Geschichte erstmals in eine Gedichtform, die sie Jacob Grimm 1814 bei dessen Aufenthalt in Straßburg vortrug. Dieser nahm den Stoff in die Sammlung deutscher Sagen auf. Aber wirklich bekannt wurde die Geschichte erst durch Adelbert von Chamisso, einen französischen Adligen, der während der Französischen Revolution nach Deutschland flüchtete, dort ein bekannter Wissenschaftler wurde und seine Version des Stoffes – ein Gedicht – verbreitete. Literarisch wurde „La Légende du Nideck" auch von Ludwig Bechstein und Emil Strauß aufgenommen.

Mein Wandertipp: Mehrere Wanderwege führen ab der D218 zum Wasserfall und zu den Ruinen. Einer direkt ab dem Restaurant „Cascade du Nideck" wenige Kilometer hinter Oberhaslach, ein weiterer folgt an der Strecke, der dritte beginnt am Parkplatz gegenüber dem Forsthaus (meine Empfehlung). Rund um die Cascade gibt es einladende Picknickplätze. Wenn Sie weiterwandern, erreichen Sie nach etwa 10 Minuten die Ruinen der Burg Nideck – es stehen nur noch der mächtige viereckige Bergfried der Unterburg und wenige Reste der Oberburg. Ungewöhnlich ist der Standort der Burg – sie liegt auf einem Felsen in einer engen Schlucht. Erbaut wurde die Burg war im 12. Jahrhundert im Auftrag des Bistums Straßburg.

Wangenbourg und das Château de Wangenbourg

„La Suisse d'Alsace" heißt die Gegend, in der auch das hübsche Dörfchen Wangenbourg liegt, angeschmiegt an einen Höhenrücken. Das Dorf gehörte Ende des 9. Jahrhunderts zur Abtei Andlau, die im 13. Jahrhundert den Bau der mächtigen Burg veranlasste. Besitzer waren die Herren von Dicka, später die Herren von Wangen. Die Burg wurde im 30-jährigen Krieg zerstört. Erhalten geblieben sind eine 2,20 Meter starke Ringmauer, ein Teil der Palasmauer mit spitzbogigen Fensteröffnungen, ein Renaissance-Kamin, aber vor allem der Bergfried in voller Höhe mit Zinnenkranz und Schießscharten. Er ist 24 Meter hoch und umfasst eine stattliche Grundfläche von 9 mal 9,50 Meter. In dem geräumigen Burghof standen Palas, Dienstwohnungen und Stallungen. Das Ungewöhnliche an dieser Burg: Es gab ein Schwitzbad.

In Wangenbourg sind sehenswert: der Chor der **Friedhofskapelle** (13. Jahrhundert) und die **Pfarrkirche St. Barthélemy**. Sie war die erste Kirche im Elsass, die nach der Eingliederung in das Deutsche Reich (1871) geweiht wurde. Die große Glocke hat Kaiser Wilhelm II. gestiftet.

Mein Wandertipp: An der Burg beginnt und endet eine knapp zweistündige Wanderung durch das Ameisenthal zur Burgruine Freudeneck. Weitere Tourenvorschläge sind bei der Touristinformation erhältlich – das Gebiet ist ein wahres Paradies für Wanderer.

Der Felsen von Dabo

Schon von Weitem kann man den „Rocher de Dabo" sehen. Wie einen Schiffsrumpf hat die Erosion den mächtigen Fels geformt. Vor über tausend Jahren erbauten hier die Herren von

Dagsburg ihre Burg. Uneinnehmbar soll sie gewesen sein, von magischen Kräften beseelt, die noch aus Zeiten stammten, als an diesem Ort die Kelten siedelten und ihren Heils- und Lichtgott Belenus verehrten. Später errichteten die Römer auf dem Felsen von Dabo, wie auch auf dem nahen Donon, eine Kultstätte für ihren Gott Merkur.

Berühmt wurde die Dagsburg durch Graf Bruno von Eguisheim und Dagsburg, dem Sie bereits im vorangehenden Beitrag begegnet sind. Er wurde 1048 auf dem Reichstag zu Worms zum Papst gewählt und hieß fortan Leo IX. – daher rührt auch der Name der Kapelle: St. Léon, die um 1890 zu Ehren des Papstes lothringischer Herkunft auf dem Fels an Stelle der einstigen Burg errichtet wurde. Dem tatkräftigen Kleriker, der als bedeutendster Papst des Mittelalters gilt, haben die Kirchen und Klöster in den Vogesen viel zu verdanken.

Unvergleichlich schön ist die Aussicht vom Dabo auf das Sarrebourger Land und die Vogesenkette mit dem heiligen Berg Donon.

Mein Tipp: Sie können diese Tour auch in umgekehrter Reihenfolge durchführen. Dies empfiehlt sich vor allem dann, wenn Sie im Juni das Kirschenfest in Westhoffen besuchen möchten. Es ist das zweitgrößte Volksfest im Elsass.

Restaurants

Ins schönste „Restaurant" dieser Tour begleitet Sie Ihr Pick-nick-Korb: Idyllische Plätze am Wasserfall, an der Wangenburg und auf dem Felsen von Dabo laden zum Genießen im Freien ein.

Restaurant Hohenstein
59, route du Nideck
F-67280 Oberhaslach
Telefon: (0033) 388509138
www.restaurant-hohenstein.com

Hotel-Restaurant Parc Hotel
39, rue du Général de Gaulle
F-67710 Wangenbourg-Engenthal
Telefon: (0033) 388873172
www.parchotel-alsace.com

Hotel-Restaurant du Rocher
Rocher de Dabo
F-57850 Dabo
Telefon: (0033) 387074014

Office de Tourisme
32a, rue du Général de Gaulle
F-67710 Wangenbourg-Engenthal
Telefon: (0033) 388873350
www.wangenbourg-engenthal.fr

Mairie Oberhaslach
22, rue du Nideck
F-67280 Oberhaslach
Telefon: (0033) 388509015
www.commune-oberhaslach.fr

Die Ballade „Das Riesenspielzeug" schrieb Adelbert von Chamisso 1831 – sie verhalf ihm zum Durchbruch als anerkannter Dichter.

Burg Niedeck ist im Elsaß der Sage wohlbekannt,
die Höhe, wo vor Zeiten die Burg der Riesen stand;
sie selbst ist nun verfallen, die Stätte wüst und leer,
du fragest nach den Riesen, du findest sie nicht mehr.

Einst kam das Riesenfräulein aus jener Burg hervor,
erging sich sonder Wartung und spielend vor dem Tor
und stieg hinab den Abhang bis in das Tal hinein,
neugierig zu erkunden, wie's unten möchte sein.

Mit wen'gen raschen Schritten durchkreuzte sie den Wald,
erreichte gegen Haslach das Land der Menschen bald,
und Städte dort und Dörfer und das bestellte Feld
erschienen ihren Augen gar eine fremde Welt.

Wie jetzt zu ihren Füßen sie spähend niederschaut,
bemerkt sie einen Bauer, der seinen Acker baut;
es kriecht das kleine Wesen einher so sonderbar,
es glitzert in der Sonne der Pflug so blank und klar.

„Ei! artig Spielding!", ruft sie, „das nehm' ich mit nach Haus!"
Sie knieet nieder, spreitet behend ihr Tüchlein aus
und feget mit den Händen, was sich da alles regt,
zu Haufen in das Tüchlein, das sie zusammenschlägt,
und eilt mit freud'gen Sprüngen, man weiß, wie Kinder sind,
zur Burg hinan und suchet den Vater auf geschwind:
„Ei Vater, lieber Vater, ein Spielding wunderschön!
So Allerliebstes sah ich noch nie auf unsern Höh'n."

Der Alte saß am Tische und trank den kühlen Wein,
er schaut sie an behaglich, er fragt das Töchterlein:

„Was Zappeliges bringst du in deinem Tuch herbei?
Du hüpfest ja vor Freuden; laß sehen, was es sei."

Sie spreitet aus das Tüchlein und fängt behutsam an,
den Bauer aufzustellen, den Pflug und das Gespann;
wie alles auf dem Tische sie zierlich aufgebaut,
so klatscht sie in die Hände und springt und jubelt laut.

Der Alte wird gar ernsthaft und wiegt sein Haupt und spricht:
„Was hast du angerichtet? Das ist kein Spielzeug nicht!
Wo du es hergenommen, da trag es wieder hin,
der Bauer ist kein Spielzeug, was kommt dir in den Sinn?

Sollst gleich und ohne Murren erfüllen mein Gebot;
denn wäre nicht der Bauer, so hättest du kein Brot;
es sprießt der Stamm der Riesen aus Bauernmark hervor,
der Bauer ist kein Spielzeug, da sei uns Gott davor!"

Burg Niedeck ist im Elsaß der Sage wohlbekannt,
die Höhe, wo vor Zeiten die Burg der Riesen stand;
sie selbst ist nun verfallen, die Stätte wüst und leer,
und fragst Du nach den Riesen, du findest sie nicht mehr.

Durchs Metzer Land zum Lac de Madine

Im Land der Mirabelle: von Ars-sur-Moselle zur Butte de Montsec

Ich sitze auf einer Schaukel, die am Ast eines Mirabellenbaumes angebracht ist. Während ich vor- und zurückschwinge, lege ich den Kopf in den Nacken und mein Blick gleitet über die grünen Blätter und die prallen goldgelben Früchte… Diese Eindrücke gehören zu meinen frühesten Kindheitserinnerungen. Das Bauernhaus in Südbaden mit seinem Garten und dem schönen Mirabellenbaum steht schon lange nicht mehr. Doch viele Jahre später habe ich die süßen verführerischen Früchte wieder entdeckt: auf Kuchen, gebrannt zu feinem „Eau de vie", als Marmelade, sogar als Mousse zu zartem Kalbfleisch – im Metzer Land. Der August, die Zeit der Mirabellenernte, ist wie geschaffen für einen Besuch dieses Landstrichs, wo in den abgelegenen Wäldern und bizarren Felshöhlen Geister, Gnome und sogar Feen hausen sollen…

Das Metzer Land ist reich an Geschichten, Märchen und Legenden. Doch auch die Hinterlassenschaften aus der Geschichte sind beachtlich, wie beispielsweise die Reste der römischen Wasserleitung, die einst die Bevölkerung von Metz mit dem Leben spendenden Nass versorgte. In Jouy-aux-Arches stehen die mächtigen Pfeiler mitten im Dorf und beherrschen das Ortsbild. Ihre Fahrt bis zur Butte de Montsec, einem Hügel südlich des Lac de Madine, begleiten die vielen Mirabellenplantagen und an fast jeder Ecke kann man von den süßen Früchten naschen. Von der Butte de Montsec mit dem beeindruckenden Mahnmal für die die Gefallenen des 1. Weltkriegs haben Sie einen weiten Blick über den Lac de Madine – unvergessliche Momente können Sie hier bei Sonnenuntergang erleben.

IHR TAG IM ÜBERBLICK

Anfahrt mit dem Auto

ab/bis Saarbrücken etwa 240 km
Ab Saarbrücken fahren Sie über die A4 nach Metz, dort durch die Stadt auf die N57 Richtung Südwesten, bis Sie nach etwa 5 km Jouy-aux-Arches erreichen. Auf der gegenüberliegenden Seite der Mosel liegt Ars-sur-Moselle.

Mein Vorschlag

1 Stunde: Besichtigung der Reste des römischen **Aquäduktes** in **Jouy-aux-Arches** und **Ars-sur-Moselle**

Weiterfahrt auf der D6 bis zum Abzweig auf die D6B (etwa 10 km) nach Gorze

2 Stunden: Gorze: Besichtigung der **Benediktinerabtei** und der **Maison de l'Histoire de la Terre de Gorze** (Geschichtsmuseum); Spaziergang auf dem **Legenden-Rundweg** um Gorze

Weiterfahrt auf der D12A und nach der Kreuzung auf der D13 bis Vandelainville, hier erreichen Sie den **Rupt de Mad**. Sie folgen der D28 durch das schöne Flusstal bis Richecourt und biegen hier ab auf die D119 (etwa 40 km) bis nach Montsec.

1 Stunde: Besuch der **Butte de Montsec**, einem Aussichtspunkt mit einer Gedenkstätte für die Gefallenen des 1. Weltkriegs, von dem man einen eindrucksvollen Blick auf den Lac de Madine hat

Rückfahrt über Pont-à-Mousson und Metz

Jouy-aux-Arches

Gleich hinter Metz machen Sie Bekanntschaft mit den Hinterlassenschaften der Römer. In Jouy-aux-Arches führen sechzehn Pfeiler des mächtigen **Aquäduktes** durch das südländisch anmutende Städtchen. Die Römer erbauten die Wasserleitung

vermutlich um 100 nach Christus. Sie brachte frisches Quellwasser von Gorze über eine 24 km lange Strecke nach Metz und sicherte die Wasserversorgung des antiken „Divodurum". Ungefähr 50 Bögen überspannten einst die 600 Meter breite Mosel – die meisten existierten schon um 1600 nicht mehr. Die restlichen wurden vor rund 50 Jahren gesprengt, als die Mosel schiffbar gemacht wurde.

Ars-sur-Moselle

Auf der anderen Seite der Mosel, gleich hinter dem Ort, stehen direkt an der D6 ebenfalls Reste des **Aquäduktes**. Ich empfehle Ihnen, hier anzuhalten und den Hügel hinaufsteigen (vorbei an Mirabellenbäumen!). Zu sehen sind das Verteiler- und das Klärbecken, zehn Pfeiler und sieben Bögen – wenn Sie so nah dran sind, ist der Eindruck wirklich imposant.

Gorze

Das kleine hübsche Städtchen entwickelte sich nach der römischen Zeit um eine Benediktinerabtei: **St. Etienne** ist die erste im gotischen Stil erbaute Kirche in Lothringen. Im **Maison de l'Histoire de la Terre de Gorze** können Sie unter anderem das Modell des römischen Aquäduktes bewundern. Hier erhalten Sie auch Informationen über die Beziehungen der Abtei Gorze, die beispielsweise bis zum Kloster Lorsch reichten. Wenn Sie Glück haben, wird im alten Ofen gerade wieder einmal Mirabellentarte gebacken... Die verwinkelten Gassen der alten Stadt laden zum entspannten Bummel ein.

Mein Tipp: Nach dem Besuch von Gorze empfehle ich Ihnen, eine kleine **Rundwanderung** zu unternehmen. Auf dem **Circuit des Légendes de Gorze** folgen Sie den Spuren der örtlichen Legenden.

Butte de Montsec

Das Mahnmal für die Gefallenen des 1. Weltkriegs, das zugleich ein Denkmal der amerikanisch-französischen Freundschaft ist, steht auf einem Hügel am Südufer des Lac de Madine. Von hier oben haben Sie eine fantastische Aussicht auf den See und die Umgebung bis weit hinein ins Moseltal.

Rund um den Lac de Madine gibt es schöne Wander- und Fahrradwege. Wer hier seinen Urlaub verbringt, findet Badestrände und zahlreiche Angebote für (Wasser-)Sportler und Segler.

Restaurant

Le Graoully
1, rue Sainte Cathérine
F-57680 Gorze
Telefon: (0033) 387520044

Mein Tipp: Packen Sie sich ein Picknick ein, nehmen Sie etwas Leckeres zu trinken mit – und genießen Sie von der Butte de Montsec den Sonnenuntergang: ein unvergessliches Erlebnis.

Office de Tourisme de Gorze
22, rue de l'Eglise
F-57680 Gorze
Telefon: (0033) 387520457
www.ot-gorze.fr

Infos zum Lac de Madine (in Französisch): www.lacmadine.com

Einen Film über den Lac de Madine (mit Hattonchâtel und Butte de Montsec) finden Sie unter:
http://videos.tf1.fr/jt-13h/2013/lacs-de-l-est-de-la-france-le-lac-de-madine-4-5-8254896.html

Office de Tourisme Metz mit Metzer Land
2, Place d'Armes
F-57000 Metz
Telefon: (0033) 387555376
www.tourisme.metz.fr

An der Straße zwischen Gorze und Ancy erblickt man steile Felsen, die wegen ihrer Formation „Altäre" genannt werden. In diesem wasserreichen Tal haben die Römer einst die Quellen angezapft, um das Wasser in vorwiegend unterirdischen Leitungen von Gorze bis nach Metz zu führen.

Die „Altäre" sollen, so erzählt die Legende, Orientierungspunkte für den unsichtbaren Eingang eines prächtigen Palastes gewesen sein. Darin wohnte eine Fee, die man „La Belle Dame" nannte. In den Wintermonaten schloss sie sich im Palast ein, aber bei den ersten Frühlingsboten – den blühenden Blumen, den zarten Düften und den wärmenden Sonnenstrahlen – liebte es die Fee, ihr Schloss zu verlassen, um in den Quellgewässern zu baden. Zu jener Zeit kam ein junger Ritter, der Graf von Beurtoncourt, in das Gorzer Land, weil er das Gut Sainte Cathérine (nahe Gorze) geerbt hatte. Die majestätische Schönheit der Landschaft, die reiche Abtei von Gorze, bewohnt von gelehrten Mönchen, die wildreichen Wälder faszinierten den neuen Herrscher.

Aber bald schon fühlte er sich ziemlich einsam in diesem kleinen Paradies und er beschloss, sich eine schöne und kluge Begleiterin zu suchen, um mit ihr seine Freuden und Vergnügen zu teilen.

Eines Tages, als der Graf von einem Berg herabstieg, betrachtete er wieder einmal eingehend das wunderbare Panorama des Tales und plötzlich sah er gegenüber bei den „Altären" eine weiß gewandete Gestalt, die langsam auf die Ebene zuschlenderte. Sofort war der Graf hingerissen von der unbekannten Schönen, die er scheinbar zufällig wenig später wiedertraf: Er überraschte sie genau in dem Moment, als sie einem Bad in den Quellwassern des Parfondval entstieg und sich ihr weißes Kleid überstreifte.

Der Graf fiel vor ihr auf die Knie, versicherte ihr seine tiefe Liebe und bat sie, seine Frau zu werden. „Schöner Graf", sprach sie rätselhaft, „Sie haben mich schon gekannt, bevor Sie mich gesehen haben. Seit ich Sie das erste Mal in den Gärten Ihres Schlosses wahrgenommen habe, hat sich die Liebe in meinem Herzen ausgebreitet; ich habe gefühlt, dass wir füreinander geschaffen sind… Edler Herr, ich werde Ihre Frau, aber – es ist so bedauerlich – noch stehe ich unter einem bösen Fluch, der mich hindert, Ihnen meine Hand zu reichen. Dennoch werde ich nicht aufhören, Sie treu zu lieben. Versuchen Sie, Geduld zu bewahren, bis zum Tag meiner Erlösung…" Diesem Geständnis folgten verliebte Zutraulichkeiten, romantische Spaziergänge und zarte Träumereien im Mondlicht…

Nun aber geschah es, dass die Fee eines Abends nicht zum gewohnten Rendezvous erschien. Sie war unauffindbar. Der junge Graf weinte, suchte Tag und Nacht nach ihr, er grübelte und grübelte, während die Tränen tiefe Furchen in sein Gesicht zeichneten. Seine Gedanken waren von großer Traurigkeit und dunklen Vorahnungen beherrscht. Monatelang verbrachte er seine Zeit in tiefster Depression, bis er schließlich die Hoffnung aufgab, die Geliebte je wiederzusehen.

Eines Morgens fanden Holzfäller bei den „Altären" einen leblosen Körper. Es war der Leichnam des jungen Grafen. Zweifellos hatte er sich während der vergeblichen Suche nach der „Schönen Dame" von den hohen Felsen gestürzt und sich dabei den Hals gebrochen. Am gleichen Abend sahen die Einwohner von Gorze in der Nähe der „Altäre" eine Frau in Trauerkleidung und noch lange, lange hörten sie in der Nacht schreckliche Klagelaute, die von den Felsen herüberschallten. Die „Belle Dame", die schöne verfluchte Fee, beweinte ihre Liebe, die für immer verloren war. Sie trauerte, weil sie ihrem Liebsten nicht ins Grab folgen konnte…

(Nach „Traditions populaires du Pays Messin" von Dr. R. de Westphalen)

Renaissancekunst rund um den Lac de Madine

Zum „Michelangelo von Lothringen“: nach Hattonchâtel, Saint-Mihiel und Bar-le-Duc

Als ich vor vielen Jahren das erste Mal die Dörfer rund um den Lac de Madine besuchte, stieß ich in einem der verträumten Weiler auf einen Traiteur – einen rollenden Metzgerladen oder besser: ein mobiles Delikatessengeschäft. Salate und Pasteten füllten meinen hungrigen Magen, und während ich aß, ließ der Patron seine Augen über die weite friedliche Landschaft schweifen und meinte: „C'est la France perdue…“ Ich habe nichts gegen verlorene Paradiese, wenn sie so bezaubernd und schön sind wie die Gegend um den Lac de Madine. Hier kann man die Seele baumeln lassen, träumen, entspannen. Mit viel Glück begegnet man ab und zu einem Traktor und einer Gruppe von Radfahrern. Erholung pur also. Aber die Gegend um den Lac de Madine bietet neben schöner Natur und ruhiger Stimmung noch etwas unvermutet Spektakuläres: Renaissancekunst vom Feinsten. In Saint-Mihiel nämlich, gut zehn Kilometer westlich des Sees, wurde um 1500 der bedeutendste Renaissancebildhauer Lothringens geboren, Ligier Richier. Er verstand es, die Figuren detailgetreu und lebensecht darzustellen. Darum gab man ihm den Beinamen „Michelangelo von Lothringen“.

IHR TAG IM ÜBERBLICK

Anfahrt mit dem Auto

ab/bis Saarbrücken etwa 360 km
Über die A4 Richtung Metz/Nancy. Nach Umfahrung von Metz folgen Sie am Kreisel dem Schild „Lac de Madine". Über das idyllische Tal „Rupt de Mad" (D952) fahren Sie bis Chambley und biegen links auf die D901 bis Abzweig „Hattonchâtel" (etwa 100 km).

1 Stunde: Hattonchâtel: Besichtigung des Dorfes und der Kirche mit dem Retabel von Ligier Richier

Weiterfahrt über die D 901 nach Saint-Mihiel (etwa 20 km)

1 Stunde: Saint-Mihiel: Geburtsort von Richier; Besichtigung von „Grablegung" (Kirche St-Étienne) und „Ohnmacht der Muttergottes" (Abteikirche); sehenswerte Bibliothek in der Benediktinerabtei

Weiterfahrt über D964 über Thillombois zur N35 (Voie Sacrée), die nach Bar-le-Duc führt (etwa 30 km)

2 Stunden: Bar-le-Duc: Stadtbesichtigung mit Renaissanceviertel der Oberstadt (Ville Haute) und der Kirche Saint-Étienne mit Richiers berühmtem „Skelett". Vorbei am Glockenturm erreicht man die Schlossanlagen mit einem schönen Park.

Hattonchâtel

Das hübsche Dorf liegt auf einem Hügel, ein Schloss beherrscht das Ortsbild. Den Vorgängerbau, eine Burg, ließ Bischof Hatto von Verdun (847-870) errichten. Ab 1380 war sie Residenz der Bischöfe von Verdun. 1546 übernahm der Herzog von Lothringen den Besitz, auf den er schon lange ein Auge geworfen hatte. Das Schloss befindet sich heute in Privatbesitz und kann nur von außen besichtigt werden.

In der **Stiftskirche Saint-Maur** treffen Sie zum ersten Mal auf ein Kunstwerk von Ligier Richier. Das „Passionsretabel" besteht aus drei Szenen der Passion: Christus trägt das Kreuz, die Kreuzigung und die Beweinung Christi. Gelungene Details: der Faltenwurf des Mantels der Veronika, das erstaunte und neugierige Gesicht der sich beugenden, frommen Frau, das angsterfüllte Gesicht Jesu Christi.

Vom Balkon des Hauses mit den gotischen Bögen haben Sie einen einzigartigen Ausblick auf das Tal der Woëvre und den Lac de Madine.

Saint-Mihiel

„La petite Florence lorraine", das kleine lothringische Florenz, so wird Saint-Mihiel auch genannt. Zwei Höhepunkte erwarten Sie hier: die Skulptur „Ohnmacht der Muttergottes" von Ligier Richier in der Kirche Saint-Michel und sein Meisterwerk „Die Grablegung" in der Kirche Saint-Étienne.

In der Skulptur „**Die Ohnmacht der Muttergottes**" kommen Schmerz und Hilflosigkeit Marias wirklichkeitsgetreu zum Ausdruck. Die Figurengruppe aus Nussbaumholz war Teil einer „Kreuzigung Christi" mit neun Figuren.

Nur wenige Minuten zu Fuß sind es von der Kirche Saint-Michel bis zur Kirche Saint-Étienne. Hier steht die Figurengruppe „**Grablegung**", die zu Recht als eines der Meisterwerke der lothringischen Bildhauerei des 16. Jahrhunderts gilt. Die Gruppe aus dreizehn überlebensgroßen Figuren aus feinem Maas-Kalkstein ist das letzte Werk von Ligier Richier. Er soll rund zehn Jahre daran gearbeitet haben, bevor er 1564 nach Genf ging, wo er vier Jahre später starb. Nehmen Sie sich Zeit für die Betrachtung dieses Werkes, folgen Sie mit Ihren Augen den unendlich vielen Details, dem Wurf der Falten, den Linien der Körper, fühlen Sie den Schmerz, die glühende Liebe, die liebevolle Fürsorge, die Ehrfurcht, die sich in den Gesichtern widerspiegelt…

Der Leichnam Christi wird von Joseph von Arimathia und Nikodemus zu Grabe gebracht; Maria Magdalena nimmt Abschied. Ohnmächtig erscheint die Muttergottes, die von Johannes gestützt wird. Zwei Männer würfeln unter den Augen des Zenturios um das Gewand Jesu. Eine der frommen Frauen präsentiert die Dornenkrone, der Engel trägt das Kreuz.

Sollten Sie noch nachmittags in Saint-Mihiel sein, lohnt sich ein Besuch der Benediktiner-Bibliothek (vormittags geschlossen).

Bar-le-Duc

Ich empfehle Ihnen, den Streifzug durch Bar-le-Duc in der Oberstadt mit dem Besuch der **Kirche Saint-Étienne** zu beginnen. Denn hier befindet sich das wohl bekannteste und auch dramatischste Werk Ligier Richiers: der „Transi", auch „Skelett" oder „Herzensdenkmal" genannt. Es zeigt die Statue des Oranierprinzen René de Châlon, der 1544 im Alter von 25 Jahren bei der Belagerung der Stadt Saint-Dizier durch die Truppen Kaiser Karls V. starb. Der tote Prinz wird allerdings nicht als liegende Skulptur, fein gekleidet und die Hände zum Gebet gefaltet, dargestellt, sondern als Skelett, das in der linken erhobenen Hand sein Herz hält.

Den großen Platz vor der Kirche ziert ein Ensemble aus vornehmen Renaissancebauten. Wenn Sie gemütlich über die Rue des Ducs de Bar und eine kleine Seitenstraße zum „Uhrenturm" flanieren, spüren Sie den südländischen Charme der Stadt. Der Uhrenturm markiert den Beginn des Schloss-Areals. Im Park mit seinem hübschem Springbrunnen kann man angenehm verweilen. Im „**Neuen Schloss**" aus dem Jahr 1568 ist das sehenswerte „Musée barrois" untergebracht. Von der Schlossmauer haben Sie einen schönen Blick auf die Unterstadt und die Umgebung von Bar-le-Duc.

Restaurants und Cafés

Hôtel-Restaurant Rive gauche
place de la Gare
F-55300 Saint-Mihiel
Telefon: (0033) 329891583
www.restaurant-rive-gauche.fr

La Meuse Gourmande
1, rue François de Guise
F-55000 Bar-le-Duc
Telefon: (0033) 329792840
www.meusegourmande.fr

Office de Tourisme Cœur de Lorraine
rue du Palais de Justice
F-55300 Saint-Mihiel
Telefon: (0033) 329890647
www.coeurdelorraine-tourisme.fr
Öffnungszeiten der Benediktiner-Bibliothek:
April, Mai und Oktober am Wochenende von 14–18 Uhr geöffnet und im Juni, Juli, August, September täglich außer Dienstag von 14–18 Uhr

Office de Tourisme Bar-le-Duc
7, rue Jeanne d'Arc
F-55000 Bar-le-Duc
Telefon: (0033) 329791113
www.tourisme-barleduc.fr

Weitere Informationen zum Maas-Land finden Sie auf der offiziellen Website: www.tourisme-meuse.com

Mein Tipp: Am ersten Juli-Wochenende wird in Bar-le-Duc die Zeit der Renaissance bei einem großen Festival wieder lebendig – mit vielen Straßenkünstlern, Gauklern und Artisten. Dazu kann man regionale Spezialitäten genießen.

Eine Spezialität aus Bar-le-Duc: Johannisbeerkonfitüre

Seit 1344 bis zum heutigen Tag werden in Bar-le-Duc die Johannisbeeren von Hand mit dem Kiel einer Gänsefeder entkernt. So entsteht in mühevoller Handarbeit „der Kaviar von Bar". Drei Stunden braucht man, um auf diese Weise ein Kilo der kernlosen Johannisbeeren zu erhalten. Das Luxusgut wird damals wie heute vor allem in aristokratischen Kreisen und an Königshöfen genossen. Auch Victor Hugo und Alfred Hitchcock schätzten diese Delikatesse.

Die Renaissance

Als historische Epoche bezeichnet die Renaissance den Übergang vom Mittelalter zur Neuzeit (etwa 1400 bis 1600). Nach dem als „dunkel" empfundenen Mittelalter setzte sich, von Italien ausgehend, eine selbstbewusste und dem Diesseits zugewandte Lebenshaltung durch. Antike Ideale wurden wiederbelebt – sei es in der Literatur, der Philosophie und in der Wissenschaft, vor allem aber auch in der Bildenden Kunst und in der Architektur. Zu den bedeutendsten Werken der Bildenden Kunst zählen Michelangelos Skulptur „David" sowie seine Fresken in der Sixtinischen Kapelle. Die Peterskirche in Rom dürfte das bekannteste Beispiel für die reiche Architektur der Renaissance sein. In der Literatur sind unter anderem die bedeutenden Werke Dante Alighieris („Die göttliche Komödie") und Giovanni Boccaccios („Das Decamerone") zu nennen.

Ligier Richier (um 1500 – 1566 oder 1567)

Um 1500 in Saint Mihiel geboren, wuchs Ligier Richier in einer weltoffenen Atmosphäre auf. In seiner Ausbildung profitierte er von der reichen Tradition der Maler und Bildhauer aus der Region, aber auch von den kulturellen und künstlerischen Einflüssen aus der Champagne, aus Burgund, Flandern und dem Rheinland, vom Klima des Humanismus und der Renaissance. Es herrschte Aufbruchsstimmung.

„Entdeckt" wurde der junge Richier von Herzog Antoine von Lothringen in Hattonchâtel, der ihn von 1530 an protegierte und ihm Aufträge für bedeutende fürstliche Bauvorhaben gab. Richier bearbeitete Holz und vor allem weichen, feinkörnigen Kalkstein von heller Farbe, wie er in Saint-Mihiel und Sorcy abgebaut wird. Er experimentierte mit raffinierten Poliertechniken, die den Stein wie Marmor aussehen lassen.

In Saint-Mihiel gründete er eine Bildhauerschule, die bald weit über die Grenzen des Landes gerühmt wurde. Wegen seiner Fähigkeit, Szenen aus der Passion Christi lebensecht und spirituell zu inszenieren, war Ligier Richier schon zu Lebzeiten ein berühmter Mann.

Kein Wunder, dass sich Anna von Lothringen an das Genie wandte. Drei Jahre schon trauerte sie um ihren Gatten, den Prinzen René de Châlon, den sie so früh an den Tod verloren hatte. Sie bat Richier, ein Grabmal für ihren Mann zu schaffen. Allerdings sollte der Künstler den Verstorbenen so zeigen, wie er drei Jahre nach seinem Tod aussehen würde... Ein makaberer, aber für die damalige Zeit kein besonders seltener Einfall. Im Gegensatz zur Grabkultur des Mittelalters, bei der der Verstorbene auf dem Rücken liegend, betend und voll bekleidet mit den Attributen seines Standes und im besten Lebensalter dargestellt wird, wurde der sogenannte „Transi" (französisch: Erstarrter) mit teils drastischem Realismus als nackter Leichnam in allen möglichen Phasen der Verwesung geschaffen. Sicher haben die Künstler damit auch ihre gründlichen anatomischen Kenntnisse und das Wissen um die Verwesungsstadien des Körpers zeigen wollen.

Ob Anna durch die Darstellung ihres verstorbenen Mannes als Skelett, das sein Herz mit der linken Hand in die Höhe streckt, getröstet wurde, weiß ich nicht. Aber vielleicht war für sie diese Geste ein Symbol dafür, dass Liebe und Treue über den Tod hinaus wirken. Jedenfalls bricht die Figur mit dem Bild des abschreckenden Todes: Entschlossen und heroisch erhebt der tote Prinz stolz seine Hoffnung gegen den Himmel.

Nachdem Ligier Richier die „Grablegung" in Saint-Mihiel fertiggestellt hatte, verließ er seine Heimat und übergab die Bildhauerschule seinen Söhnen und Neffen. Zum Protestantismus konvertiert folgte er Calvin nach Genf, wo er vier Jahre später (1566 oder 1567) starb.

Nancy:
Jugendstil und Goldene Tore

Nancy – Facetten einer Königsstadt

Wer kennt sie nicht, La Place Stanislas mit den goldenen Toren und den herrlichen Springbrunnen? Schon beim ersten Besuch vor vielen Jahren habe ich mich in diesen Platz und in Nancy verliebt, in diese vornehme, prächtige Stadt mit den vielen faszinierenden Facetten. Sie können in die Zeit des Mittelalters eintauchen und im Musée Lorrain Ihre persönlichen Lieblinge aus der Geschichte besuchen. Leider ist die Liebhaber sammelnde Marie (Madame de Boufflers, über die Sie auf Seite 263 f mehr erfahren werden) nicht unter den Porträts der VIPs aus der Barockzeit. Die Mätresse von Herzog Stanislas, dessen Statue den gleichnamigen Platz beherrscht, hat man diskret unter den Tisch fallen lassen. Dafür sind alle anderen wichtigen Persönlichkeiten im Musée Lorrain versammelt.

Nicht nur Mittelalter und Barock haben Nancy geprägt und zu der Stadt gemacht, die sie heute ist. Um 1900 haben die Künstler der École de Nancy den Art Nouveau (Jugendstil) als weiteres künstlerisches Element in die Stadt an der Meurthe gebracht. Auch wenn nach dem 2. Weltkrieg viele Jugendstil-Villen der Abrissbirne zum Opfer fielen, finden sich in der Neustadt südlich der Place Stanislas und im Jugendstilviertel noch genügend Beispiele für diese Kunstrichtung. Kommen Sie mit nach Nancy, um das dunkle Mittelalter zu erleben, die Pracht des Barock zu sehen und über die Schönheit des Jugendstils zu staunen. Das alles ist an einem Tag möglich!

IHR TAG IM ÜBERBLICK

Anfahrt mit dem Auto

ab/bis Saarbrücken etwa 240 Kilometer
Anreise über die A4 Richtung Metz, die Umfahrung nehmen zur A 31 bis Ausfahrt Nancy.

Zum Besuch der Innenstadt nutzen Sie am besten die Parkplätze auf der Place Léopold oder an der Place Sainte Cathérine am Ufer der Meurthe (folgen Sie den Ausschilderungen).

Wenn Sie meinem Tipp folgen und zuerst das Musée de l´École de Nancy besuchen, fahren Sie, nachdem Sie die Autobahn Richtung Innenstadt verlassen haben, geradeaus über den Quai Claude-le-Lorrain Richtung „Léopold", dann biegen Sie rechts ab in die Rue Raymond Poincaré, ab dem Kreisel Place de la Commanderie ist das Museum ausgeschildert.

Mein Vorschlag

2 Stunden: Besichtigung des **„Musée de l'École de Nancy"** (Jugendstil-Museum) und des zugehörigen Jugendstil-Gartens

3-4 Stunden: Rundgang durch die **Altstadt** (Ville Vieille Léopold) ab Place Stanislas mit Besuch des Musée Lorrain und/oder des Musée des Beaux Arts und des Parc de la Pépinière

Musée de l'École de Nancy

Das Jugendstilmuseum von Nancy gehört für mich zu den faszinierendsten Museen in Lothringen. Erbaut wurde das Gebäude als Wohnhaus für den Unternehmer und Kunstmäzen Jean-Baptiste Eugène Corbin (1867 – 1952), der auch seinen weitläufigen Garten im Stil des Art Nouveau anlegen ließ. Corbin schenkte 1935 seine bedeutende, mehr als 600 Jugendstil-Objekte umfassende Sammlung seiner Heimatstadt Nancy. Schon seit 1964 beherbergt seine ehemalige Villa das Musée de l'École de Nancy. Architektur, Inneneinrichtung und Glaskunstobjekte stellen zusammen eine umfassende Dokumentation des Jugendstils von Nancy dar.

„Art Nouveau" nannte sich die Künstlergruppe von Nancy in Anlehnung an Samuel Bings gleichnamige Galerie in Paris. Inspiriert von fernöstlichen Stilen und Motiven bevorzugte man floralen Dekor. Die Hauptwerke entstanden als Gemälde und als kunsthandwerkliche Objekte, zu deren bekanntesten Beispielen die Gläser und Möbel von Emile Gallé zählen. Es gab Wechselbeziehungen und Austausch über Nancy hinaus: Man denke nur an die Werke von Toulouse-Lautrec, die des Bildhauers Maillol und nicht zuletzt an die von Hector Guimard gestalteten Dekorationen der Metro-Stationen in Paris. Die Vorliebe für eine pflanzliche Formensprache, das Auf- und Abschwellen weicher, eleganter Linien, zarte Farben und grazile Strukturen wirkten und flossen letzten Endes auch zusammen mit den Elementen des Impressionismus. Den Künstlern des „Art Nouveau", die sich 1901 in der „École de Nancy" zusammenschlossen, ging es auch um ein Aufblühen im wörtlichen Sinn, darum, das Überlebte, die verkrusteten Strukturen des Neu-Rokoko zu durchbrechen und Gegenstände des täglichen

Gebrauchs (eben Kunst-Handwerk) in neue, hoffnungsfrohere Formen zu prägen. Was aus diesem beflügelten Stil entstand und Jahrzehnte später im „Art Décoratif" weiterwirkte, sehen Sie im Jugendstilmuseum. Wir dürfen dabei nicht vergessen, dass die Leistungen dieser Kunstrichtung zu den ästhetischen Voraussetzungen für die heute noch fortlebenden Formprinzipien der industriellen Massenproduktion gehören.

Die Sammlungen zeigen die Vielfalt der Techniken (Möbel, Kunstobjekte, Glasherstellung und -malerei, Leder, Keramik, Textil), die die Künstler der Schule von Nancy meisterhaft beherrschten. Mit dem Masson-Esszimmer, einer Arbeit von Eugène Vallin, ist ein Raum komplett im Jugendstil ausgestellt. Weitere einzigartige Werke sind zum Beispiel das Bett „Aube et Crépuscule" (Morgengrauen und Abenddämmerung), der Tisch „Le Rhin" (Der Rhein) von Émile Gallé sowie das Schlafzimmer aus der Villa von Louis Majorelle und das Klavier „La Mort du Cygne" (Schwanentod) ebenfalls von Louis Majorelle. Eine umfassende Ausstellung von Glasobjekten des begnadeten Émile Gallé veranschaulicht die technischen Meisterleistungen und die außergewöhnliche Kreativität der Jugendstilkünstler von Nancy.

Der Garten

Trotz der regen Bautätigkeit im Viertel ist der Garten in großen Teilen erhalten geblieben. Seine Neugestaltung im Jahr 1999 sorgte für eine Pflanzenkulisse, wie sie zu Beginn des 20. Jahrhunderts üblich war. Neben diesen besonderen Blumen und Pflanzen findet sich im Garten der Rundpavillon „Aquarium" und ein Grabmal, eine der ersten Friedhofsarchitekturen im Jugendstil.

Ein Rundgang durch die Altstadt von Nancy

Beginnen und beenden Sie Ihren Rundgang durch Nancy auf der **Place Stanislas**. Der Platz gehört zusammen mit der Place de la Carrière und der Place d'Alliance seit 1983 zum Weltkulturerbe der UNESCO.

Dem letzten Herzog Lothringens, Stanislas Leszczynski, ist es zu verdanken, dass Nancy diesen Platz erhielt und zur Königsstadt wurde. Er und sein Hofarchitekt Emmanuel Héré beschlossen, durch ein neues Bauensemble die Altstadt (entstanden im Mittelalter und der Renaissance) mit der Neustadt (aus dem 17. Jahrhundert) zu verbinden und in dessen Mitte eine Statue zu Ehren des französischen Königs aufzustellen. Wenn Sie sich vorstellen, dass zwischen den beiden Stadtteilen zum damaligen Zeitpunkt des Sumpfland war, können Sie ermessen, wie weitreichend und bedeutend diese Entscheidung war. In nur dreieinhalb Jahren Bauzeit entstand zwischen März 1752 und November 1755 einer der schönsten und prunkvollsten Plätze Europas, den das Standbild Ludwigs XV. zierte. Die Statue wurde 1792 während der Französischen Revolution zerstört. 1831 benannte man den Platz in Place Stanislas um und stellte eine Statue des letzten Herzogs von Lothringen auf. „Stanislas, le Bienfaisant" – Stanislas, der Wohltäter – ist in den Sockel eingraviert. Die goldenen Tore und Bögen von Jean Lamour und die herrlichen Brunnen von Barthélemy Guibal machen die Schönheit des Platzes vollkommen.

Gehen Sie nun durch den **Triumphbogen**; er wurde dem des Septimus Severus in Rom nachgebildet und soll durch seine Dekorelemente den französischen König Ludwig XV. verherrlichen. Sie überqueren nun die **Place de la Carrière** – ursprünglich ein Turnierplatz. Umrahmt wird der Platz am Eingang von Stadtpalästen und am unteren Ende vom **Palais du Gouvernement**. Wenden Sie sich am Ende nach links und gehen Sie zur **Place Saint-Epvre**. Der ehemalige Markt- und Handelsplatz des Mittelalters ist mit einem Standbild Renés II., Herzog von Lothringen, geschmückt. René besiegte 1477 in der Schlacht bei Nancy das übermächtige Heer der Burgunder unter Karl dem Kühnen – dank der Hilfe des heiligen Nikolaus, der darauf zum Schutzpatron Lothringens aufstieg.

Gehen Sie einige Meter zurück bis zur Grande Rue. Sie ist das Herz der mittelalterlichen Stadt; an ihrem Ende steht das imposante **Stadttor Porte de la Craffe** (14. Jahrhundert). Restaurants, Handwerkerläden, Kolonialwarenläden und sonstige Geschäfte des täglichen Bedarfs säumen die Straße, in der sich auch der

Herzogspalast (Palais Ducal) befindet. Er war die Residenz der Herzöge von Lothringen, bis im 18. Jahrhundert Herzog Leopold in das Schloss von Lunéville umzog. Im Palais Ducal ist das **Musée Lorrain** untergebracht mit der archäologischen und mittelalterlichen Sammlung, mit Gemälden unter anderem von Georges de la Tour und Grafiken von Jacques Callot. Im angrenzenen Franziskanerkloster veranschaulicht eine bemerkenswerte Sammlung das Landleben im Lothringen des 19. Jahrhunderts.

Für den Besuch des Musée Lorrain sollten Sie mindestens eineinhalb Stunden einplanen.

Vor der Porte de La Craffe wenden Sie sich nach links und gehen in die Rue du Haut-Bourgeois mit ihren zahlreichen herrschaftlichen Stadthäusern und prächtigen Stadtpalästen vorwiegend aus dem 18. Jahrhundert. Sie treffen am Ende wieder auf die Place Saint-Epvre und folgen der Grande Rue weiter Richtung Place Stanislas. Am Haus Nr. 30 erinnert eine Bodenplatte mit der Jahreszahl 1477 an die Schlacht bei Nancy und markiert den Standort des Hauses, in dem der Leichnam des Burgunderherzogs Karl der Kühne aufgebahrt war.

Sie gelangen nun wieder zur Place Stanislas. Ich empfehle Ihnen zum Abschluss einen Besuch des **Musée des Beaux-Arts**. In diesem schönen Museum werden alle europäischen Kunstrichtungen vom 14. bis zum 21. Jahrhundert präsentiert. Maler (unter anderem Caravaggio, Boucher, Delacroix, Manet, Modigliani), Bildhauer (Rodin, César) und lothringische Künstler (u. a. Claude Lorrain, Jacques Callot, Émile Friant) kommen dort zu Ehren. Im Untergeschoss finden Sie eine einzigartige Glaskunstsammlung der Brüder Daum.

Für den Besuch des Musée des Beaux-Arts sollten Sie etwa eineinhalb Stunden einplanen.

Bei schönem Wetter ist rund um die Place Stanislas immer etwas los. Die Menschen genießen das Leben in den Straßencafés. Im Rathaus findet samstags eine Hochzeit nach der anderen statt, und im angrenzenden **Parc de la Pépinière** spazieren, ein Eis oder eine Waffel in der Hand, Eltern und Kinder durch die Anlagen. Von Stanislas ursprünglich als Baumschule angelegt, ist La Pépinière heute ein öffentlicher Park mit einem romantischen Pavillon (geheimer Treffpunkt für Verliebte), einem Rosengarten und mehreren Skulpturen, unter anderem von Rodin.

Wenn Sie den Kreis schließen und Ihren Besuch in Nancy mit dem Erlebnis „Jugendstil" beenden möchten, sollten Sie am Abend (oder schon zum Mittagessen) in die **Brasserie Excelsior** (ab Place Stanislas durch die Rue Gambetta zur Rue Henri Poincaré 50) gehen. Nicht nur das Essen (vorwiegend Meeresfrüchte und Fisch) ist hervorragend, auch das Ambiente ist ein Genuss. Denn das 1911 erbaute „Excelsior Nancy" ist eine der wenigen architektonischen Hinterlassenschaften des Art Nouveau – erbaut und eingerichtet im Jugendstil.

Restaurants

Brasserie Excelsior
50, rue Henri Poincaré
F-54000 Nancy
Telefon: (0033) 383352457
www.brasserie-excelsior.com

Restaurant la Gentilhommière
29, rue des Maréchaux
F-54000 Nancy
Telefon: (0033) 383322644

Marché Central, die Markthalle beim Einkaufszentrum Saint-Sébastien südlich Place Stanislas
Hier können Sie in einigen hübschen Restaurants gut essen und die köstlichen Spezialitäten kaufen: Bergamotte-Bonbons, Makronen, Baba-au-Rhum (Kuchen in Rum eingelegt), Königinpastetchen und der berühmte Saint-Epvre-Kuchen – dazu natürlich verschiedene Käsesorten und die beliebte Quiche Lorraine.

Tourismusbüro Nancy/Office de Tourisme
Place Stanislas
F-54000 Nancy
Telefon: (0033) 383352241
www.nancy-tourisme.fr

Musée de l' Ecole de Nancy
36-38, rue du Sergent Blandan
F-54000 Nancy
Telefon: (0033) 383401486
http://www.ecole-de-nancy.com
(Montag und Dienstag geschlossen)

Musée Lorrain - Palais Ducal
64, Grande Rue
F-54000 Nancy
Telefon: (0033) 383321874
(Montag geschlossen)

Musée des Beaux-Arts
3, place Stanislas
F-54000 Nancy
Telefon: (0033) 383853072
http://mban.nancy.fr/
(Dienstag geschlossen)

Eine außergewöhnliche Biografie: Der letzte Herzog von Lothringen, Stanislas Leszczynski (1677–1766)

Wie konnte es dazu kommen, dass ein polnischer Adliger Herzog von Lothringen wird? Nun, das ist eine komplexe und lange Geschichte, in die die damaligen Großmächte Europas verwickelt waren: Frankreich, Österreich, Schweden, sowie Russland, Preußen und Polen.

Schauen wir zuerst an den Hof in Lunéville. Hier regiert seit 1690 Herzog Leopold (Sie werden ihm in der Geschichte über die Schlösser von Fléville, Lunéville und Haroué auf Seite 262 f wieder begegnen). Als er am 27. März 1729 in Lunéville stirbt, geht die Regentschaft an seinen Sohn Franz Stephan über. Der aber interessiert sich nicht für das Herzogtum, sondern für Maria Theresia von Österreich. Darum lebt er schon seit Jahren am Wiener Hof. Also übernimmt vorerst seine Mutter Herzogin Elisabeth Charlotte die Regierungsgeschäfte.

Bereits 1704, also 25 Jahre zuvor, wurde Stanislas im Alter von erst 27 Jahren auf Druck Schwedens von einer Minderheit des polnischen Adels zum König von Polen gewählt. 1709, als Schweden einen Krieg gegen Russland verloren hatte, musste Stanislas zum ersten Mal abdanken. Der Schwedenkönig Karl XII., gleichzeitig Herzog von Zweibrücken, ließ den nunmehr bettelarmen Ex-Monarchen aber nicht fallen, sondern ermöglichte ihm ein komfortables Asyl in der Pfalz. Stanislas war zwar kein begnadeter Politiker, aber er war ein Baunarr mit Geschmack. Er baute „Tschifflik", das berühmte Zweibrücker Lustschloss, in den Jahren 1714 bis 1718 und förderte während dieser Zeit auch das Kloster Gräfintal. Die Ruinen und die verbauten Gebäude wurden abgerissen, das Kloster neu errichtet. Seine Tochter Anna, die mit 18 Jahren plötzlich starb, ließ er in Gräfintal begraben. Man vermutet, dass sie durch einen Giftanschlag, der ihrem Vater galt, ihr Leben verlor. Auch die

Verhandlungen über die Heirat seiner zweiten Tochter Maria mit dem französischen König Ludwig XV. sollen in Gräfintal stattgefunden haben (s. Seite 53f).

1718 verließ Stanislas Zweibrücken, wo er wie ein Pascha gelebt hatte, und tingelte durch das Elsass, war Gast an verschiedenen Höfen, doch arm und von den meisten seiner Anhänger verlassen.Es grenzt an ein Wunder, dass er 1725 die Heirat von Maria mit dem französischen König gegen hundert andere Bewerberinnen durchsetzen konnte. Dies war auch die Wende in Stanislas' ruhelosem Wanderleben.

Sieben Jahre später, als die polnische Krone erneut vergeben werden sollte, unterstützte Frankreich die Kandidatur des königlichen Schwiegervaters. Es war also Stanislas' zweiter Griff nach der polnischen Krone. Doch es kam anders... Sein Gegenkandidat war der übermächtige Friedrich August II. von Sachsen, den Russland und Österreich auf dem Thron sehen wollten. Es kam zum polnischen Thronfolgekrieg, 1735 zum Vorfrieden in Wien und in seiner Folge zum europäischen Ländertausch: Kaiser Franz Stephan, der inzwischen seine geliebte Maria Theresia von Österreich geheiratet hatte, erhielt die Toskana und verzichtete dafür auf Lothringen; August von Sachsen bestieg den polnischen Thron – und Stanislas wurde 1737 im Alter von 60 Jahren Herzog von Lothringen.

Alle waren glücklich und zufrieden, auch die Lothringer, denn vor allem Nancy erlebte durch Stanislas eine einzigartige Blüte, die sich bis heute im architektonischen Ensemble der unvergleichlichen Place Stanislas offenbart. Die Kunststadt überflügelte leicht und rasch das alte Metz.

Nur die Rechnung des französischen Königs ging nicht auf. In einem Vertrag ließ er seinem Schwiegervater den Anschein der Macht, alle wesentlichen Akte der Verwaltung konnte Stanislas nur im Einvernehmen mit dem König treffen. Dieser durfte nach Belieben Truppen im Land stationieren und Festungen bauen. Bestimmt dachte Ludwig XV., dass der dicke Stanislas, der fraß und soff und unter Bluthochdruck litt, bald das Zeitliche segnen würde… und damit Lothringen schon binnen weniger Jahre wie geplant an Frankreich fallen würde. Dem war aber nicht so! Stanislas regierte fast 30 Jahre und wurde 89 Jahre alt. Die Umstände seines Todes waren tragisch: Im Winter 1766 saß der Herzog in seinem Schloss in Lunéville vor dem Kamin, als sein Mantel Feuer fing. War es eine Unachtsamkeit? War Stanislas eingeschlafen und den Flammen zu nahe gekommen? Oder ist er gestolpert und in den Kamin gefallen? Jedenfalls zog sich der Herzog bei dem Unfall schwerste Verbrennungen zu und erlag nach unsäglichen Schmerzen seinen Verletzungen.

Das Mausoleum von Stanislas – wie auch das seiner Ehefrau Catharina – befindet sich in der Kirche Notre-Dame de Bonsecours in der gleichnamigen Straße im Süden von Nancy.

Pikante Amouren: Lunéville, Fléville und Haroué

Reise zu den Schauplätzen höfischer Affären

Lust auf Amouren? Die Geschichte ist voll davon, und vor allem die Affären in und an den Höfen haben es in sich. Lassen Sie sich also ver-führen zu einer Tour auf den Spuren berühmter Persönlichkeiten, deren Liebesgeschichten sich in den schönen Schlössern um Nancy zugetragen haben.

Unsere Route beginnt in Lunéville, führt uns weiter zum Schloss von Fléville und danach zum Wasserschloss von Haroué. Wenn Sie dann noch Zeit und Lust haben, machen Sie auf dem Rückweg einen Abstecher in die Königsstadt Nancy, deren besonders schöne Seiten ich Ihnen ja bereits im vorangehenden Beitrag vorgestellt habe.

Tauchen Sie also ein in die Zeit, als Leopold und später Stanislas das Herzogtum Lothringen regierten, als sich illustre Persönlichkeiten am Hof von Lunéville aufhielten. Sie werden gleich bemerken, dass es hier nicht um trockene Zahlen und Fakten geht, sondern um spannende und durchaus pikante Geschichte(n)…

IHR TAG IM ÜBERBLICK

Anfahrt mit dem Auto

ab/bis Saarbrücken etwa 290 km
Anreise ab Saarbrücken auf der A4 bis Saint-Avold, ab hier weiter auf der D 910 bis Faulquémont, dann südlich auf der D 20 über Château-Salins und Vic-sur-Seille und über die D 914 nach Lunéville (etwa 90 km). Parken direkt vor dem Schloss.

Mein Vorschlag:

2 Stunden: Lunéville: Besichtigung von Schloss, Schlosspark und Stadt

Weiterfahrt auf der N 333 nach Fléville-devant-Nancy (30 km)

1 Stunde: Fléville: Besichtigung des Schlosses

Weiterfahrt auf der N 57 Richtung Süden, Ausfahrt „Haroué", dann auf der D9 bis Hauroué (etwa 30 km)

1 Stunde: Haroué: Besichtigung des Wasserschlosses im Tal des Madon und Besuch des Schlossgartens

Mein Tipp: Lassen Sie Ihren Tag in **Nancy** mit einem Bummel über die Place Stanislas und einem schönen Abendessen in der Jugendstil-Brasserie Flo Excelsior ausklingen.

Lunéville

Im heute beschaulichen Lunéville lag einst das Zentrum der Macht der Herzöge von Lothringen. Leopold (1679–1729) wird 1697 Herzog von Lothringen. Weil seine Residenz in Nancy von französischen Truppen besetzt ist, weicht er im Jahr 1702 nach Lunéville aus, wo er sich von seinem Architekten Germain Boffrand das Schloss im Rokokostil errichten und die Stadt zur würdigen Residenz ausbauen lässt. Leopold ist mit Elisabeth-Charlotte, der Nichte des Sonnenkönigs, verheiratet. Das Paar lebt im Schloss von Lunéville, sie haben 13 Kinder, die Ehe gilt als glücklich – obwohl es in der Mauer des Schlossgartens eine Tür gibt, die nach außen in die Stadt führt. Wenn Sie durch den Schlossgarten gehen, können Sie diese Tür noch heute sehen... Leopold benutzte sie zuweilen, er gelangte so zum Haus seiner Favoritin: Anne Marguerite, knapp 20 Jahre alt. Ihr Ehemann Prinz Marc de Beauvau-Craon war über die Liaison wohl nicht sehr glücklich, ließ sich aber von Leopold angemessen entschädigen. Doch davon später...

Schauen Sie sich das **Schloss von Lunéville**, auch das „Versailles Lothringens" genannt, zuerst von außen an. Am 2. Januar 2003 fiel es einem verheerenden Brand zum Opfer, noch dauern die Restaurierungsarbeiten an. Mittlerweile sind einige Ausstellungsräume und die **Schlosskapelle** wieder zu besichtigen. Von der einst prächtigen **Gartenanlage** (Parc des Bosquets) mit Wasserspielen und Standbildern aus der Mythologie sind nur noch wenige Reste erhalten. Flanieren Sie wie damals der Adel durch den Park des Schlosses, in dem sich die folgenden Liebesgeschichten – eine davon mit tragischem Ausgang – ereignet haben:

Anne Marguerite, Gattin von Marc de Beauvau-Craon und Geliebte von Herzog Leopold, bringt am 8. Dezember 1711 eine Tochter namens Marie zur Welt. Sie ist bildschön wie ihre Mutter, sie erhält eine gute Ausbildung, sie dichtet, sie malt in Pastell. Sie heiratet François de Boufflers und macht als Marquise de Boufflers eine aufsehenerregende Karriere. Im Alter von 34 Jahren (wir schreiben das Jahr 1745) wird sie am Hof von Lunéville eingeführt.

Hier regiert Stanislas Leszcynski – wie der ehemalige König von Polen nach Lothringen kam, haben Sie im Beitrag über Nancy bereits in einer Kurzfassung erfahren. Stanislas, damals schon 68 Jahre alt, steht zwar in der Blütezeit seines kreativen Schaffens, ist jedoch häufig niedergeschlagen. Die junge unbeschwerte Marie heitert ihn auf und wird noch im gleichen Jahr seine Favoritin. Marie schreibt über ihre Beziehung zu Stanislas: „Gefallen, ohne zu lieben, hatte ich eines Tages Lust. Ich suchte einfach nur Amusement, das zu einem Gefühl wurde, das zu meinem Lebensglück wurde."

Marie ermutigt den Herzog, den Hof von Lunéville so glanzvoll zu führen wie den des französischen Königs in Versailles. Auf Grund ihrer Initiative halten sich in der lothringischen Provinz bald Literaten, Wissenschaftler und Künstler von europäischem Rang auf. Obwohl Marie noch verheiratet und auch Favoritin des Herzogs ist, sammelt sie weiter Liebhaber, was ihr den Namen „La Dame de Volupté" (Dame der Begierde) einbringt. Einer ist der Offizier Jean-François de Saint-Lambert. Als er aus dem Krieg an den Hof von Luneville zurückkehrt, entdeckt er dass Marie ihre Gunst einem anderen schenkt.

Im gleichen Jahr (1748) lädt Stanislas den klugen Voltaire und seine ebenso gebildete Geliebte Emilie du Châtelet in das Schloss von Lunéville ein. Emilie, Mathematikerin, Physikerin, Philosophin und Übersetzerin, ist zusammen mit Voltaire Verfasserin bedeutender Schriften, unter anderem „Die Elemente der Philosophie Newtons“. Kaum angekommen, beginnt Saint-Lambert mit Emilie zu flirten – aber nur um Marie eifersüchtig zu machen. Marie lässt das kalt – im Gegenteil: Sie freundet sich mit Emilie an. Emilie jedoch verliebt sich bis über beide Ohren in Saint-Lambert. Sie schreibt Liebesbotschaften auf Spitzenpapier, die sie in Madame de Boufflers Harfe deponiert, eine Art „geheimer Briefkasten“ der Liebenden.

Die Affäre dauerte mehrere Monate. Dann wurde Emilie schwanger und starb einige Tage, nachdem sie eine Tochter geboren hatte, am 10. September 1749. Sie wurde nur 43 Jahre alt. Ihr Grab ist in der Kirche Saint-Jacques in Lunéville. Für Saint-Lambert war die Affäre mit Emilie ein Spiel, für Voltaire die Katastrophe seines Lebens. Tief betrübt kehrte er dem Schloss von Lunéville den Rücken. Einem Freund schrieb er: „Ich habe nicht meine Mätresse verloren, sondern die Hälfte meiner selbst, eine Seele, die für meine Seele geschaffen schien.“

Wenn Sie sich das Schloss und den Park angeschaut haben, empfehle ich Ihnen noch einen **Spaziergang durch Lunéville**. Zahlreiche Bürgerhäuser und das **Hôtel de Craon** in der Rue de Lorraine Nr. 61 sind aus der glanzvollen Zeit erhalten. Die **Kirche St. Jacques** haben die Hofarchitekten Germain Boffrand und Emmanuel Héré gemeinsam gebaut – ein elegantes Gotteshaus, ganz im Sinne von Stanislas. Dessen Eingeweide liegen dort in einem schlichten Grabmal, gestiftet zu seinem immerwährenden Andenken von Lunévilles Bürgern. In St. Jacques befindet sich auch das Grab von Emilie du Châtelet.

Fléville-devant-Nancy

Im Herzen des kleinen Städtchens liegt das Schloss von Fléville. Herzog Stanislas war 1758 mit einer Gesellschaft in diesem idyllischen Schloss zu Gast. Man richtete ihm sogar ein eigenes Zimmer ein.

Das Schloss ist ein Meisterwerk der französischen Renaissance, angebaut an einen großen mittelalterlichen Bergfried. Wegen seiner typischen Architektur erinnert es an die Schlösser der Loire, insbesondere an Azay-le-Rideau. Seit mehr als 200 Jahren kümmern sich die Eigentümer, die Familie de Lambel, um die Bewahrung des fast 700 Jahre alten Erbes. Bei einer Führung durch das Schloss hat man das Gefühl, als lebten die ehemaligen Bewohner immer noch hier: Da steht Stanislas neben seinem rotsamtenen Prunkbett, im Speisezimmer tafeln Jean de Lutzelbourg, Warry und Marguerite de Fléville. Auf dem Tisch: Wildschwein, Austern und Fasan…

Umgeben ist das Schloss von einem großen romantischen Park.

Das Schloss von Haroué

Erinnern Sie sich? Herzog Leopold besaß neben dem Schloss von Lunéville auch die Grafschaft Haroué samt dem recht maroden Wasserschloss. Um Prinz Marc de Beauvau-Craon zu besänftigen – schließlich war dessen Frau ja seine Geliebte –, schenkte ihm der Herzog die Grafschaft samt dem Schloss. Doch nicht genug: Der Herzog bezahlte auch die Restaurierungsarbeiten und schickte ihm seinen besten Architekten: den berühmten Germain Boffrand.

Das Wasserschloss von Haroué wurde zu einem „barocken Märchen" um- und ausgebaut und diente immer wieder als Kulisse für ausschweifende Feste und vergnügliche Jagden.

Haroué ist seit Marcs und Marguerites Zeiten, also seit 300 Jahren, immer noch im Besitz der Familie Beauvau-Craon. Die heutige Schlossherrin ist Madame la Princesse Minnie de Beauvau-Craon, eine direkte Nachfahrin von Madame de Boufflers, der Mätresse des Herzogs.

Bei einer **Schlossführung** sehen Sie die prächtigen Zimmer aus der Zeit des Herzogs Leopold, Prunkschwerter und Waffen und die berühmten Tapisserien aus der herzoglichen Manufaktur von Malgrange. Haroué beherbergt auch eine seltene Sammlung von königlichem Mobiliar, Einrichtungsgegenstände aus dem Besitz Ludwigs XVIII. Ebenso bemerkenswert sind die herrlichen Goldschmiedearbeiten von Jean Lamour, der die Goldenen Tore an der Place Stanislas in Nancy gestaltete.

Nancy – Place Stanislas

Dort, in der Stadt mit den Goldenen Toren, endet unsere Reise zu den Schauplätzen pikanter Affären und Amouren. Stanislas ist es zu verdanken, dass die unbedeutende Siedlung Nancy zur strahlenden Königsstadt aufstieg. Wo einst Sumpfland war, befindet sich heute einer der schönsten Plätze Europas: La Place Stanislas. Und der Herzog, „Stanislas, le Bienfaisant", blickt von seinem Sockel auf diese glänzende Kulisse für die vielen schönen Cafés und Restaurants, wo man sich trifft, isst, trinkt und lacht. Lassen Sie Ihren Tag hier ausklingen.

Wollen Sie noch wissen, wie die Liebesgeschichte zwischen Stanislas und Marie weiterging? Madame Boufflers war bis zum Tod des Herzogs (über 20 Jahre lang) seine Geliebte und eine mächtige Frau am Hof. Die Ehefrau von Stanislas, Katharina Opalinska, starb bereits 1747 und wurde in der Kirche Notre-Dame de Bonsecours in Nancy beigesetzt. Der Herzog selbst verlor sein Leben unter tragischen Umständen knapp zwanzig Jahre später, im Februar 1766 (s. S. 258). Marie überlebte ihn um mehr als 20 Jahre, in denen sie – vermutlich – weiter Liebhaber sammelte. Sie soll sich folgende Grabinschrift gewünscht haben: „Hier ruht in tiefem Frieden eine Dame von wollüstigem Ruf, die sich aus Sicherheitsgründen das Paradies schon auf Erden schuf."

Restaurants

Hôtel Les Pages – Restaurant Le Petit Comptoir
5, quai des Petits Bosquets
F-54300 Lunéville
Telefon: (0033) 383731455
www.hotel-les-pages.com

Marie Leszczynska
30, rue de Lorraine
F- 54300 Lunéville
Telefon: (0033) 383731185

Brasserie Flo Excelsior
50, rue Henri Poincaré
F-54000 Nancy
Telefon: (0033) 383352457
www.brasserie-excelsior.com

Schloss von Lunéville (Château des Lumières)
F-54300 Lunéville
Telefon: (0033) 383760475
Geöffnet täglich außer Dienstag von 10–18 Uhr; der Park ist ganzjährig täglich von 6–20 Uhr geöffnet; Mai bis September bis 22 Uhr
www.chateauluneville.cg54.fr

Schloss Fléville
F-54710 Fléville-devant-Nancy
Telefon: (0033) 383256471
Geöffnet im Juli und August täglich von 14–19 Uhr;
im April, Mai, September und Oktober nur an den Wochenenden und den Feiertagen von 14–19 Uhr
www.fleville.com

Schloss Haroué
Place du Château
F-54740 Haroué
Telefon: (0033) 383524014
Geöffnet Ende März bis Anfang November am Wochenende und an Feiertagen von 14–18 Uhr. Im Juli und August täglich von 10–12 Uhr und von 14–18 Uhr geöffnet.

Mein Tipp: Jedes Jahr gibt es wechselnde Kunstausstellungen in den Räumen des Schlosses und am letzten August-Wochenende im Schlossgarten eine Oper unter freiem Himmel.
www.chateaudeharoue.com

Ich empfehle Ihnen, vor Ihrem Besuch die aktuellen Öffnungszeiten aller Schlösser zu überprüfen; diese können sich von Jahr zu Jahr bzw. wegen besonderer Veranstaltungen ändern.

Office du Tourisme Lunévillois
Château des Lumières, Salle des Gardes
F-54300 Lunéville
Telefon: (0033) 383740655
www.ot-lunevillois.com

Office de Tourisme Nancy
Place Stanislas
F-54000 Nancy
Telefon: (0033) 383352241
www.nancy-tourisme.fr

www.tourisme-lothringen.eu

Obernai und das Kloster auf dem Odilienberg

Auf den Spuren der Heiligen Odilia

Ich stehe auf dem Felsen, auf dem vor vielen hundert Jahren ein Kloster für Odilia gebaut wurde, und schaue in die Rheinebene. Was für ein Ausblick! Hinter mir steht die Heilige, als wolle sie mich beschützen. Die überlebensgroße Figur ist in eine Kutte gewandet. In der Linken trägt sie den Krummstab der Äbtissin, ein Heiligenschein schwebt um ihren Kopf. Segnend hebt sie die Hand.

Folgen Sie mit mir Odilias Lebensspuren. Von ihrem Geburtsort Obernai fahren wir nach Scherwilller, wo sie als kleines Kind vor ihrem mordlustigen Vater versteckt worden sein soll. Ihre Zeit in Burgund und ihre abenteuerliche Flucht über den Rhein bis nach Freiburg können wir nur in Gedanken nachvollziehen, denn alle Lebensstationen Odilias kann man aufgrund der großen Entfernungen nicht an einem Tag besuchen.

Dafür sollten Sie sich umso mehr Zeit nehmen, um die köstlichen Weine und die kulinarischen Verführungen in Obernai, Scherwiller oder einem der Dörfer an der Elsässischen Weinstraße zu genießen. Vor allem aber, um Odilias Wirkungsstätte zu besichtigen: das Kloster auf dem Odilienberg – ein Kraftort damals wie heute. „Wohlgelegen ist das Stift. Man sieht von seiner Schwelle weit umher die Städt' und Burgen, Fluss und Feld und Hain und allen Reichtum dieser Welt." Diesen Worten des Dichters Ludwig Uhland ist (fast) nichts mehr hinzuzufügen. Sehen Sie selbst!

IHR TAG IM ÜBERBLICK

Anfahrt mit dem Auto

ab/bis Saarbrücken etwa 250 km
Anfahrt über Saargemünd und dann auf der Autobahn A4 bis Saverne, weiter auf der Nationalstraße N4 bis Obernai (ab Saarbrücken etwa 120 km). Parken auf dem Parkplatz „Remparts" im Süden der Stadt.

Mein Vorschlag

2 Stunden: Obernai: Besichtigung von **Marktplatz** mit Brunnen und **Standbild der Odilia**, **Sechs-Eimer-Brunnen**, mittelalterlicher **Stadtmauer** mit Türmen und Gräben

Von Obernai fahren Sie in südlicher Richtung auf der A35 bis zur Ausfahrt „Scherwiller" – der Ort liegt nahe Séléstat (ca. 25 km).

1 Stunde: Scherwiller: Spaziergang durch das Winzerdorf; hier kann man im Restaurant „A La Couronne" sehr gut zu Mittag essen (unbedingt vorher reservieren und entsprechend Zeit einplanen).

Auf der elsässischen Weinstraße (D35) fahren Sie von Scherwiller in nördlicher Richtung über Andlau und Barr auf den Odilienberg (ca. 30 km).

1–3 Stunden: Odilienberg: Besichtigung der **Klosteranlagen** (etwa 1 Stunde) und Spaziergang entlang der **Heidenmauer** (etwa 2 Stunden)

Obernai

Obernai hat rund 12.000 Einwohner und gehört zu den schönsten Städten des Elsass. Stattliche Bürger- und Fachwerkhäuser mit vielfältigem Schnitzwerk zeugen vom Reichtum der Bewohner. Bei Ihrem Rundgang sollten Sie immer wieder die Hauptwege der Touristen verlassen und in den Nebengassen einen Blick in die schönen Innenhöfe werfen.

Die Ehn gab dem Ort seinen Namen. Aus „Ehnheim" entstand Ober- und Niederehnheim, heute Obernai und Niedernai. Wenn Sie am Parkplatz „Remparts" parken, können Sie als erstes einen Blick auf die mächtige **Stadtmauer** mit ihren Wehrtürmen werfen. Sie wurde im 13. Jahrhundert mit einer doppelten Mauer errichtet. Zwischen den Mauern floss der Mühlenkanal, heute eine Promenade. Die Stadtbefestigung hatte 54 Türme, die meisten wurden im 16. Jahrhundert erbaut. Rund 30 von ihnen sind noch erhalten. Überqueren Sie dann die Fahrstraße (Rue Séléstat), an der sich die Synagoge befindet.

Die **Place André Neher** erinnert an den großen jüdischen Philosophen und welch große Rolle die zahlreichen jüdischen Gemeinden bei der Entwicklung der elsässischen Städte gespielt haben.

Gehen Sie nun anstatt geradeaus (Touristenpiste) halbrechts in die „Ruelle du Canal de l'Ehn", durch die früher der Mühlenkanal floss. Hier war das Gerberviertel. Den malerischen **Marktplatz**, den Sie nach wenigen Minuten erreichen, ziert auf dem Brunnen die Statue der Heiligen Odilia. Hier schlägt das Herz der Stadt, hier amüsiert man sich bei Weinfesten, Konzerten und Theateraufführungen. Im Osten sehen Sie die imposante **Halle aux Blés**. Sie war früher das Schlachthaus, was man am Kopf eines Rindes auf dem Dach erkennt. Im Westen neben dem Rathaus steht der **Kappelturm**, das Wahrzeichen der Stadt, mit der ältesten Stadtuhr des Elsass.

Am Haus der Bank BNP entdecken Sie eine der im Mittelalter üblichen Abschreckmasken, die vor Gefahren schützen sollten. Hinter dem Rathaus steht ein großes Haus mit dem letzten Gerberspeicher der Stadt.

Gehen Sie nun vom Marktplatz durch die „Ruelle des Juifs" (Judengasse) weiter; das Haus mit dem Rundbogen diente wohl als Synagoge – man erkennt noch die hebräischen Schriftzeichen. Anschließend wenden Sie sich nach links, dann gleich nach rechts und Sie stehen am alten Mühlenkanal. Mit wenigen Schritten erreichen Sie die **Place de l'Etoile** (Sternplatz). Auf einer Tafel sieht man, wie der Platz mit Mühlenkanal und Waschplatz früher aussah. Am oberen Ende steht das prächtige Hotel-Restaurant „Zum Schnogaloch" (erbaut 1619).

Vorbei am „Schnogaloch" erreichen Sie die **Kirche-Saints-Pierre-et-Paul**. Man hat sie quer über die Ehn und aus diesem Grund in Nord-Süd-Richtung errichtet – im Gegensatz zu den meisten christlichen Kirchen, die nach Osten ausgerichtet sind. Im Innern der neugotischen Kirche (erbaut 1867 bis 1873) befinden sich noch vier beachtenswerte Fenster (um 1480), die aus dem zerstörten Vorgängerbau gerettet werden konnten. Von Saints-Pierre-et-Paul gehen Sie wieder Richtung Marktplatz bis zum **Puits aux Six Seaux** (Sechs-Eimer-Brunnen). Über den Brunnen spannt sich ein Baldachin, getragen von drei verzierten korinthischen Säulen. Das Dach krönt ein Engel, der die Posaune bläst. Auf dem Rand des Baldachins sind Bibelsprüche eingemeißelt. Der Sechs-Eimer-Brunnen gilt als der berühmteste Renaissance-Brunnen des Elsass. Über den Marktplatz, entlang der liebevoll restaurierten Fachwerkhäuser, erreichen Sie wieder Ihren Parkplatz.

Lust auf mehr? Ein vier Kilometer langer Spaziergang führt auf der Promenade entlang der alten Stadtmauer rund um das historische Obernai.

Scherwiller

Das malerische Winzerdorf, in dem die kleine Odilia Zuflucht bei einer Amme gefunden haben soll, gilt heute als Zentrum des Riesling-Anbaus im Elsass. Die Mischung aus edlen Tropfen, hübschen Fachwerkhäuser und Renaissance-Bauten – dazu

die Kulisse der umliegenden Burgen Ramstein und Ortenberg – wird auch Sie begeistern. Das schönste Haus der Stadt ist die Alte Wache (Corps de Garde) aus dem 17.Jahrhundert.

Mont Sainte Odile und Heidenmauer

Der Odilienberg oberhalb von Obernai war schon seit keltischer Zeit besiedelt: Sein Gipfel wird von der etwa zehn Kilometer langen **Heidenmauer** umzogen – vermutlich ein Ringwall, der eine Fliehburg beschützte. Im 7. Jahrhundert soll hier die Burg des Herzogs Etichon gestanden haben. Während man von ihr keine Spuren mehr findet, ist die Heidenmauer teilweise noch

zwei bis drei Meter hoch und bis zu zwei Meter dick erhalten. Ihren Steinen – wie auch dem Berg – schrieben die Menschen eine besondere, heilige und heilende Wirkung zu. Lange Zeit war es üblich, in das Mauerwerk eines Hauses einen Stein der Heidenmauer einzufügen, um es vor Unglück zu beschützen.

Der Odilienberg mit dem Kloster der Odilia ist die bedeutendste Wallfahrtsstätte der Region und wird seit 1853 von den Schwestern vom Heiligen Kreuz betreut. Gläubige aus aller Welt lösen einander bei Tag und Nacht im immerwährenden Gebet ab. Vielleicht spüren auch Sie die geheimnisvollen Kräfte dieses Ortes, wenn Sie die Klosteranlage besuchen und einen Spaziergang entlang der Heidenmauer unternehmen.

Das Kloster

Vom großen Parkplatz treten Sie durch ein stattliches Torgebäude in den Gebäudekomplex. Im Innenhof steht ein Stein zum Gedenken an den Besuch von Johannes Paul II. Der Rundgang führt Sie zunächst rechter Hand zur Ost- und Nordseite des Plateaus mit herrlichen Ausblicken auf die Oberrheinebene und bei entsprechendem Wetter bis in den Schwarzwald. Am äußersten Punkt steht die **Tränenkapelle** (Chapelle des Larmes), hier soll Odilia für ihren Vater gebetet und Tränen vergossen haben.

Ein Stück weiter befindet sich die **Engelskapelle** (Chapelle des Anges), bereits im 12. Jahrhundert gebaut. Die Mosaiken aus Gold, teilweise mit Motiven aus dem „Hortus Deliciarum", entstanden aber erst zwischen 1938 und 1948. Durch die Klosterkirche gelangt man in die **Odilienkapelle** (Chapelle Sainte-Odile), wo die Überreste der Heiligen ruhen. Ebenfalls mit der Klosterkirche verbunden ist die **Kreuzkapelle** (Chapelle de la Croix), der bedeutendste Rest der romanischen Bauten. In der **Kapelle des Heiligen Jean-Baptiste** können Sie Illustrationen aus dem „Hortus Deliciarum" bestaunen. Der „Lustgarten" ist eine Enzyklopädie von Herrad von Landsperg, die zwischen 1175 und 1195 entstand, als Herrad Äbtissin des Klosters war. Das Werk fasst das theologische und profane Wissen der damaligen Zeit zusammen.

„Dieses Buch, Lustgarten genannt," erklärt sie im Vorwort, „habe ich kleine Biene unter Gottes Antrieb aus verschiedenen Blüten der Heiligen Schrift und der menschlichen Weisheit zusammengestellt und aus Liebe zu euch wie zu einem Honigkuchen gebildet, zur größten Ehre Jesu Christi und der Kirche." (aus: „Elsaß" von Franz Prinz zu Sayn-Wittgenstein, Prestel Verlag München).

Quelle der Heiligen Odilia

Etwas unterhalb des Klosters liegt an der Straße nach Saint-Nabor (Vorsicht: steiler Weg!) die Odilienquelle. Ihr Wasser soll helfen, Augenleiden zu heilen. Der Sage nach schlug die Heilige Odilia hier gegen den Felsen, worauf eine Quelle herausbrach.

Restaurants

Hotel-Restaurant La Cloche
90, rue du Général Gouraud
F-67210 Obernai
Telefon: (0033) 388955289
www.la-cloche.com

Restaurant Winstub La Dîme
5, rue des Pélerins
F- 67210 Obernai
Telefon: (0033) 388955402
www.ladime.fr

A La Couronne
2, rue de la Mairie
F-67750 Scherwiller
Telefon: (0033) 388920624
www.couronne.com

Auch im Kloster auf dem Odilienberg gibt es ein Restaurant, in dem man gut und preiswert essen kann; Infos unter www.mont-sainte-odile.com

Office de Tourisme
Place du Beffroi
F-67210 Obernai
Telefon: (0033) 388956413
www.tourisme-obernai.fr/de/

Office de Tourisme de Scherwiller
Corps de Garde
F-67750 Scherwiller
Telefon: (0033) 388922562
www.chatenois-scherwiller.net

Meine Tipps:
In Scherwiller werden Tradition und Brauchtum in besonderer Weise gepflegt. Ich empfehle Ihnen folgende Veranstaltungen:

- die **Rieslingpräsentationen** – immer am Dienstagabend nach dem 14. Juli und am Samstag Mitte August
- das **Fest der Waschweiber**, bei dem die Dorffrauen in farbenfrohen Kostümen Wäsche waschen und die Geschichte des Dorfes in Liedern und kleinen Erzählungen wieder aufleben lassen – jeweils an den beiden letzten Freitagabenden im Juli und den beiden ersten Freitagabenden im August (ab 20 Uhr)
- den **Gourmet-Spaziergang**, bei dem sich regelmäßig um die 3.000 Besucher auf einen gastronomischen Spaziergang, den 6 km langen „Sentier Gourmand", begeben. Entlang der besten Weinlagen werden die Wanderer an acht Stationen mit kleinen Köstlichkeiten und guten Weinen belohnt – am 1. Wochenende im September.

www.scherwiller.fr
www.rieslinger.com

Die Legende von der Heiligen Odilia

Im Jahr 622 wurde dem mächtigen elsässischen Herzog Etichon eine Tochter geboren. Der Vater war voller Zorn, denn er hatte sich einen Sohn gewünscht. Sein Zorn wuchs noch mehr, als er feststellte, dass das Mädchen blind war. Also befahl er, es zu töten. Doch die Mutter vertraute das Baby einer Dienerin an, die es zu Bauersleuten nach Scherwiller brachte. Später kam das Kind ins Kloster Baume-les-Dames in Burgund, wo es bis zu seinem 12. Geburtstag aufgezogen wurde.

Eines Tages träumte Erhard, der Bischof von Regensburg, er solle nach Baume reisen, um ein blindes Kind zu taufen. Sofort machte er sich auf den Weg, fand sogleich das Mädchen und taufte es auf den Namen Odilia. Als das Taufwasser Odilias Augen benetzte, schlug sie diese auf und wurde sehend. Wenig später reiste Odilias jüngerer Bruder nach Burgund und brachte sie nach Hause zurück. Der Vater fühlte sich dadurch so betrogen, dass er den Sohn erschlug. Odilia aber gewann durch ihre Demut die Liebe des Vaters, der seine Tat nun tief bereute.

Als Odilia im heiratsfähigen Alter war, wollte Etichon sie mit einem mächtigen, vornehmen Mann vermählen, Odilia aber hatte andere Pläne: Sie wollte ihr Leben Gott weihen. Ein heftiger Streit darüber eskalierte so, dass Odilia nur die Flucht über den Rhein blieb. Nahe Freiburg holten die Schächer des Vaters sie ein. Fast konnten sie schon nach ihr greifen, da öffnete sich plötzlich der Fels, Odilia sprang hinein, der Fels schloss sich und die Verfolger verloren ihre Spur. Nun endlich beugte sich Etichon dem Willen Gottes und übergab seiner Tochter die Hohenburg, damit sie dort ein Frauenkloster gründen könne.

Odilia war überaus beliebt, man verehrte sie schon zu Lebzeiten als Heilige. Als sie 720 im Alter von fast hundert Jahren starb, begannen die Glocken in den Dörfern und Städten von selbst zu läuten, um den Tod der „Mutter des Elsass" zu betrauern.

Nach Straßburg, um das Glück zu finden

Schlemmerstadt zwischen Romantik, Kunst und Moderne

Brauchen Sie Glück? Wenn ja, dann habe ich einen ganz sicheren Tipp für Sie. Folgen Sie mir nach Straßburg und kommen Sie mit ins Münster Unserer Lieben Frau. Die nette Dame, die gleich neben der Astronomischen Uhr Postkarten, Broschüren und Reiseführer verkauft, hat's mir verraten: „S'bringt Glück, wenn mer's strichelt" hat sie mir einmal zugeraunt und in Richtung Steinerne Kanzel genickt. Dort nämlich hat der Steinmetz den Kopf eines Hundes angebracht, der schon ganz speckig ist von den vielen Menschenhänden, die ihn berührt haben. Offen gestanden bin ich sofort in Richtung Kanzel gespurtet und habe das Hundeköpfchen gesucht, gefunden und gestreichelt. Und immer, wenn ich mit meinen Reisegruppen in Straßburg war, habe ich das kleine Geheimnis an meine Gäste weitergegeben, und wir haben wieder und wieder das niedliche Köpfchen liebkost. Doch auch wenn Sie Ihr Glück schon gefunden haben, lohnt sich ein Besuch der Hauptstadt des Elsass. Warum ich das sage? Straßburg ist eine außergewöhnlich schöne Stadt mit vielen Facetten. Da sind die gut erhaltenen Fachwerkhäuser, man findet lauschige Plätze, flaniert über prächtige Boulevards, kehrt in hübschen Cafés und stimmungsvollen Restaurants ein. Die Ill, der Heimatfluss des Elsass, teilt sich vor dem Zentrum und umschlingt scheinbar schützend den historischen Kern – hier schlägt das Herz der Stadt, die nicht nur mit beeindruckenden Spuren aus den verschiedenen Epochen punktet, sondern auch mit dem modernen Image als Europastadt: Straßburg ist Sitz europäischer Institutionen und des deutsch-französischen Gemeinschaftssenders ARTE.

Anreise mit dem Auto

ab/bis Saarbrücken etwa 200 km
Ab Saargemünd auf der A35, dann auf die A351 südlich von Straßburg, Ausfahrt „Place de l'Étoile" (etwa 120 km). Infos in deutscher Sprache zu Parkmöglichkeiten gibt es unter www.strasbourg.com/strasbourg/de/pratique/transports/115.html

Anreise mit der Bahn

Das Saar-Elsass-Ticket berechtigt zur einmaligen Hin- und Rückfahrt zwischen allen Bahnhöfen im Saarland und Straßburg in der 2. Klasse der Nahverkehrszüge. Details unter: www.bahn.de/regional/view/regionen/saar/freizeit/saar_elsass.shtml

In den Touristenbüros an der Place de l'Étoile und im Bahnhof (geöffnet ab 9 Uhr) können Sie einen **Straßburg-Pass** kaufen, der kostenlose Eintritte und eine Reihe zusätzlicher Vergünstigungen bietet. Dort bekommen Sie auch Stadtpläne und Informationsmaterial. Ein weiteres Touristenbüro befindet sich am Münsterplatz.

Mein Vorschlag

½ Stunde: Gemütlich bummeln Sie von der **Place de l'Étoile** in die Innenstadt; über die Place d'Austerlitz gelangen Sie in den Stadtteil **Krutenau**, wo sich früher zahlreiche Brauereien befanden. Über die Rabenbrücke („Pont du Corbeau") queren Sie die Ill und sehen schon auf der rechten Seite die Anlegestelle der Ausflugsboote am Quai des Bateliers.

1 Stunde 10 Minuten: Fahrt mit dem Panoramaboot, Tour „Straßburg – über 20 Jahrhunderte Geschichte". Die ersten Boote fahren um 9.30 Uhr ab, von Ende Oktober bis Ende März erst ab 10.30 Uhr. Nach der Fahrt gehen Sie in wenigen Minuten zum Münsterplatz.

1 Stunde: Lassen Sie sich im **Münster** das Mittagsläuten der Astronomischen Uhr und das Spiel der Automaten (täglich 12.30 Uhr, Beginn der Multimediaschau 12.10 Uhr) nicht entgehen. Danach bietet sich die Besichtigung der Kathedrale an. Informationsbroschüren finden Sie im Shop in der Kirche. Beachten Sie bitte, dass Sie um 11.35 Uhr im Münster sein müssen, da die Kirche während des Mittagsläutens von 11.40 Uhr bis 12.45 Uhr geschlossen wird!

30 Minuten: Aufstieg zur **Münster-Plattform** – genießen Sie wie einst Goethe das atemberaubende Panorama auf die Stadt und die Umgebung!

2 Stunden: Besuch eines **Museums** (z. B. Historisches Museum, Elsässisches Museum, Rohan-Palast, der gleich drei Museen beherbergt. Alle Museen liegen in der Altstadt.)

2 Stunden: Nehmen Sie sich mindestens zwei Stunden Zeit für einen Bummel durch die **Altstadt** und das pittoreske Viertel **La Petite France**.

Die Fahrt mit dem Panoramaboot

Jedes Mal, wenn ich in Straßburg bin, fahre ich mit dem Panoramaboot. Warum? Anders als andere Städte hat Straßburg den unschätzbaren Vorteil, dass sich die Ill vor den Toren der Stadt teilt und die Altstadt mit ihren zwei Armen umschließt, die später wieder zusammenfließen. Mit dem Schiff bekommen Sie also einen guten Überblick über die Sehenswürdigkeiten der Stadt und durchfahren sogar das Viertel La Petite France bis zum Vauban-Damm. Ein bisschen abenteuerlich ist das Ganze auch, schließlich wird das Boot zweimal geschleust und an einer Stelle geht es doch recht hurtig über ein paar Stromschnellen hinweg. Das Boot bringt Sie bis zu den Gebäuden von ARTE und den Europäischen Institutionen – Straßburg ist offizieller Sitz des Europaparlaments.

Während der Fahrt erhalten Sie die Infos zu den Sehenswürdigkeiten über Kopfhörer – und das in allen möglichen Sprachen. Es gibt Kommentare auf Elsässisch und ein Kinderprogramm, von Russisch über Esperanto bis Chinesisch ist sprachlich (fast) alles vertreten. Vergnüglich und informativ zugleich, so finde ich.

Vom Schiffs-Anleger sind es danach nur etwa 150 Meter Fußweg über den Ferkelmarkt (Place du Marché aux cochons de lait) zum Münsterplatz.

Der Münsterplatz

Eines der schönsten Häuser Straßburgs ist die **Maison Kammerzell** am Münsterplatz. Ich staune immer wieder über das für die damalige Zeit ungewöhnliche steinerne Erdgeschoss, wer hatte im Jahr 1465 schon so viel Geld, um ein Haus aus Stein zu errichten? Überaus prächtig sind die drei Fachwerk-Stockwerke (1587 gebaut) mit ihren 75 Fenstern – zählen Sie mal nach, ob das wirklich stimmt… Bauherr war übrigens ein reicher Käsehändler. Heute beherbergt „Maison Kammerzell" ein Restaurant und ist eine bekannte Adresse für elsässische Esskultur.

Nur wenige Gotteshäuser üben auf mich eine so große Faszination aus wie das **Münster Unserer Lieben Frau**. Vielleicht ist es die Stilmischung aus Romanik, Gotik und Hochgotik – hochkarätige Architekten und Künstler bauten rund dreihundert Jahre an dieser Kirche. Schon die Fassade mit der Großen Rose und den zahlreichen religiösen Darstellungen und Figuren (zum Beispiel die „Törichten Jungfrauen") ist bemerkenswert; stundenlang könnte man die Details studieren, doch das Innere lockt: eine gotische Schwalbennestorgel, die zahlreiche Umbauten erfahren hat, so 1716 von Andreas Silbermann erneuert, der Engelspfeiler, der das Jüngste Gericht darstellt, das Wunderwerk der Astronomischen Uhr. Und natürlich die eingangs erwähnte „Steinerne Kanzel" mit dem Hundeköpfchen, das Glück bringt, wenn man es streichelt.

Von der Münster-Plattform hat man einen fantastischen Ausblick auf die Altstadt und die Umgebung von Straßburg – hier stand einst der junge Goethe und staunte…

Durch das Südportal des Querhauses treten Sie ein, um das Mittagsläuten und das Figurenspiel der **Astronomischen Uhr** mit zu erleben – am besten schon um 11.30 Uhr, um sich noch das Münster von innen anzusehen und einen guten Platz zu ergattern: Der ist zwischen Uhr und gegenüberliegender Wand. Bevor das Spiel der Automa-

ten beginnt, gibt es eine informative Multimediashow. Pünktlich um 12.30 Uhr geht das Spektakel los: Zuerst kräht der Hahn, die Engel schlagen die Glocke, dann ziehen die Apostel langsam vorbei, Christus hebt segnend die Hand. Einst hat der Vater des berühmten Karikaturisten Tomi Ungerer dieses Wunderwerk der Mechanik gewartet.

Nur wenige Minuten vom Münster entfernt, in der rue du Vieux Marché aux Poissons, befindet sich das **Historische Museum** der Stadt Straßburg. Spannend und interaktiv konzipiert, nach modernen Erkenntnissen und mit neuer Technik ausgestattet lohnt ein Besuch auch mit Kindern ab dem Schulalter. Besonders faszinierend: das 11 x 7 Meter große Relief von Straßburg; es zeigt, wie die Stadt im 18. Jahrhundert aussah, als Goethe hier Jura studierte.

Bei schönem Wetter sollten Sie unbedingt durch das **Gerberviertel** bummeln, besser bekannt unter dem Namen **La Petite France**. Hier waren im späten Mittelalter vor allem die Gerber und Müller ansässig. Mit das schönste und am häufigsten fotografierte Haus ist die „Gerwerstub" aus dem Jahr 1572.

Der Name „Klein-Frankreich" bezieht sich nicht, wie man vermuten könnte, auf das idyllische Bild, sondern geht auf ein Hospital für Syphiliskranke zurück. Da man die Krankheit früher auch als „Franzosenkrankheit" bezeichnete, hieß das Krankenhaus im Volksmund „Zum Französel" beziehungsweise „La Petite France". Schließlich ging der Name auf das gesamte Viertel über. Die Altstadt gehört zum Weltkulturerbe der UNESCO.

Auf dem Weg nach La Petite France sollten Sie einen Halt bei der Kirche **St. Thomas** machen. Sie ist bekannt wegen ihrer bedeutenden Orgeln: Auf der Silbermann-Orgel spielte 1778 bereits Wolfgang Amadeus Mozart und auf der Chororgel – gebaut nach den Plänen von Albert Schweitzer – musizierte der Urwaldarzt, um Geld für seine Projekte zu sammeln. Folgen Sie weiter der Beschilderung „La Petite France" bis zur berühmten **Gerwerstub**. Wenn Sie noch Zeit und Lust haben, gehen Sie weiter bis zu den **Ponts Couverts** (gedeckte Brücken) und den **Vauban-Damm** hinauf, denn von dort oben haben Sie eine der schönsten Aussichten auf die Straßburger Altstadt.

Für den Rückweg empfehle ich Ihnen einen Abstecher zur **Place Kléber** – ursprünglich ein Friedhof, dann Richtplatz, später Ort des Weinmarktes und schließlich Paradeplatz. Heute erinnert der schön gestaltete Platz an den gebürtigen Straßburger Jean-Baptiste Kléber (1753–1800), der als General an der Seite Napoléons in Ägypten kämpfte und dort in der Schlacht von Heliopolis fiel.

Restaurants in Straßburg

Zum Strissel
5, place de la Grande Boucherie
Telefon: (0033) 388321473
www.strissel.fr

L´Ancienne Douane
6, rue de la Douane
Telefon: (0033) 388157878
www.anciennedouane.eu

Brasserie Flo
8, rue de l'Outre
Telefon: (0033) 388520303
www.brasserie-flo.com

Maison Kammerzell
16, place de la Cathédrale
Telefon: (0033) 388324214
www.maison-kammerzell.com

Office de Tourisme
Telefon: (0033) 388522828
www.otstrasbourg.fr

Panoramaboot Straßburg
Telefon: (0033) 388841313
www.batorama.fr

Museums-Tipps: Das **Museum Tomi Ungerer** liegt zwar etwas abseits des Zentrums in der Villa Greiner (2, avenue de la Marseillaise, Nähe Platz der Republik), ist aber für mich eines der interessantesten Museen der Stadt. Der Schriftsteller und Zeichner Tomi Ungerer, 1931 in Straßburg geboren, gehört zu den wenigen Künstlern, denen man schon zu Lebzeiten ein Museum eingerichtet hat. Nach jahrelangem Hin und Her wurde das Museum 2007 eröffnet. Die umfangreiche Sammlung zeigt in wechselnden Ausstellungen jeweils etwa rund 300 Originalzeichnungen, neben Kinderbuchillustrationen, Karikaturen und Werbezeichnungen auch die nicht jugendfreien erotischen Zeichnungen – im Souterrain.

Im **Palais Rohan** (nahe dem Münster an der Ill gelegen) sind drei Museen untergebracht: das Musée Archéologique (Funde aus der Steinzeit bis zu den Merowingern), das Musée des Arts Décoratifs (Fayencensammlung, Kunstgewerbe, Möbel, Prunkräume) und das Musée des Beaux-Arts (Gemäldesammlung).

Charmant ist das **Musée Alsacien**, schräg gegenüber auf der anderen Seite des Flusses (23-25, quai St. Nicolas). Es besteht aus mehreren Stadthäusern, die man über Holztreppen und Galerien miteinander verbunden hat – spazieren Sie also hinein in das Elsass des 18. und 19. Jahrhunderts, begeben Sie sich auf einen Rundgang durch reizende Stuben und praktisch ausgestattete Werkstätten, machen Sie Bekanntschaft mit den Bräuchen des Elsass.

Infos zu allen Museen unter
www.musees.strasbourg.eu

Mit dem **Straßburg-Pass** (erhältlich in allen Touristenbüros der Stadt und 3 Tage gültig) können Sie einiges sparen. Kostenlos sind: die Fahrt mit dem Panoramaboot, Eintritt Astronomische Uhr, Aufstieg zur Münsterplattform, Besuch eines Museums nach Wahl – und die Nutzung eines Fahrrads für einen halben Tag. Dazu erhalten Sie Ermäßigungen bei weiteren Sehenswürdigkeiten. Wer den Pass nicht kaufen möchte, sollte beachten, dass an der Kasse der Panoramaboote besonders in den Sommermonaten starker Andrang herrscht. Deshalb sollte man sich sein Ticket frühzeitig sichern.
Einzelkarten für das Spiel der Automaten der Astronomischen Uhr bekommt man am Postkartenstand im Münster von 9 bis

11.30 Uhr und bei der Kasse am Südportal von 11.50 Uhr bis 12.20 Uhr. Hier kann man auch Karten für den Aufstieg zur Plattform kaufen. Sie müssen rechtzeitig in der Kathedrale sein, um das Mittagsläuten zu erleben; die Kirche wird von 11.40 Uhr bis 12.45 Uhr geschlossen.

Zu welcher Jahreszeit nach Straßburg? Am besten nicht in den Sommermonaten – denn dann wimmelt es nur so von Touristen und lästigen Straßenhändlern, auch die Taschendiebe haben dann Hochkonjunktur. Frühjahr und Herbst sind die besten Monate für einen Besuch; und wenn Sie Straßburg zu den Terminen der Tag-und-Nacht-Gleiche (**20./21. März und 22./23. September**) besuchen, können Sie mit etwas Glück den **Grünen Strahl** im Münster beobachten. Das Phänomen wurde erst 1984 entdeckt. Der Sonnenlichteinfall durch ein grünes Fenstersegment der Südfassade erzeugt einen grünen Strahl, der über den Boden wandert und über dem Haupt Christi den Baldachin der Kanzel aufleuchten lässt. Das Phänomen ist jeweils einige Tage lang um die Mittagszeit zu beobachten.

Goethe in Straßburg

Am 4. April 1770 kam Goethe für eineinhalb Jahre nach Straßburg, um sein Jurastudium, das er in Leipzig begonnen hatte, zu beenden. Am Alten Fischmarkt in der Nähe des Münsters fand er eine Wohnung; mittags aß er oft in einer kleinen Pension in der Knoblauchgasse (Rue d'Ail). Hier fand er Zugang zum literarischen Zirkel von Daniel Salzmann, schloss Freundschaft mit dem Theologen Franz Christian Lerse, dem er in seinem „Götz von Berlichingen" ein Denkmal setzte, und mit Jakob Michael Reinhold Lenz. Im Gasthaus „Zum Geist", das am Quai Saint-Thomas Nr. 7 stand, lernte er Gottfried Herder kennen. Das Jurastudium begeisterte Goethe wenig, dafür umso mehr die Vorlesungen in Chemie und Medizin, die in der „Pharmacie du Cerf" in der Rue Mercière gehalten wurden. Goethe liebte die schöne Stadt und das „herrliche Elsass". Von Straßburg aus brach er auf zu seinen „folles chevauchées" (tolle Ausritte) nach Sesenheim – zu Friederike Brion. Im Frühjahr 1771 entstand eine ganze Serie von Gedichten und Liedern, die Goethe manchmal mit „bemalten Bändern" an die Geliebte schickte. Diese „Sesenheimer Lieder" begründeten Goethes Ruf als Lyriker. Unter ihnen sind berühmte Werke wie das „Mailied", „Willkommen und Abschied" und das „Heidenröslein".

Die Marseillaise entstand in Straßburg

In einer Nacht (vom 25. auf den 26. April 1792), während der Kriegserklärung Frankreichs an Österreich, schrieb Claude Joseph Rouget de Lisle (1760–1836), Komponist, Dichter und Offizier, das Kriegslied der französischen Rheinarmee. Am 14. Juli 1795 wurde die „Marseillaise" zur französischen Nationalhymne erklärt, danach mehrfach verboten und schließlich 1879 endgültig offiziell anerkannt.

Kaiserstuhl – Sonnenterrasse im Rheintal

Paradiesgarten zwischen Vogesen und Schwarzwald

Wenn Sie mich fragen: „Wann ist die beste Jahreszeit, um in den Kaiserstuhl zu fahren?“, dann könnte ich Ihnen keine eindeutige Antwort geben. Jede Jahreszeit hat ihren besonderen Reiz. Im Winter, wenn der Schnee die Rebhänge bedeckt, fühle ich mich immer wie eine Eisprinzessin auf Kurzurlaub. Die kalte Jahreszeit dauert nicht lange und der Frühling kommt früher als anderswo an den Kaiserstuhl. Das ist einfach zu erklären: Das Gebirge ist vulkanischen Ursprungs und gehört zu den sonnenreichsten Gebieten Deutschlands. Wenn Sie im März auf Endingen zufahren, tauchen Sie ein in ein Meer aus weißen und rosafarbenen Blüten. Kirsch-, Apfel- und Pfirsichbäume blühen um die Wette und in den Rheinauen sprießt das erste zarte Grün. Im Herbst, wenn die Nebel aus den Tälern aufsteigen und die Weinberge in einem Farbenrausch versinken, ist der Kaiserstuhl eine Kulisse wie aus einem heiter-schwermütigen Märchen. Im Sommer brennt die Sonne auf die Weinterrassen und sorgt für das Wachstum des feurigen Kaiserstuhl-Weines. Auf der Mondhalde, einem der schönsten Aussichtspunkte des Kaiserstuhls, blüht die violette Küchenschelle und in den Tälern recken sich die Blüten der Orchideen den Insekten entgegen.

Sie haben es schon bemerkt: Der Kaiserstuhl ist für mich ein Paradiesgarten, den man am besten seinem Herzen folgend durchstreift. Schon eine Fahrt durch das Rebengebirge ist ein unvergessliches Erlebnis, mit atemberaubend schönen Ausblicken auf den nahen Schwarzwald, die Vogesen und die liebliche Landschaft des Markgräflerlandes. Garnieren Sie das Naturerlebnis mit dem Besuch von malerischen Winzerdörfern, heimeligen Weinstuben, Spaziergängen und Wanderungen, die die geologischen Besonderheiten des Vulkangebirges erschließen.

Anreise mit dem Auto

ab/bis Saarbrücken etwa 350 km
Über Saargemünd und die Autobahn A4 bis Saverne fahren, hier auf der N4 bis Séléstat und weiter auf der D424 über Marckolsheim bis Endingen. Parkplätze gibt es am „Adelshof" (Üsenberger Hof)

Mein Vorschlag

1–2 Stunden: Besichtigung von **Endingen am Kaiserstuhl** mit dem malerischen **Marktplatz**; Besuch des **Adelshofs** (Üsenberger Hof).

Fahren Sie über die L113 weiter nach **Kiechlinsbergen**, einem schmucken Winzerdorf mit altem Schloss, von hier auf der Nebenstrecke „Oberbergener Straße" (K4922) auf kurvenreicher Strecke vorbei am „Dachslöcher Buck" nach **Oberrotweil** (L115).

1 ½ Stunden (optional): Wanderung von Oberrotweil (Parkplatz am Friedhof) über den **Weinlehrpfad** zum **Aussichtspunkt Mondhalde** (4 km hin und zurück).

Über die L104 erreichen Sie Vogtsburg-Burkheim.

1 Stunde: Spaziergang durch **Burkheim**. Enge Gassen, die die Ober- mit der Unterstadt verbinden, lassen noch heute erahnen, wie ein mittelalterliches Winzerdorf ausgesehen haben mag. Hier sind Sie dem „Siebten Himmel" ganz nah!

Weiterfahrt auf der L104 nach Bickensohl

1 Stunde: Besichtigung der **Lößhohlgassen**. Bickensohl, Heimat des Grauburgunders, bietet mit der **Eichgasse** die imposanteste Lößhohlgasse des Kaiserstuhls. Parken Sie vor der Winzergenossenschaft und spazieren Sie durch das Dorf bis zur Eichgasse. Hier beginnt ein 7 km langer Rund-Wanderweg durch die Lößhohlgassen des Kaiserstuhls.

Auf der L 104 fahren Sie weiter bis Breisach.

1–2 Stunden: Breisach am Rhein: Besuchen Sie zum Abschluss des Tages die **Altstadt** und den **Münsterberg mit dem Münster**. An der Rheinpromenade kann man herrlich spazieren gehen und sich entspannen.

Mein Tipp: Wenn Sie auf der Heimfahrt von Breisach über **Sasbach** fahren, führt gegenüber des Restaurants „Zur Limburg" am Fluss entlang ein besonders schöner **Spaziergang durch die Rheinauen**.

Endingen am Kaiserstuhl

Endingen entstand schon früh als Siedlung der Alemannen im 4./5. Jahrhundert. Es war – und das ist das Besondere – mehr als 400 Jahre eine Stadt, die zu Österreich gehörte, bis es 1806 zum Großherzogtum Baden kam.

Ihren Rundgang durch Endingen beginnen Sie am besten am **Adelshof**, dem „**Üsenberger Hof**" – im Erdgeschoss befindet sich auch die Touristinformation. Das zweistöckige Fachwerkhaus wurde Ende des 15. Jahrhunderts erbaut – bemerkenswert sind vor allem die spätgotischen Fresken. Das Museum im Üsenberger Hof dokumentiert die Geschichte der „habsburgischen Vorlande".

Über die Hauptstraße gehen Sie zum Marktplatz – hier schlägt das Herz der Stadt. Drei (!) **Rathäuser** und die **Martinskirche** gilt es zu besichtigen. Der **Marienbrunnen** ist zur Osterzeit prächtig mit Blumen und Ostereiern geschmückt. Von den einst vier Stadttoren steht nur noch das **Königschaffhauser Tor** (erbaut um 1300). Sein heutiges Aussehen erhielt es durch

den Ausbau von 1581. Das ehemalige Stadtgefängnis im Turm nutzt die Endinger Narrenzunft als Zunft- und Museumsraum.

Burkheim

Ich muss gestehen: Gleich beim ersten Besuch habe ich mein Herz für Burkheim entdeckt und fühle mich dort wie im Siebten Himmel. Noch nicht einmal tausend Einwohner leben in dem alten Weinstädtchen, das man durch das Stadttor betritt (Parken oberhalb der Altstadt oder davor). Es scheint, als sei die Zeit stehen geblieben: Sogar ein Nachtwächter dreht in Burkheim abends noch seine Runden. Und den „Siebten Himmel" gibt es in Burkheim tatsächlich. So heißt nämlich eines der schönsten Häuser in der Mittelstadt, in dem sich ein gemütliches Restaurant-Café befindet. Gegenüber steht ein ebenfalls prächtiges Fachwerkhaus, es war einst das Rathaus der Stadt.

Über allem thront die **Schlossruine**. Erbaut hat das Schloss Lazarus von Schwendi, ein großer Förderer des Weinbaus, der zwischen 1560 und 1583 die Pfandherrschaft ausübte. Er war auch Gründer der heute noch bestehenden Zünfte. Die **Pfarrkirche St. Pankratius** birgt bedeutende Wandmalereien. Für beste Entspannung sorgt ein Spaziergang durch die Reben und entlang der alten Stadtmauer. Hübsche Läden mit Kunstgewerbe säumen die Straßen der Mittelstadt, und auch dem Korkenziehermuseum sollten Sie einen Besuch abstatten.

Im Burkheimer Kräuterhof (in der Unterstadt) gibt es nicht nur Kräuter aus aller Welt, sondern auch die kleinen Laternen, die an jedem Haus in Burkheim hängen und abends mit ihrem Kerzenlicht für eine romantische Stimmung sorgen.

Europastadt Breisach

Breisach war schon in der Jungsteinzeit besiedelt. Die Kelten errichteten auf dem Plateau einen Fürstensitz, die Römer später ein Kastell. Der Name Breisach geht auf die erste urkundliche Erwähnung vom 30. August 369 als „brisiacus" (vom keltischen Personennamen brisios und dem gallischen Suffix -ach, das für die Lage an einem Fluss steht) zurück. Dann eroberten um 400 die Alemannen das Kastell. Breisach entwickelte sich zu einer der bedeutendsten Städte am Oberrhein. Die Herrscher wechselten, Kriege zerstörten die Stadt, die unter Kaiser Maximilian zu einer der stärksten Festungen – als Bollwerk gegen die Franzosen auf der anderen Rheinseite – ausgebaut worden war.

Ein dunkles Kapitel ist die Vernichtung der jüdischen Gemeinde Breisachs in der NS-Zeit. Während des 2. Weltkrieges wurde die Stadt fast vollständig zerstört. Im Bewusstsein der eigenen leidvollen Geschichte und der Notwendigkeit des friedvollen Zusammenlebens der verschiedenen Völker und Kulturen sprachen sich die Breisacher als erste in Europa am 9. Juli 1950 in einer Abstimmung mit 96% der Wählerstimmen für ein einiges und freies Europa aus, Grundlage des Ehrentitels „Europastadt".

Rundgang durch Breisach

Um Breisach kennenzulernen, können Sie zwischen drei Rundgängen wählen: die Münsterberg-Tour, die Festungsstadt-Tour und die Unterstadt-Tour. Karten und Informationsmaterial dazu erhalten Sie bei der Breisach-Touristik.

Auch wenn Sie nicht viel Zeit haben, empfehle ich Ihnen den Besuch des Münsterbergs mit dem **Münster St. Stephan** (geöffnet im Winter bis 17 Uhr, im Sommer bis 18 Uhr). Allein der Ausblick von dort oben ist einmalig: Nach Westen schaut man über den Hafen, den Rhein bis ins Elsass und zu den Vogesen, nach Osten auf den Tuniberg, den „kleinen Bruder" des Kaiserstuhls, auf die südlichen Ausläufer des Vulkangebirges und den Schwarzwald – dazu haben Sie die hübsche Altstadt von Breisach im Blick. Im Inneren des Münsters erwartet Sie ein Kleinod der Schnitzkunst: der Hochaltar von H.L., einem Meister der Spätgotik im Übergang zur Renaissance, in dessen Mittelschrein die Krönung Marias dargestellt ist.

Meine Tipps:
Wanderungen und Spaziergänge im Kaiserstuhl

Wanderung von Oberrotweil zur Mondhalde (1 ½ Stunden)

Der Rundgang beginnt bei der Winzergenossenschaft Oberrotweil und führt durch die Weinberge zu dem schönsten Aussichtspunkt im Kaiserstuhl. 1988 wurde hier ein Weinlehrpfad errichtet, der auf übersichtlichen Tafeln allerlei Wissenswertes über den Weinbau, die Geschichte der Landschaft, über Geo-

logie und Heilpflanzen vermittelt. Auf der Kuppe der Mondhalde befindet sich einer der herrlichsten Aussichtsplätze im gesamten Kaiserstuhl. Sie haben einen großartigen Blick auf die oberrheinische Tiefebene und die Vogesen. Im Osten sehen Sie die höchste Erhebung des Kaiserstuhls, den „Totenkopf" (557 Meter) und unten im Tal die Winzerdörfer. Ein Pavillon, Tische und Bänke laden zum Rasten ein. Zwei mächtige Tephrit-Vulkangesteine erinnern an die Flurbereinigung im Jahr 1973. Die Großterrassen der Mondhalde charakterisieren par excellence die umstrukturierte Reblandschaft. Die Einrichtung der Terrassen war nur deshalb zu bewerkstelligen, weil der Löß (siehe unten) ein leicht zu bearbeitendes Material darstellt. Die Flurbereinigung führte zu den heutigen streng geometrischen Landschaftsformen.

Wanderung zu den Lößhohlgassen bei Bickensohl (bis zur Eichgasse 45 Min., Rundwanderung etwa 2 Std.)

Jahrmillionen ist es her, dass kräftige Winde ockergelbes Sediment aus den nördlichen Alpen an die vulkanischen Hügel des Kaiserstuhls wehten. Dieser Löß bedeckt das Massiv mit mächtigen, teilweise bis zu 40 Meter dicken Schichten. Löß ist sehr fruchtbar und darum eine ausgezeichnete Grundlage für die Landwirtschaft. Es waren darum auch die Landwirte, die die imposanten Gassen durch das Sediment anlegten. Leider wurden durch Flurneuordnungen 80 % dieser Naturdenkmäler zerstört. Eine der besterhaltenen Lößhohlgassen ist die Eichgasse bei Bickensohl. Sie können auch eine 7 Kilometer lange Wanderung über den Lößhohlwege-Pfad rund um das Winzerdorf machen. Startpunkt ist in beiden Fällen die Winzergenossenschaft Bickensohl.

Restaurants

Gasthaus-Pension Zum Bären
Hauptstraße 4
79235 Vogtsburg-Oberrotweil
Telefon: (07662) 289
www.baeren-oberrotweil.de

Zum Siebten Himmel
Mittelstadt 3
79235 Vogtsburg-Burkheim
Telefon: (07662) 949920
www.siebter-himmel.eu

Weingut Achim und Helmut Rieflin
Kaiserstuhlstraße 8
79235Vogtsburg-Bischoffingen
Telefon: (07662) 544
www.rieflin.de

Gasthaus Zur Limburg
Am Rhein 2
79361 Sasbach
Telefon: (07642) 3393

Kaiserstühler Verkehrsbüro
Adelshof 20
79346 Endingen
Telefon: (07642) 689990
Vorderösterreich-Museum im Adelshof:
geöffnet Montag bis Freitag von 9–12.30 Uhr und von 14.30–18 Uhr; April bis Oktober auch samstags von 10–13 Uhr.
www.endingen.de

Touristik-Information Vogtsburg i.K.
Bahnhofstraße 20 (Rathaus Oberrotweil)
79235 Vogtsburg-Oberrotweil
Telefon: (07662) 94011
www.vogtsburg-im-kaiserstuhl.de

Burkheim
www.burkheim.com

Nachtwächterführung (kostenlos) ab Ostern bis Ende Oktober – immer mittwochs und sonntags um 22 Uhr ab Torhäusle Burkheim

Korkenziehermuseum Kaiserstuhl
Mittelstadt 18
79235 Vogtsburg-Burkheim
Telefon: (07662) 947525
www.korkenzieher.de
geöffnet Mittwoch bis Sonntag 11–18 Uhr

Burkheimer Kräuterhof
Plonweg 2
79235 Vogtsburg-Burkheim
Telefon: (07662) 1583
www.shop.herbal-farm.com

Winzergenossenschaft Burkheim
Burkheimer Winzer eG
Winzerstraße 8
79235 Vogtsburg-Burkheim
Telefon: (07662) 93930
www.burkheimerwinzer.de

Breisach Touristik und Kaiserstuhl-Tuniberg Tourismus e.V.
Marktplatz 16
79206 Breisach am Rhein
Telefon: (07667) 940155
www.breisach.de

Museum für Stadtgeschichte
Rheintorplatz 1
79206 Breisach am Rhein
Telefon: (07667) 83265 und 7089
geöffnet Dienstag bis Freitag von 14–17 Uhr, Samstag, Sonntag, Feiertag von 11.30–17 Uhr
www.breisach.de

Schifffahrten auf dem Rhein
mit der Breisacher Fahrgast-Schiffahrt GmbH
Rheinuferstraße/Schiffsanlege Brücke 2
79206 Breisach am Rhein
Telefon: (07667) 942010
www.bfs-info.de

Der Nachtwächter von Burkheim

„Hört ihr Leut' und lasst euch sagen…" so beginnt das „Nachtwächterlied", das viele Jahrhunderte den Bürgern die vollen Stunden ansagte – auch in Burkheim. Die Rückkehr des Nachtwächters kommt in vielen historischen Städten gut an. Im württembergischen Weil der Stadt erfahren die Leute, dass es nicht unbedingt eine Ehre war, Nachtwächter zu sein. Schon im 13. Jahrhundert sorgten diese Männer für die Sicherheit der Bürger und deren Hab und Gut. Der letzte Nachtwächter von Weil der Stadt versah seinen wichtigen Dienst von 1928 bis 1949. Bei den beliebten Nachtwächterführungen dreht man im bayrischen Hof die Zeit zurück in die Jahre vor 1823, als die Stadt von dem verheerenden Brand noch nicht zerstört war. Hier musste der Nachtwächter nicht nur das Stundenlied singen, sondern Gesindel und Diebe, die er bei seinem Rundgang entdeckte, der „Büttelei" im Rathaus melden. Und wenn der Türmer von Sankt Michaelis von seiner hohen Warte einen Brand entdeckte, meldete das der Nachtwächter den Zünften, die für das Löschen zuständig waren. Bei Einbruch der Dunkelheit zündete er die Pechpfannen an, mit denen damals die Stadt Hof beleuchtet wurde. Wenn alles still und ruhig war, löschte der Nachtwächter um Mitternacht die Lichter. In der Nachtwächterordnung der Stadt Bamberg aus dem Jahr 1789 ist zu lesen, dass der üblicherweise mit Horn, Hellebarde und Laterne ausgestattete Mann „Diebesherbergen" und „Hurenwinkel" meiden sollte.

Auch in Burkheim haben die Nachtwächter eine lange Tradition. In einer Stadtordnung aus dem Jahr 1504 kann man lesen: „Wer seinen Dienst als Torwächter und Nachtwächter nicht versieht, hat einen Schilling zu zahlen." Das bedeutet, dass damals wohl die Bürger den Dienst abwechselnd geleistet haben. Im Gemeindehaushalt der Jahre 1813/1815 ist belegt, dass die Stadt zwei Nachtwächter angestellt hatte. Sie standen mit 18 fl (Florin) auf der Gehaltsliste. Da sie das gemeindeeigene Hirtenhaus benutzten, ist davon auszugehen, dass sie

zusätzlich die Feld- und Flurwache übernahmen. Der Nachtwächter sollte vor allem die Stadt bewachen, für Ruhe sorgen und Feuer verhindern oder sofort melden – damit die Bürger sich beruhigt aufs Ohr legen konnten.
Wie Weil der Stadt, Hof und Bamberg hat auch Burkheim das historische Erbe neu belebt. Am 7. September 2001 hat ein Nachtwächter erstmals wieder seine Runden durch die Gassen der Altstadt gedreht und das Nachtwächterlied in alemannischer Sprache gesungen. Um 22 Uhr kommt er die Treppe am historischen „Torhäusle" herunter, ausstaffiert wie damals. Er trägt einen zweireihigen Gehrock, einen tief ins Gesicht gezogenen dunklen Hut. Um seinen beleibten Körper hängt das Horn, das er benutzt, wenn Gefahr im Anzug ist. Und mit der Hellebarde kann er sich notfalls gegen „Gesindel" wehren. Erwachsene und Kinder machen große staunende Augen und zucken auch ein bisschen zusammen, wenn der Burkheimer Nachtwächter seine dröhnende Stimme erhebt. Er zieht mit seiner Gefolgschaft durch das ganze Städtle, das in ein sanftes Licht getaucht ist, denn an allen Häusern hängen Laternen mit brennenden Kerzen. Der Nachtwächter erzählt von der langen Geschichte Burkheims und dass – man kann es kaum glauben – einst der Rhein direkt an der Stadt vorbeifloss. Doch, doch, nickt der Mann und weist auf den Felsen hin, der damals vom reißenden Fluss umspült wurde. Kein Wunder, dass die Zunft der Fischer in dieser Zeit die größte war. Heute lebt Burkheim vom Wein – und von den Touristen, die sich vom Flair der alten Stadt mit ihrem Nachtwächter verzaubern lassen.
Nachtwächterführungen gibt es ab dem „Torhäusle" von Ostersonntag bis Ende Oktober immer mittwochs und sonntags ab 22 Uhr. Die Teilnahme ist kostenlos. Die örtlichen Gastronomen bieten vor dem Rundgang ein spezielles Nachtwächtermenü oder ein Nachtwächterbuffet an.
Burkheim ist Mitglied der 1987 im dänischen Ebeltoft gegründeten Europäischen Nachtwächter- und Türmerzunft (www.euntz.com).

Dank

Viele liebe Menschen haben mich beraten und unterstützt, damit dieser Reiseführer überhaupt entstehen konnte. Ihnen möchte ich an dieser Stelle sehr herzlich danken: Meinen Gästen von SaarLorLux-Reisen, die seit mehr als einem Jahrzehnt mit mir mit ungebremster Begeisterung durch die Region reisen und damit den Grundstein für diesen Reiseführer gelegt haben. Ich danke Christina Merziger, dass sie mich ermutigt hat, eine Auswahl unserer schönen Touren zu veröffentlichen.
Für die wissenschaftliche und fachliche Beratung sage ich insbesondere herzlichen Dank an Katerina Wolf-Spiecker und Dr. Franz-Josef Schumacher (Stiftung Saarländischer Kulturbesitz), Ralf Schunk (Leiter Wissenschaft und Pädagogik, Geysir Info GmbH), Burkhard Valentin (Vorsitzender des Fördervereins Glaskultur) und Rolf Joachim Kiderle (Vorsitzender des Verwaltungsrates des Evangelischen Stifts Sankt Arnual).
Über die großartige Unterstützung bei der Recherche, für die Erlaubnis zur Übernahme von Textpassagen aus einigen Publikationen und für die Überlassung von schönem Bildmaterial habe ich mich sehr gefreut und bedanke ich mich bei den Mitarbeiterinnen und Mitarbeitern der beteiligten Tourismusbüros und Kulturinstitutionen. Auch meine Familie und meine Freunde haben zum Gelingen beigetragen: so haben Susanne, Heike und Heidrun mit mir nach einem passenden Titel für den Reiseführer gesucht, bis Heidrun schließlich die zündende Idee hatte.
Mit unendlicher Geduld hat mich mein Mann auf den Erkundungsreisen begleitet, und von unseren Kindern Sonja und Aline, Philipp und seiner Frau Sophie und deren Familie erhielt ich wertvolle Impulse.
Ein Glücksgriff war für mich auch die Zusammenarbeit mit dem Gollenstein-Verlag, bei dessen Mitarbeitern ich mich ebenfalls sehr herzlich bedanken möchte, allen voran bei Oliver Elm – insbesondere für sein Engagement beim Thema Fotografie – und bei Gabriela Hoffmann für die umsichtige Begleitung des Projektes von der Idee bis zur Umsetzung.

Bildnachweis

Verlag und Autorin danken allen Rechteinhabern für die freundliche Abdruckgenehmigung:

ACFA (203, 207) · **A**rchäologiepark Römische Villa Borg (92, 93/1, 93/2, 94, 95/1) · **A**rchiv Urlaubsregion Freinsheim (78, 80/1+2, 80/3) · **B**rabänder, Fredi (54) · **B**reisach Touristik(296, 301/2) · **B**urg Berwartstein (64, 67, 68) · **C**hâteau d´Haroué (259, 266/1+2) · **C**hâteau de Pange/Edith + Roland de Pange (131/1) · **C**ourdier, Beate (262) · **D**ie Gärten von Annevoie (178) · **D**ürrmann, Claus/Ferienland Bernkastel-Kues (98) · **F**erienland Bernkastel-Kues (90, 97) · **E**lm, Oliver (13, 14, 16, 18, 21, 22/2, 23, 26, 27, 33, 42, 49, 50, 141, 143/1, 147, 245, 247/1, 250, 251, 284, 288/1, 289, Rückseite 1+2) · **E**uropäischer Kulturpark Bliesbruck-Reinheim(52/1+2, 53/1) · **F**ast/Château de Vêves (175/3) · **F**otoshop Roman Schmidt/Annahof (57/2) · **G**assen, Helmut/Eifel Tourismus GmbH (118/1) · **G**irgten, Romain/CNA (167/1+2) · **G**uirkinger, Norbert/Château Lichtenberg (192) · **H**enn, Wolfgang (57/1) · **H**offmann, Gabriela (20, 22/1) · **K**aiserstühler Verkehrsbüro Endingen (295, 299/2) · **K**anny, Jean-Claude/Moselle Tourisme (188/1+2, 206, 210, 211, 227, 228, 230, 231/1) · **K**appest, Klaus-Dieter/Geysir Andernach (115, 120/1+2, 121/1+2) · **K**lasen, Jengel (163, 165) · **K**lose, Rainer (56) · **K**ongress & Touristik Saarbrücken (Kontour) (17) · **M**aier, Günter (53/2) · **M**airie Oberhaslach (218, 219, 220) · **M**euche/Lava-Dome/Stadt Mendig (119) · **M**orche, Hans-Dieter/Glasmuseum Warndt (38/2+3, 39/1+2) · **M**usée Lalique (182, 186, 188/3+4) · **M**usée Les Mineurs (35, 36, 38/1) · **O**ffice de Tourisme La Suisse d'Alsace (215, 222) · **O**ffice de Tourisme Obernai (271, 274, 275/1+2) · **O**ra, Adean (70) · **O**RT Region Müllerthal (156, 157/1+2, 158) · **O**TI du PLPP (194, 195) · **P**etit, Michel (237/1, 238) · **R**amon, Guillaume (235, 236, 27/3, 239, 240) · **R**ebmeister, Guy/Meisenthal (181, 184, 187) · **R**ückseite: Elm · **R**uffing, Kristina (Titel/4, 75, 76, 82, 84, 85/1, 143/3, 144, 145, 146, 175/1, 223, 260, 265) · **S**chädler, Rolf (81, 83, 85/2) · **S**chunk, Ralf/Geysir Andernach (122) · **S**tiftung Saarländischer Kulturbesitz, Museum für Vor- und Frühgeschichte (95/2) · **S**tudio Y. Langlois/Musée Lalique (185) · **S**ycoparc LPP

(191) · **T**ourist Center Clervaux asbl (166) · **T**ourist-Information Ferienland Cochem (Titel/1, 103, 104/1+2+3, 107, 108/1+2, 109/1+2, 114) · **T**ourist-Information Neustadt a.d. Weinstraße (83) · **T**ouristinformation Vogtsburg (302) · **V**eith, Wolfgang (128) · **W**eber, Christoph/Touristinfo Luxemburg (142) · **W**eishard (276) · **W**eltkulturerbe Vöklinger Hütte/Franz Mörscher (41/1) · **W**eltkulturerbe Vöklinger Hütte/Wolfgang Klauke (34/4) · **W**eltkulturerbe Völklinger Hütte/Gerhard Kassner(Titel/2) · **W**eltkulturerbe Völklinger Hütte/Karl Heinrich Veith (41/2)
Alle übrigen Fotos stammen von Kerstin Joost-Schäfer.

Impressum

1. Auflage

Die Buchmarke der O.E.M. GmbH, Saarbrücken
www.gollenstein.de

Buchgestaltung und Satz: Manuel Kuruneru, Timo Pfeifer
Schrift: Humanist
Papier: Hello Matt Kunstdruck 115 g
Druck & Bindung: Korrekt Nyomdaipari Kft., Budapest
Inhaber Barkó Imre · www.korrektnyomda.hu

Printed in EU
ISBN 978-3-95633-021-6